本书出版得到湖北农村发展研究中心、现代农业产业发展研究中心开放基金资助

农业经济管理国家重点学科

农业与农村经济发展系列研究

新时期中国农产品技术性贸易壁垒研究

秦　臻◎著

科 学 出 版 社

北　京

内 容 简 介

尽管全球贸易体系的多层次、多元化发展趋势愈发明显，但 WTO 在多边贸易协定中所扮演的角色，在短期内不会被新的贸易联盟替代，如国际标准等技术性贸易措施在农产品国际贸易中发挥的作用会更加重要。本书首先对农产品技术性贸易壁垒的相关理论进行了梳理，并采用前沿的实证模型和计量技术，如 HMR 模型和 ZINBPML 模型对中国农产品出口遭遇的技术性贸易壁垒的影响进行了定量测算。然后从农户种植意愿角度，采用调研方法对技术性贸易措施的影响进行了深入分析，并对区域贸易协定下的技术性贸易壁垒措施进行了分析。最后提出相关对策建议。

本书可作为高等农业院校国际贸易相关专业师生的参考用书，也可作为政府管理人员、企业管理人员的参考资料。

图书在版编目(CIP)数据

新时期中国农产品技术性贸易壁垒研究／秦臻著．—北京：科学出版社，2014．12

（农业与农村经济发展系列研究）

ISBN 978-7-03-042820-2

Ⅰ．①新…　Ⅱ．①秦…　Ⅲ．①农产品-出口-贸易壁垒-研究-中国
Ⅳ．①F752．652

中国版本图书馆 CIP 数据核字（2014）第 301343 号

责任编辑：林　剑／责任校对：鲁　素
责任印制：徐晓晨／封面设计：王　浩

科 学 出 版 社 出版
北京东黄城根北街 16 号
邮政编码：100717
http://www.sciencep.com

北京京华虎彩印刷有限公司 印刷
科学出版社发行　各地新华书店经销

*

2015 年 1 月第　一　版　开本：720×1000　1/16
2017 年 1 月第二次印刷　印张：16 1/2
字数：319 000

定价：118.00 元

（如有印装质量问题，我社负责调换）

总　序

农业是国民经济中最重要的产业部门，其经济管理问题错综复杂。农业经济管理学科肩负着研究农业经济管理发展规律并寻求解决方略的责任和使命，在众多的学科中具有相对独立而特殊的作用和地位。

华中农业大学农业经济管理学科是国家重点学科，挂靠在华中农业大学经济管理学院和土地管理学院。长期以来，学科点坚持以学科建设为龙头，以人才培养为根本，以科学研究和服务于农业经济发展为己任，紧紧围绕农民、农业和农村发展中出现的重点、热点和难点问题开展理论与实践研究，21 世纪以来，先后承担完成国家自然科学基金项目 23 项，国家哲学社会科学基金项目 23 项，产出了一大批优秀的研究成果，获得省部级以上优秀科研成果奖励 35 项，丰富了我国农业经济理论，并为农业和农村经济发展作出了贡献。

近年来，学科点加大了资源整合力度，进一步凝练了学科方向，集中围绕“农业经济理论与政策”、“农产品贸易与营销”、“土地资源与经济”和“农业产业与农村发展”等研究领域开展了系统和深入的研究，尤其是将农业经济理论与农民、农业和农村实际紧密联系，开展跨学科交叉研究。依托挂靠在经济管理学院和土地管理学院的国家现代农业柑橘产业技术体系产业经济功能研究室、国家现代农业油菜产业技术体系产业经济功能研究室、国家现代农业大宗蔬菜产业技术体系产业经济功能研究室和国家现代农业食用菌产业技术体系产业经济功能研究室四个国家现代农业产业技术体系产业经济功能研究室，形成了较为稳定的产业经济研究团队和研究特色。

为了更好地总结和展示我们在农业经济管理领域的研究成果，出版了这套农业经济管理国家重点学科《农业与农村经济发展系列研究》丛书。丛书当中既包含宏观经济政策分析的研究，也包含产业、企业、市场和区域等微观层面的研究。其中，一部分是国家自然科学基金和国家哲学社会科学基金项目的结题成果，一部分是区域经济或产业经济发展的研究报告，还有一部分是青年学者的理论探索，每一本著作都倾注了作者的心血。

本丛书的出版，一是希望能为本学科的发展奉献一份绵薄之力；二是希望求教于农业经济管理学科同行，以使本学科的研究更加规范；三是对作者辛勤工作的肯定，同时也是对关心和支持本学科发展的各级领导和同行的感谢。

李崇光

2010 年 4 月

前　言

在国际贸易中，农产品贸易具有非常重要的特殊地位，它关系国家粮食安全，调剂全球农产品余缺。通过扩大农产品出口，一方面可以促进农业科技的创新和推广，有利于加快农业产业化进程；另一方面还能带动农村剩余劳动力的转移，实现农民增收。加强我国具有比较优势的农产品出口可以缓解农产品贸易逆差不断扩大的局面，并逐步实现农产品贸易的基本平衡，对保证国民经济的平稳运行具有重大的战略意义。然而，由于贸易保护主义的抬头，特别是美国次贷危机以来的全球经济增长缓慢，在世界贸易组织主导的多边自由贸易体制发展陷入困局后，区域贸易主义盛行，让已经趋于恶化的国际贸易环境更是雪上加霜。一些发达国家或地区依仗自身经济和技术上的绝对优势，频频出台技术性贸易措施对发展中国家的农产品设置障碍。我国作为劳动密集型农产品出口大国，自然也深受其害。我国农产品贸易逆差进一步扩大，对主要贸易伙伴的出口陷入量值双降的困境。因此，了解主要出口市场或地区的技术性贸易措施实施情况及实施动力，以及新形势下区域贸易协定内农产品技术性贸易措施的发展，并研究其对我国农产品出口的影响及影响程度，提出积极应对国外技术性贸易壁垒的有效途径是急需解决的问题。

近来，WTO 主导的多边贸易体制下自由贸易化进程缓慢，而区域贸易协定保持高速增长，同时，其涉及的领域和问题也越来越广泛，涵盖了货物贸易、原产地规则及操作程序、海关程序与合作、贸易救济、卫生与植物卫生措施、技术性贸易壁垒、自然人移动、投资、知识产权、透明度、合作、管理与机制条款、争端解决等多方面内容。而随着传统的关税壁垒和非关税壁垒，如配额、补贴等逐步削减，技术性贸易措施已成为当前保护贸易的最重要工具，由于其具有复杂性、隐蔽性和双重性等特征，被认为是最难突破的贸易壁垒。在世界贸易组织新一轮谈判陷入僵局以后，全球再次掀起区域贸易协定的热潮。本书梳理了区域贸易协定内的技术性贸易壁垒的发展及现状，通过分析主要区域贸易协定内技术性贸易壁垒的条款，总结区域贸易协定内技术性贸易条款的主要特点，然后针对中国区域贸易协定探讨国内农产品技术性贸易壁垒问题。虽然中国早已加入WTO，但是中国对外的双边及多边区域贸易协定远远低于其他国家，这与中国贸易大国的地位显然不符。虽然中国目前正在加快构筑对外双边及多边农产品检验检疫协定体系的步伐，并通过新的区域贸易协定来逐步降低农产品出口遭遇的区域性技术性贸易措施，但仍存在着标准协调不力、达成协议数量少且水平低、执行效果差等问题。因此，新形势下区域贸易协定内农产品技术性贸易协定的研究对我国农产品贸易发展具有重要意义。

当前，以技术性贸易措施为代表的非关税壁垒正成为诸多产品国际贸易争端的导火线。由于农产品贸易本身涉及农药残留、重金属残留等问题而更易遭受技术性贸易措施的冲击，而对技术性贸易措施贸易效应的度量研究是合理解决相关贸易争端的先决条件。当前有关技术性贸易措施贸易效应的度量研究逐步突破了简单粗糙的分析框架，不断引入国际贸易新理论和计量经济学的新方法。在技术性贸易措施贸易效应度量研究中，主要涉及多边贸易阻力项、贸易深度及广度分解、零贸易流量等问题的处理。新的贸易模型可以在异质性条件下将技术性贸易措施的经济效应进行分解，并处理高技术性贸易措施导致贸易流量为零的特殊情况。但是，在贸易模型中，需要采用大量的面板数据集，因此异方差问题的处理也需要新的计量技术来解决，以此加强贸易模型测算结果的精确程度，为政策参考提供更可靠的依据。除了宏观贸易计量模型以外，本书还采用了调研方法对研究对象展开分析。调研方法对关注的特定问题有针对性的调查可以揭示特定国家和特定部门面临的出口壁垒问题，能够获得技术性贸易壁垒实施中的相关细节，有利于识别难以评估的壁垒。

本书梳理了与技术性贸易壁垒有关的贸易保护理论，并对贸易引力模型的理论基础和前沿计量技术进行归纳，无论是对从事理论研究工作的农产品贸易学者，还是实证分析的农产品贸易政策制定者都具有一定理论价值。同时，中国政府、企业乃至农户在农产品出口过程中也需要关注区域贸易协定下技术性贸易措施的新发展。本书对区域内贸易协定下技术性贸易措施的尝试性研究，对实际工作者也具有重要参考价值。当然受笔者能力所限，书中难免存在不足之处，敬请读者批评指正。

秦　臻

2014年6月

目　录

总序

前言

第 1 章
绪　论

1.1 研究背景

农业是人类赖以生存和发展的基础，农业生产关乎国计民生，农产品贸易在国际贸易中的地位举足轻重。加大农产品出口可以更好地发挥农业的比较优势，有利于培育一批有竞争力的农业出口企业，使其充分利用国内外两个市场，合理整合国内外两种资源，在激烈的国际竞争中占据一席之地。农产品国际竞争力的提高，对农业经济的发展和农业基础地位的巩固至关重要。通过扩大农产品出口，有利于加快农业产业化进程，促进农业科技的创新和推广，带动农村剩余劳动力的转移，实现农民增收。随着经济的快速增长和国内消费需求的不断扩张，近年来我国农产品进口量节节攀升，致使农产品贸易从 2004 年起由顺差转为逆差。2013 年中国农产品贸易逆差达 510.4 亿美元，同比增长 3.7%。进一步扩大具有比较优势的农产品出口可以有效抑制我国农产品贸易逆差规模，并逐步实现农产品贸易的基本平衡，对保证国民经济的平稳运行具有重大的战略意义。

农产品贸易大则事关国家粮食安全，平衡世界粮食余缺；小则影响人们日常膳食，优化饮食结构。基于此，世界各国长期以来对本国农产品贸易实施各种保护政策，对外设置壁垒，农产品贸易自由化的进程缓慢。直到 1994 年乌拉圭回合达成《农业协定》之后，国际农产品贸易才正式进入贸易自由化的发展轨道。然而中国贸易自由化之路走起来何其艰难，虽然农产品贸易领域的关税和其他非关税壁垒日趋受到国际贸易法规的限制和约束，实施的空间越来越小，但是以技术性贸易壁垒（technical barriers to trade，TBT）为代表的新贸易壁垒却层出不穷，让人防不胜防。一些发达国家依仗雄厚的经济实力和技术优势，实施技术性贸易壁垒对发展中国家农产品出口制造阻碍，最终达到保护国内农业生产的政策目标。他们利用技术性贸易壁垒名义上的合法性，假借保障人类健康和安全、维护动植物生命安全以及环境保护等之名，通过制定名目繁多且条件苛刻的技术法规和标准，行贸易保护之实。加之日益严峻的全球环境问题和食品安全问题，让技术性贸易壁垒有了更大发展空间。在此背景下，如何顺应世界经济贸易发展潮流，摸清技术性贸易壁垒的作用机制，研究它对经济贸易的影响路径，有针对性地提出规避和冲破技术性贸易壁垒的可行性策略，是目前急需解决的问题。

2008 年年末，席卷全球的金融危机，导致了国际贸易环境的恶化，各国贸易保护主义呈现上扬之势。我国与主要贸易伙伴（日本、美国、欧盟）之间的贸易摩擦增多，农产品出口面临更多障碍，出口额显著下降。2008 年，我国农产品对日本出口额约 77.2 亿美元，同比下降 7.8%，2009 年出口额继续下降至 76.9 亿美元，创下自 2005 年来的新低；2009 年我国农产品出口美国 47 亿美元，同比下降 8.1%，同年我国对欧盟 27 国的出口也同比下降 10.6%。从既有研究来看，金融危机、日益增高的技术性贸易壁垒、人民币升值以及频频发生的农业自然灾害等一系列不利因素导致我国农产品出口水平快速下滑。

在发达国家经济增长乏力的背景下，国际贸易纠纷不断增加，而技术性贸易措施是出口贸易面临的主要贸易壁垒。目前国内大量存在的是针对技术性贸易壁垒的实证分析和对策研究，而针对发展中国家的有关技术性贸易壁垒的理论基础研究还很匮乏。因此，深入研究技术性贸易壁垒的经济效应、影响因素及作用机制的理论基础，对转变我国农产品出口贸易增长方式及稳定农业收入具有重要的理论指导意义。

另外，全球贸易自由化进程受阻，区域主义盛行，导致在自由贸易区以外的出口贸易国家受到较强的贸易歧视。世界贸易组织（World Trade Organization，WTO）多边贸易体制多哈回合开启以来，举步维艰，近期备受关注的泛太平洋战略经济伙伴关系协定（Trans-Pacific Partnership，TPP）和跨大西洋贸易与投资伙伴协议（Transatlantic Trade and Investment Partnership，TTIP），表明巨型自由贸易区（Free Trade Area，FTA）已对 WTO 全球多边自由贸易体制形成强大挑战，贸易保护主义正在以新的形式出现。虽然新的自由贸易协定致力于加强世界主要经济体的农产品贸易，但其框架内的高标准和严要求会对发展中国家农产品出口造成障碍。

2013 年 7 月，日本政府正式加入 TPP 的谈判。至此，日本成为 TPP 第 12 个成员国，这 12 个国家的国内生产总值占世界经济的比重近四成。为解决全球范围内食品价格上涨、新兴经济体大型农产品跨国企业相继加入全球竞争等问题。旧的全球食品体系存在割裂性，所以无法解决这些问题，TPP 试图建立一个新的世界食品体系来解决这些问题。但是，TPP 谈判不仅涉及关税减免，而且对农产品生产商的保护大于对消费者的保护。因此，近年来的巨型FTA及即将正式生效的FTA内部对食品安全及出口商利益保护问题一直存在争议。例如，在美国与越南TPP谈判过程中涉及解决越南虾安全及环境问题，而TPP将要准许越南虾无条件自由进口，此问题引起美国消费者协会及一些国会议员的关注。同时，虽然韩国与美国已达到自由贸易协定，但是据Lee等（2011）的研究，韩国的牛肉经销商及消费者均愿意为牛肉追溯制度支付额外费用。虽然韩国已对美国开放牛肉市场，但迫于国内压力，韩国政府仍然建立了严格的食品检验检疫标准，以确保本国消费者对美国牛肉的信心。尽管自由贸易协定大行其道，但韩国政府为保护本国消费者利益，仍然在不断完善食品安全标准。因此，在全球新自由贸易主义中，食品安全问题和追溯制度依然是影响农产品贸易的关键问题。目前的主流观点是，贸易政策不应取消对以环境保护和公众健康目的而设立的国内农产品及食品安全标准，同时在实施安全标准前，必须基于谨慎原则充分论证各项安全标准的科学性及有效性。

作为农业大国，我国在蔬菜、水果、水产品等农产品生产方面具有很大的优势，近年来这些产品的出口额逐年增加。以蔬菜为例，从21世纪初的245万吨增加到2012年的934万吨，在12年中增长了两倍多。再如，2013年我国出口大蒜179万吨，比2012年155万吨的出口数量多出24万吨，同比增长15.5%。与此同时，为满足本国消费者对安全农产品的需求和保护本国生产者的利益，发达国家制定了更加严格的技术标准作为市场准入条件，这些标准主要包括动植物卫生检疫标准、产品质量技术标准、包装要求、环境保护和动物福利等。这些标准在某种程度上都与农产品质量有关，对出口国而言，它们是质量壁垒。当前农产品质量壁垒已成为影响我国农产品出口的重要因素。仅2013年上半年，我国农产品出口亚洲国家农产品的质量问题事件有几十起。

当前，安全无污染农产品已成为各国消费者追求的目标，这促使进口国不断提高农产品质量安全标准来满足国内消费者对安全农产品的需求，使得一些未达到标准的产品不能在国际市场上自由贸易。日本、美国等发达国家对进入本国市场的农产品作出了更加严格的规定，使得农产品质量安全成为目前国际市场技术性贸易壁垒中最重要的组成部分之一。近些年来我国农产品出口因质量安全问题被扣留、通报、拒收、禁止入境的事件时有发生，农产品质量安全问题成为影响我国农产品国际市场竞争力的重大障碍。若想保持和继续扩大我国农产品出口，必须采取必要的措施，不断提高农产品质量安全水平。

1.2 研究目的和意义

在WTO成立以来的近二十年时间里，国际贸易领域的贸易壁垒并没有全面削减，反而以技术性贸易壁垒为代表的非关税壁垒正取代关税壁垒成为21世纪真正的贸易问题。在2000年到2012年的十多年间，涉及技术性贸易壁垒的技术法规、技术标准、合格评定程序等层出不穷，世界各国越来越频繁地出台技术法规和标准，WTO框架下的TBT通报数量逐年递增，WTO成员方通报的数量由2000年的606份增加到了2012年的2185份，诸多的技术性贸易壁垒严重影响了国际贸易的顺利进行。

特别的，世界各国提交的与农产品贸易有关的TBT和实施卫生与植物卫生措施协议（Agreement on the Application of Sanitary and Phytosanitary Measures，SPS）通报数量更是不断增加。其中相关的TBT通报数量由2000年的48项增加到2012年的144项；SPS通报数量由2000年的189项增加到2012年的884项，而且SPS通报数量和增长幅度都超过了TBT通报数。这一变化趋势说明了在农产品贸易领域，对人类健康、安全等目标考量的技术性贸易壁垒越来越多。与此同时，由于发展中国家经济发展相对滞后，又主要以生产农产品和原材料相关产品出口为主，在技术法规和标准等领域更是处于劣势地位，技术性贸易壁垒正成为发展中国家出口的主要障碍，因而受到了广泛的关注。众多学者对此进行了较为广泛深入的研究。

1.2.1 研究目的

当前我国经济已经迈进一个新的发展阶段，对外经济的发展更是机遇与挑战并存。在随着全球贸易自由化步伐日益加快但国外贸易保护主义重新抬头的关键时刻，我国农产品如何在国内劳动力成本优势逐渐丧失的背景下，保持产品的竞争力，在海外市场占据一席之地，这对于我国农产品贸易的发展意义深远。本书研究的目的是就技术性贸易壁垒对我国农产品出口的影响效应展开全面系统的研究并度量其影响程度，针对应对国外技术性贸易壁垒中凸显的问题提出突破壁垒的有效路径。具体来讲，包括以下五个方面：

第一，呈现我国农产品出口在欧洲、美国、日本市场所遭遇的技术性壁垒，对国内应对中存在的问题进行总结归纳。

第二，在技术差距论、博弈论及技术性贸易壁垒形成机制的经济学解释的基础上，从外部社会政治经济环境和内部经济生产技术条件等方面对技术性贸易壁垒的成因展开分析。

第三，基于区域贸易理论分析当前区域贸易协定内技术性贸易壁垒方式条款的主要内容、特点和存在的问题；并据此分析我国今后进行区域贸易协定内技术性贸易壁垒谈判的策略和我国政府及企业应对当前区域贸易协定内技术性贸易壁垒的建议。

第四，采用基于多边阻力的贸易引力模型，对农产品技术性贸易壁垒进行贸易效应测算，并分析其对贸易广度和贸易深度的影响。采用不同针对零贸易流量的计量技术对农产品技术性贸易壁垒的贸易效应进行估算，以比较不同计量技术的优劣及适用性。然后，采用福利效应模型对技术性贸易壁垒的福利效应进行测算。

第五，采用调研方法从微观角度对技术性贸易壁垒经济效应进行分析；采用主成分法分析对技术性贸易措施的实施效果进行分析。分析我国农产品出口企业受技术性贸易壁垒影响的状况，如企业在最主要出口目的地受技术性贸易壁垒影响的严重程度。

1.2.2 研究意义

1.2.2.1 理论意义

国际贸易保护主义对我国出口贸易的影响及对策研究是当前亟待研究的重要课题。本书着眼技术性贸易壁垒对我国农产品出口贸易影响的研究，能够丰富该理论的研究内容。国外学者关注技术性贸易壁垒比较早，研究成果也很丰硕。但由于各国所处的经济社会和贸易环境的差异，对技术性贸易壁垒的探讨往往是基于本国的情况，因此开展的研究主要是立足于发达国家，很少研究发展中国家实施的技术性贸易壁垒对他国贸易的影响。国内学者对我国农产品技术性贸易壁垒的研究以定性分析为主，侧重对农产品遭遇技术性贸易壁垒的状况、影响因素、相关主体的应对措施等方面作出描述和总结，实证分析还有待进一步深入。

本书采用定性分析和定量分析相结合的方法，系统研究技术性贸易壁垒对我国农产品出口的影响，试图从广度和深度上实现新突破。本书的理论意义主要在于：在对技术性贸易壁垒产生的历史背景、理论基础进行详尽梳理的基础上，运用经济学、管理学、政治经济学理论对壁垒的性质、形成机制、经济社会效应及其对国际贸易的影响做系统、深入地分析；并通过定量化模型对技术性贸易壁垒对我国农产品出口的影响作实证研究；从分析某一具体行业、产品入手，从而提炼形成一般性认识，也是对现有理论的有益补充并得出相应的结论。

传统的TBT研究普遍仅从WTO框架入手，而且传统的关税同盟理论和自由贸易区理论主要是针对关税问题进行贸易效应和福利效应的研究，然而，面对区域贸易协定（Region Trade Agreement，RTA）的飞速发展，RTA涵盖的内容越来越广泛，已经不仅限于关税壁垒的削减，更多地涉及非关税壁垒，尤其是TBT方面的内容。RTA内的TBT对区域内外国家的贸易效应和福利效应有何影响？区域内对TBT的消除对区域内外国家的传统贸易模式有何影响？现实的文献都没有作出明确的解释。因此，传统的RTA理论已经不能满足现实的需要，应把RTA理论和TBT进行拓展。另外，RTA谈判的重点是通过消除贸易壁垒，实现贸易自由化，所以，关于TBT内容的谈判是非常重要的，而作为消除TBT的主要政策工具，标准的协调和合格评定程序的互认是区域贸易谈判中的重点，但是关于这些政策工具的成本和收益，以及实施效果等实证检验却较少。从这一点来看，本书就技术性贸易壁垒对我国农产品出口影响的实证研究作出有益尝试，是对基本理论的深度挖掘，丰富了相关理论成果。

1.2.2.2 现实意义

经过长达7年半的乌拉圭回合谈判，虽然关税措施的应用受到严格限制，对农产品取消所有非关税措施的呼声也日益高涨，但是贸易保护主义并没有离我们远去。技术性贸易措施以其合法性、隐蔽性、灵活性、透明度低等特点已经超越了其他非关税措施成为当今农产品贸易最大的障碍。我国目前农产品生产和管理技术水平有限，农产品质量水平和科技含量较低，农产品出口相关企业标准意识淡薄，再加上农产品出口市场过于集中等原因，导致农产品出口遭遇技术性贸易壁垒的现象比较突出。无独有偶的是，我国农产品的主要出口市场偏偏是技术性贸易壁垒森严的日本、美国、欧盟等国家（地区），出口受阻的恰恰是原本具有一定比较优势的蔬菜、水产品和畜禽等劳动密集型产品。研究主要进口国农产品技术壁垒实施情况，合理利用其积极效应和有效规避其负面影响，成为我国必须面对的一个新的重大课题。因此在清晰认识技术性贸易壁垒的基础上，客观了解我国农产品出口贸易遭遇技术性贸易壁垒的现状，深入分析其中的原因并寻求突破口，不仅对我国农产品走出出口困境，重拾国外消费者信心，恢复农产品的国际竞争力具有重要作用，而且对我国农业产业链条上的相关企业发展也至关重要。

虽然近来中国农产品产量迅速增加，但农产品出口占世界农产品总出口贸易的比例却只增加不超过2%，技术性贸易壁垒成为抑制我国农产品出口贸易及农业快速发展的重要因素。技术性贸易措施对我国农产品出口贸易产生什么影响，影响有多大？短期影响与长期影响是否有区别？不同农产品类别的影响是否不同？我国农产品出口企业工资水平及农户收入是否受到技术性贸易壁垒的影响，这种影响的传递链条如何，形成机制怎样，如何应对？这些问题急需准确的答案。对技术性贸易壁垒定量测算方法、边界效应引力模型、测算福利效应的可计算一般均衡模型及仿真分析的研究就十分必要。本书尝试采用国际上研究技术性贸易壁垒的前沿模型和现代计量技术回答这些问题。这对研究农业政策，提高农产品市场竞争力，促进中国农产品出口贸易、稳定农业收入，维护农业可持续发展具有重要的现实意义。

另外，RTA 涵盖内容日益广泛，TBT 又是当前保护贸易的一个重要手段。如何在 RTA 谈判中开展 TBT 的谈判？对于 TBT 的消除而言，如何在增加区域内成员国的福利的基础上，不会危害到区域外国家？这是政策决策者面临的问题。对于中国这个发展中的贸易大国来说，开展这些命题的研究无疑有着重要意义。一方面，对于我国 RTA 的发展战略有着重要的参考价值。我国当前正积极参与区域经济合作，需要正确地评估所要参与 RTA 的经济效应，而 TBT 作为其中最重要的一个组成部分，其存在对区域经济有较大的影响。另一方面，针对 TBT 的区域化特征，企业和政府需要调整传统的应对策略。因此本书对于宏观政策的制定和调整具有一定的现实借鉴意义。

1.3 研究思路与结构安排

1.3.1 研究思路

本书所遵循的是理论分析—实证分析—对策研究的基本逻辑思路。在大量参阅国内外相关文献的基础上，运用定性对比分析、理论模型分析、实证模型分析等研究方法，深入阐述技术性贸易壁垒的“双刃性”，对技术性贸易壁垒形成的技术与政治经济原因及其对出口国在贸易流量、社会福利及产业发展方面的影响进行了分析；对技术性贸易壁垒的 WTO 体制下的 TBT 及 SPS 国际制度框架及主要发达国家的农产品技术性贸易壁垒体系进行介绍、分析；并对当前区域贸易协定内技术性贸易壁垒方式条款的主要内容、特点和存在的问题进行了分析；最后对我国农产品出口受制于技术性贸易壁垒的现状及深层次原因进行了较为全面的解析，并结合我国国情提出了应对策略。

1.3.2 结构安排

第1章：绪论。对本书的研究背景和意义、国内外研究现状、研究思路和研究方法进行阐述，构建本书研究框架，并指出本书的创新点以及有待进一步研究的问题。

第2章：农产品技术性贸易壁垒的兴起。本章介绍了农产品技术性贸易壁垒的相关概念及其表现形式。在对不同学者对农产品技术性贸易壁垒的不同认识、理解进行总结和辨析的基础上，提出了本书对技术性贸易壁垒的界定。结合不同的时代背景，从贸易保护的角度梳理了技术性贸易壁垒的具体表现形式，归纳了农产品技术性贸易壁垒的主要特点并对各类农产品技术性贸易壁垒相关的国际规则作出简要介绍。

第3章：农产品技术性贸易壁垒文献回顾。由于技术性贸易措施的理论基础是贸易保护理论，所以本章在简要介绍了主要的自由贸易理论后，主要对贸易保护理论作出详细阐释；再按照技术性贸易壁垒概念、形成机制、贸易经济福利效应、应对方法的脉络对国内外相关文献进行了综述。

第4章：中国农产品出口因技术性贸易壁垒受阻现状分析。本章先对农产品贸易出口贸易概况、市场分布、产品结构、企业性质、贸易方式等进行分析；再对中国农产品出口遭遇技术性贸易壁垒受阻现状进行介绍；最后分析中国主要农产品出口市场遭遇技术性贸易壁垒的产品类别和受阻原因。

第5章：新形势下主要区域贸易协定内技术性贸易壁垒分析。在WTO新一轮谈判陷入僵局以后，全球再次掀起区域贸易协定的热潮。本章对区域贸易协定内的技术性贸易壁垒的现状加以阐述，并分析了主要区域贸易协定内技术性贸易壁垒的条款，归纳区域贸易协定内技术性贸易条款的主要特点。虽然区域贸易协定旨在消除区内技术性贸易壁垒，但由于各种利益的博弈，区内成员对区外成员依旧构筑较高的技术性贸易壁垒。

第6章：中国区域贸易协定内农产品技术性贸易壁垒现状。虽然中国早已加入WTO，但是中国对外的双边及多边区域贸易协定远远低于其他国家，这与中国贸易大国的地位显然不符。本章对中国参与区域贸易协定中的农产品技术性贸易壁垒进行了分析，并且介绍了中国为应对区域主义采取的一些积极措施，如加快构筑对外双边及多边农产品检验检疫协定体系的步伐，但仍存在着标准协调不力、达成协议数量少且水平低、执行效果差等问题。

第7章：技术性贸易壁垒对中国农产品出口贸易扭曲的定量分析。贸易引力模型是当前具有最强解释力的主流贸易模型，本章梳理了贸易引力模型的理论基础，并对前沿计量技术进行了介绍，然后采用两阶段 HMR 模型及零胀负二项拟最大似然模型对中国农产品技术性贸易措施的经济影响进行了计算。

第 8 章：基于调查研究的农产品技术性贸易壁垒分析。对关注特定问题的有针对性的调查可以揭示特定国家和特定部门出口面临的壁垒问题，能够获得技术性贸易壁垒实施中的相关细节，有利于识别难以评估的壁垒。本章先从企业层面对技术性贸易壁垒进行调研分析；然后从农户种植意愿角度，对技术性贸易措施的影响进行了深入分析，为后面提出政策建议奠定了实证基础。

第 9 章：主要发达国家或地区应对农产品技术性贸易壁垒的经验。本章先介绍了主要发达国家（地区）利用农产品技术性贸易壁垒的主要做法和应对农产品技术性贸易措施的经验；再深入分析美国、日本、欧盟突破农产品技术性贸易壁垒的促进机制，并总结发达国家（地区）经验对中国的启示。

第 10 章：中国农产品出口受制于技术性贸易壁垒的原因分析。本章从内部和外部两个方面梳理并归纳了中国农产品出口易受制于技术性贸易措施的原因。

第 11 章：中国农产品出口应对技术性贸易壁垒的策略。应对农产品技术性贸易壁垒，不仅农业技术推广和专业合作社不容忽视，而且企业素质及行业协会凝聚能力需不断提升，更加需要国家部委与地方政府协同助力；最后还应关注区域贸易协定内农产品技术性贸易壁垒的新动向。

第 2 章 农产品技术性贸易壁垒的兴起

对于技术性贸易壁垒（TBT）的概念，在学术界仍然存在不同的观点，在专业文献中非常不统一，以至于 Hillman（1991 年）认为，TBT 定义的混乱是其经济研究进展缓慢的原因之一。为了后续研究的需要，本章首先对目前学术界对 TBT 的不同理解作简要回顾和评论，在此基础上，针对本书的研究目的对 TBT 及相关概念加以界定。

2.1 农产品技术性贸易壁垒的概念体系

2.1.1 农产品技术性贸易壁垒的内涵

从国外学者提出的界定来看，Baldwin（1970）从形式上对技术性贸易壁垒进行了描述，指出“技术和管理法规通常与健康、安全或其他一些重要的公共利益有关，经常成为不必要的贸易壁垒”，但是其只是对 TBT 作为一种非关税壁垒形式进行简单的描述，并没有进行深入的研究。美国学者 Thornsbury（1998 年）也认为 TBT 是非关税壁垒的形式之一，并进一步指出，或然性保护措施、数量限制、国内税收、管理壁垒和贸易限制法规等构成了贸易的非关税限制，而 TBT 则是最后一项的一种形式。Roberts 等（1999）则从经济学意义上的市场失灵角度将 TBT 定义为“各国管理外国产品在国内市场上销售的不同法规和标准，并且这些法规和标准的表面目的是为了纠正与这些产品的生产、分配和消费相联系的外部作用产生的市场无效”。这一定义强调的是市场无效，指出市场机制不能够解决市场无效，必须借助 TBT 来实现这一目的。同时，这一定义使用了“表面目的”，暗示以解决市场无效为名而制定的技术法规和标准有可能造成贸易的限制。

从国际组织的定义来看，WTO 规定的定义则比较模糊，只是规定“一国（地区）可以基于维护国家安全、人类安全与健康、动植物安全与健康、环境保护、防止欺诈行为等方面的正当理由而采取的技术性保护措施，这些措施应以不给国际贸易造成不必要的障碍为前提”。联合国贸易与发展委员会（UNCTAD）将TBT列为7类非关税壁垒之一，认为TBT包括技术法规、技术标准、合格评定程序、包装标签要求、绿色壁垒、动植物检验检疫措施、特别海关程序、装运前检查、使用过的产品返回义务和循环利用义务等内容。

从国内的定义来看，比较统一的定义是叶柏林（1992）、夏友富（2002）、孙敬水（2005）等，基本上都是根据WTO的TBT定义，并结合TBT的基本性质和表现形式把其定义为：一国政府或者非政府机构以维护国家安全、保护人类或者动植物安全和健康、保护环境、防止欺诈行为以及保护植物安全与产品质量等为由采取的强制性或非强制性的技术性限制措施或者法规，这些措施或者法规主观或者客观地成为外国商品自由进入的障碍。

总体来看，国内外学者以及国际组织对TBT定义的理解主要表现在，一方面承认WTO协议规定的TBT的实施宗旨；另一方面则认为TBT虽然有助于实现这些目标，但是却形成了事实的贸易壁垒，尽管这并非最初目的。

2.1.2 技术性贸易壁垒的重新界定

根据本书的研究目的，在WTO协议精神和国内外学者观点的基础上，提出如下概念：所谓TBT，是指一国或区域性组织基于维护国家安全、人类和动植物安全与健康、环境保护、防止欺诈行为以及保护产品质量等方面的理由，而采取的强制的或者非强制的技术性措施，对其他国家或区域组织的产品进口造成有意或者无意的限制。这些措施主要包括法规、标准、合格评定程序、卫生和动植物检验检疫措施等。在这里，把实施技术性贸易壁垒的实施主体由单个政府扩展到区域性组织，体现了TBT的区域性特征。“无意”表明即使是正当目的的措施也有可能抑制贸易，这取决于各国措施的差异性，产生于出口国为了符合法规和标准而增加的成本，这种TBT的形成具有客观性。“有意”暗示了TBT存在作为贸易保护工具的可能，这取决于技术性措施的存在性，产生于进口国对于本国消费者、生产者或者环境超出了必要限度的保护。在本书的讨论中，由于RTA各个成员国对TBT的统一消除，所以更多地偏重于“无意”的TBT，而对于“有意”的TBT，则主要源于区域内TBT消除过程中的主观性。

通过上面对TBT概念的界定说明。可以得出其概念体系，如果进口国为了实现保护国家安全、保护环境、保护居民健康等合法目标，并参照WTO规则要求实施技术性贸易措施而给国际贸易造成障碍，则构成合理的TBT，如果进口国以合法目标为借口，有意违背有关 WTO 规则要求实施技术性贸易措施而给贸易造成障碍，则构成不合理的 TBT；如果由于贸易各方的体制性差异或经济水平差距而给贸易造成障碍，则称之为客观的 TBT。这一概念体系的政策含义十分明显，即允许和鼓励合理的 TBT，限制和约束不合理的 TBT，协调不必要的客观的 TBT。这也是消除 TBT、实现 TBT 自由化，从而推动贸易自由化的主要指导方针（图 2-1）。

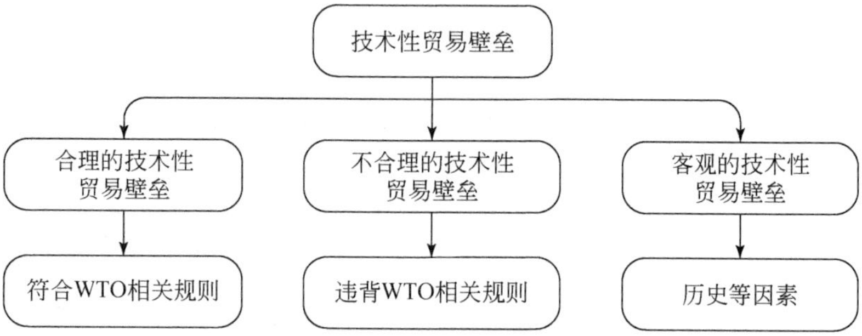

图 2-1　TBT 的概念体系

2.1.3　农产品技术性贸易壁垒的界定

随着各国农业技术的发展以及全球农产品贸易的逐渐开展，农产品技术性贸易壁垒也以各种各样的形式出现了。本书将视角限定于农产品技术性贸易壁垒，在已经明确了何为技术性贸易壁垒的前提下，在此还需要进一步确定全书的关键词，即农产品技术性贸易壁垒的概念。

要研究农产品技术性贸易壁垒首先必须明确什么是农产品贸易，而要弄清农产品贸易首先要确定农产品的范围。按联合国粮农组织的界定方法，农产品有广义和狭义之分。其中广义农产品包括：农作物（粮食与经济作物）、水产品、畜产品、林产品；狭义农产品则主要指粮食、水产品、畜产品以及经济作物中的油料作物、饮料作物和糖类作物，而不包括林产品和经济作物中的橡胶、纤维等。

在统计农产品国际贸易时，世界贸易组织《农业协议》将农产品贸易的范畴定义为：①HS 税则第一章至第二十四章除去鱼及鱼产品；②HS 编码 2905.43（甘露醇）、HS 编码 2905.44（山梨醇）、HS 税目 33.01（精油）、HS 税目 35.01 ~ 35.05（蛋白类物质、改性淀粉、胶）、HS 编码 3809.10（整理剂）、HS 编码 3823.06（2905.44 以外的山梨醇）、HS 税目 41.01 ~ 41.03（生皮)、HS 税目 43.01 (生毛皮)、HS 税目 50.01～50.03 (生丝和废丝)、HS 税目 51.01～51.03 (羊毛和动物毛)、HS 税目 52.01～52.03 (原棉、废棉和已梳棉)、HS 税目 53.01 (生亚麻)、HS 税目 53.02 (生大麻)。中国农产品贸易统计基于世界贸易组织农业协议定义的农产品统计范围，包括鱼产品以及经济作物中的橡胶。本书所涉及的农产品技术性贸易壁垒也是指此种范围的农产品贸易。

根据以上对技术性贸易壁垒的界定以及农产品的范围，笔者认为，农产品技术性贸易壁垒就是指一国的政府或非政府机构以维护国家安全、保障人类、动植物生命和健康、保护生态环境、防止欺诈等为由对农产品强制或非强制性地采取复杂苛刻的技术法规和标准、合格评定程序、包装和标签、检验检疫制度等一系列技术性贸易手段，并且对国际农产品贸易造成非必要或非正当的障碍。

应当指出的是虽然 WTO 农业规则即乌拉圭回合达成的农业协定及减让承诺框架由 4 个部分构成：①农业协定文本；②各谈判方在市场准入、国内支持和出口补贴方面作出的减让和承诺；③关于卫生和植物卫生措施的协定；④关于最不发达国家和粮食净进口发展中国家的决定。但是，有关农产品技术性贸易壁垒的主要国际规则和法律体系与 WTO 农业规则并不相同。也就是说，农产品技术性贸易壁垒涉及 WTO 农业规则，但同时也包括其他的规则，其法律体系自成一体。在 WTO 框架下，《技术性贸易壁垒协议》《农业协定》及《关于卫生和植物卫生措施的协定》三项国际规则是构成处理农产品技术性贸易壁垒法律问题的主要法律体系。

2.2 农产品技术性贸易壁垒的表现形式

有关农产品的技术性贸易壁垒表现形式主要包括：技术法规、标准、检验检疫及通关程序、合格评定程序及认证制度、包装及标签要求等方面。

2.2.1 苛刻的技术法规和标准

技术法规是指必须强制执行的有关产品特性或其相关工艺和生产方法，包括法律和法规，政府部门颁布的命令、决定、条例，技术规范、指南、准则、指示，专门术语、符号、包装、标志或标签要求。

技术标准是指经公认机构批准的、非强制执行的、供通用或重复使用的产品或相关工艺和生产方法的规则、指南或特性的文件。有关专门术语、符号、包装、标志或标签要求也是标准的组成部分。

发达国家政府出于提高本国农产品品质，增强市场竞争优势，阻止国外农产品进入本国市场等目的，制定了一系列详细的农产品技术法规和标准，同时随着市场的变化和要求，不断地进行修订。一般来说，发达国家政府在制定农产品技术法规和标准时，具有以下特点：第一，目的明确，配套性、系统性强；第二，法律法规与标准衔接较好；第三，先进实用；第四，制定过程透明度高，社会中介组织参与比较多；第五，技术性贸易壁垒倾向明显。技术法规和标准本身的产生对国际贸易的发展十分有利，但是过分苛刻的技术法规和标准可能会对国际贸易制造障碍，容易形成壁垒。目前，美国制定的包括技术法规和政府采购细则等在内的标准有 5 万多个，私营标准机构、专业学会、行业协会等制定的标准也在 4 万个以上；日本仅对 229 种农药和 130 种农产品制定近 9000 种标准；欧盟拥有的技术标准有十万多个。

2.2.2 繁多的产品检验、检疫制度和通关程序

根据 WTO 的“SPS 协议”，各成员国可以为保护人类、动物、植物的生命与健康免受病虫害或带病虫害有机体侵入而采取一些检验检疫措施。一些国家就以此为借口，制定名目繁多的法令和规章制度，给国外农产品的进入设置技术性贸易壁垒。例如，欧盟于 2000 年 1 月发表了《食品安全白皮书》，提出 80 多项保证食品安全的计划，要求食品卫生责任首先由生产方承担，食品从生产饲料开始，经过农田到餐桌的整个链条都要保证安全。美国则有《食品、药品、化妆品法》《公共卫生服务法》等，对进口农产品的认证、包装、标识及检测检验方法作出详细的规定。日本依据《食品卫生法》《植物防疫法》《家畜传染病预防法》对入境的农产品及食品实行近乎苛刻的检疫、防疫。对于植物检疫，凡属日本国内没有的病虫害，来自或经过发生该病虫害国家的寄生植物和土壤均严禁进口。作为食品或食品原料的动植物，农产品还需要接受卫生防疫部门的食品卫生检查。日本有关食品进口的通关手续也十分复杂。例如，食品到达日本 7 天之前，食品进口商必须向厚生大臣提交具有进口食品名称、数量和重量、包装和种类、货物的标记编码，食品内所含的防腐和着色添加剂名称以及食品原料、加工方法、加工企业与加工地址，装货港或机场以及装货日期、运输工具、注册号及国籍的说明书。厚生省检疫所将按照说明书进行审查，审查内容包括进口商有无违反外贸法令的前科，进口食品与食品卫生法有无冲突，出口国对这类食品的检验情况等。审查合格后，允许食品进入保税仓库接受卫生员的检验，检验项目包括食品的表面情况和包装情况。必要时

还要到日本卫生实验所接受精密化验，对不合格食品将责令进口商退回或监督销毁。对限制进口的产品还应有针对性地实行复杂的检验手续。

2.2.3 复杂的合格评定程序和质量认证制度

合格评定程序一般由认证、认可和相互承认三部分组成。认证是指由授权机构出具的证明，一般由第三方对某一事物、行为或活动的本质或特征，经当事人提出的文件或实物审核后给予的证明，这通常被称为“第三方认证”。认证可分产品认证和体系认证：产品认证主要指产品符合技术规定和标准的规定。其中因产品的安全性直接关系到消费者的生命健康，所以产品的安全认证为强制认证。体系认证是指确认生产或管理体系符合相应规定。目前最为流行的国际体系认证有 ISO 9000 质量管理体系认证和 ISO 14000 环境管理体系认证。

各个国家尤其是发达国家规定了大量的合格认证制度，这些认证制度在细节上存在大量的不合理因素，并且认证价格不菲，从而给外国农产品的进入设置障碍。例如，美国早在 1997 年 12 月就在食品加工中引入“危害分析与关键控制点”（hazard analysis and critical control points，HACCP）管理体系，禁止进口未实施 HACCP 的水产品和肉类食品，要求所有对美国出口的水产品、肉类产品企业必须获得 HACCP 的认证资格。欧盟、加拿大、澳大利亚和韩国都认可采用 HACCP 体系。

日本政府实施农产品身份认证、质量认证制度。日本 2002 年开始实施牛肉身份认证制度；2003 年起在全国推行“大米身份认证制度”，即凡进入日本国内市场的大米必须标明品种、产地、生产者姓名和认证号码等，否则不允许销售。日本农林水产省决定在 2005 年前建立优良农产品认证制度，要求凡在日本市场上销售的农产品都必须进行身份认证并加贴认证标志。2003 年 5 月，日本修订了《食品卫生法》。依据新修订的《食品卫生法》，在 2006 年 5 月 29 日起实施食品中农业化学品（农药、兽药及饲料添加剂等）残留“肯定列表制度”，并执行新的残留限量标准。与日本现行标准相比，新标准对食品中农业化学品残留限量的要求更加全面、系统和严格。

发达国家规定这些名目繁多、手续繁杂的合格认证制度，不但增加了农产品出口商的出口成本，而且要取得这些合格认证也需要很长时间，从而导致贻误商机。

2.2.4 严苛的包装和标签要求

在包装和标签的要求上，许多国家都作出了相当苛刻的规定。例如，禁止使用某些包装材料，以治理包装废弃物对环境的污染；明确规定生产者、进口商、批发商和零售商在包装废弃物处理方面的责任与义务，提出包装废弃物回收利用目标等。进口商品必须符合这些规定，否则不准进口或禁止市场销售。许多出口商为了符合进口国的这些规定，不得不重新包装或改换商品标签。例如，德国对中国食品出口时使用的包装用瓦楞纸箱提出三点新要求：一是外箱不能有蜡纸或油质隔纸；二是封箱尽可能都用胶水，不能用 PVC 或任何其他塑料胶带。如果不得不用塑料带的话也要用无害的材料；三是外纸箱不能用任何金属（塑料）钉或夹，只能用胶水粘牢各面。虽然德国对食品纸箱包装新要求的目的是使纸箱便于回收，减少对环境污染，防止包装纸箱在食品储存过程中对食品所造成的污染，但其要求明显过于苛刻，对于出口商采取的等同包装也不认同，这明显会大大增加出口商的成本。

美国是世界上食品标签法规最为完备、严谨的国家。美国很早就实施了的《食品标签法》，要求所有包装食品都必须强制使用新的标签（新鲜肉类、家禽、鱼类和果蔬除外），要求标明食品所含营养成分、食品添加剂（防腐剂、品质改良剂、合成色素等），否则禁止销售。日本实行的食品标签制度，要求注明品名、原材料名称、内容量、制造年月日、制造厂家或经营商名称、适食期限、保存方法、烹调方法、使用方法、保存温度、原产国（进口品）等。欧盟理事会也不断地修订关于食品标签的法规。例如，其颁布的新条例旨在确保消费者更容易了解食品，要求必须在标签上标出的致敏成分，包括含有麸质的谷物及其制品、甲壳动物、蛋、鱼、花生、大豆、奶及奶类产品（包括乳糖）、果仁、芹菜、芥末、芝麻，以及浓度超过每千克 10 毫克或每升 10 毫克的二氧化硫和亚硫酸盐。

2.2.5 绿色技术壁垒

绿色技术壁垒是指那些为保护环境而直接或间接采取的限制甚至禁止贸易的措施。发达国家认为应将保护环境和资源的费用计算在农产品成本之内，使环境和资源成本内在化。发展中国家绝大部分农产品企业本身无力承担治理环境污染的费用，政府只能为此给予一定的环境补贴，发达国家又以这种补贴违反 WTO 的规定为由，限制发展中国家向发达国家出口农产品。

绿色技术壁垒主要体现在：①国际环境公约。目前涉及环境与环保问题的国际公约已达到 180 多项。②ISO 环境管理体系。国际标准化组织（ISP）公布了 ISO 14000 系列标准，对企业的清洁生产、产品生命周期评价、环境标志产品、企业环境管理体系加以审核，要求企业建立环境管理体系，这是一种自愿性标准。③国别环保法规和标准，主要发达国家先后在农药管理、自然资源和动植物保护等方面制定了多项法律法规。

2.2.6 动物福利要求

动物福利是指为了使动物能够健康而采取的一系列行为和给动物提供的相应的外部条件。很多发达国家通过制定《动物福利法》来保障动物福利，对不符合其法律规定的动物产品禁止进口，从而形成技术性贸易壁垒。动物福利的基本原则有五条：①享有不受饥渴的自由。保证提供充足的清洁水、保持良好健康和精力所需要的食物，主要满足动物的生命需要。②享有生活舒适的自由。提供适当的房舍或栖息场所，动物能够舒适地休息和睡眠。③享有不受痛苦、伤害和疾病的自由。保证动物不遭受额外的疼痛，并预防疾病和对患病动物及时治疗。④享有生活中没有恐惧和悲伤感的自由。保证避免动物遭受精神痛苦的各种条件和处置措施。⑤享有表达天性的自由。提供足够的空间，适当的设施以及和同类动物伙伴在一起。《动物福利法》给农产品出口造成壁垒的案例也有很多。一个典型的例子就是乌克兰向法国出口活猪受阻案。几位乌克兰农场主依据合同向法国出口活猪受阻。受阻的原因是，乌克兰农场主在长途运输中没有考虑猪的福利问题，即这批活猪没有按照法国有关动物福利法规定在途中得到充分休息。再如，欧盟理事会早已明确提出欧盟成员在进口第三国动物产品之前应将动物福利作为考虑的一个因素。

2.2.7 出口企业注册备案制度及其他登记管理制度

美国食品和药物管理局规定，凡进口到美国的水产品，其生产加工企业都必须实施危险分析与关键点控制（hazard analysis and critical control point, HAPPC）管理，并经美国官方机构注册。在“9·11”恐怖袭击事件之后，为了预防生化恐怖袭击，确保美国人畜食物安全，美国制定了《2002 年公众健康安全和生物恐怖活动防备与应对法案》，要求国内外从事生产、加工、包装、储藏的企业在进入美国市场之前必须向食品药品监督管理局（FDA）登记注册。欧盟规定水产品和动物制品出口企业必须获得欧盟注册备案，并由欧盟官方机构发布企业名录；俄罗斯对进入境内的冻猪肉的生产企业，实行俄罗斯兽医签单管理制度；韩国要求对水产品出口企业进行登记注册。日本对中国水产品的生产加工出口企业要求全部有日本厚生省或农林水产省的注册号。

2.2.8 新技术发展过程中产生的安全问题

新技术发展过程中产生的安全问题，最典型的就是转基因食品的安全问题，这一直是国际争论的焦点。美国由于占据转基因技术的制高点，对转基因食品的推广持积极态度；而欧盟和日本等国家则坚决反对，出台相关规定要求进入其市场的转基因食品要贴上标签，以便于消费者辨认。由于转基因食品的安全性尚无定论，这就为一些国家针对该类农产品设置技术性贸易壁垒留下了空间。

总的来看，无论是技术标准、认证评定程序抑或包装标签规定，甚至是动物福利要求，都是农产品技术性贸易壁垒存在的表现形式。由于这些复杂的表现形式，导致了农产品技术性壁垒具有隐蔽性，成为一种与明显的贸易歧视（express discrimination）相对的隐含式的贸易歧视（implied discrimination）从而被很容易地被保留下来；也由于其复杂的外表下层出不穷的多变形式，导致在相关纷争中农产品技术性贸易壁垒案件在创造一个又一个的事实上的判例法。

2.3 农产品技术性贸易壁垒的主要特点

农产品技术性贸易壁垒是技术性贸易壁垒的一种，因此它具有技术性贸易壁垒的所有共性特点，如隐蔽性、广泛性、双重性、灵活性、合法性、不确定性、可塑性、争议性、系统性等，但同时在实践中又体现其不同的特征。

2.3.1 名目繁多且内容苛刻

为了阻碍外国产品的进口，保护本国农产品市场，许多国家制定了严格繁杂的管制规定、技术标准和技术法规、包装和标签要求、质量认证制度和合格评定程序，还包括检验检疫制度、动物福利要求以及企业备案登记制度等，而且这些管制规定总是层出不穷，不断翻新，内容要求又严格苛刻，让大部分发展中国家望尘莫及。例如，2012 年，欧盟委员会对法规 EC396/2005 动植物源性食品及饲料中农药最高残留限量的管理规定进行了 8 次修订，对其附件Ⅱ

［制定的农药最大残留限量值（MRLs）的清单］、附件Ⅲ［暂定农药最大残留限量值（MRLs）的清单］中的相关产品的农药残留限量进行了调整，同时还首次公布了附录Ⅴ（残留限量默认标准不为 0.01 毫克/千克的农药清单）。其中涉及茶叶的有以下五项法规：①欧盟法规 EU270/2012；②欧盟法规 EU322/2012；③欧盟法规 EU441/2012；④欧盟法规 EU592/2012；⑤欧盟法规 EU899/2012。至 2012 年年底，欧盟法令中共涉及茶叶农药残留限量标准 230 个，附录Ⅲ中共涉及茶叶农药残留限量标准 216 个，附录Ⅴ中共涉及茶叶农药残留限量标准 22 个。这些法规甚至欧盟成员国自己有时也难以达到。

2.3.2 差异性大且针对性强

由于不同国家和地区的生产力、技术水平发展不一致，加之不同的消费理念、文化差异、自然环境、贸易保护等因素，各国在农产品的技术标准、认证、检疫等方面的规定和要求也各不相同，所以在事实上造成发达国家的农产品技术标准、质量安全等要求远远高于发展中国家，形成巨大的反差。这种差异性构成了发展中国家的农产品进入发达国家的市场壁垒，而对于发达国家则起到了市场保护作用。

农产品技术性贸易壁垒由各国自己制定，并不需要国际农产品组织的批准，因此具有很强的针对性，可以在短期内达到限制进口的目的，容易成为发起国针对特定国家限制其特定农产品出口的技术性贸易壁垒手段。例如，日本为了阻拦中国菠菜出口，2012 年再度提高菠菜中农药毒死蜱残留限量，这项明显针对中国的技术性壁垒手段，既远远严格于日本蔬菜中其他有机磷农药的残留限量，也大大超出美国、欧盟及国际组织标准。2012 年中国出口苹果汁约 60 万吨，其中约 30 万吨出口美国，2012 年美国正式设定苹果汁中砷的限量，要求无机砷限量为 10ppb。

2.3.3 连锁反应强且应对难度大

农产品技术性贸易壁垒较其他行业产品更容易引发连锁反应，即一国实施，其他出口市场在同一时段内采取同样的措施跟进，形成大规模的连锁反应，而且应对难度极大。例如，2002 年 1 月 30 日，欧盟理事会以中国浙江舟山地区的冻虾仁氯霉素含量超标为由，通过《关于对产自中国的进口动物产品实行某些保护性措施的决议》，决定暂停进口产自中国的供人或动物消费的动物源性产品，禁令由虾仁扩大到所有动物及含有动物成分的产品，达 100 多个品种。欧盟发布这一禁令后，匈牙利、俄罗斯等国也紧随其后效仿。同年6月和9月，阿拉伯联合酋长国政府仅以欧盟检测出中国出口的禽类产品氯霉素残留超标为由，两次颁布禁令，禁止进口原产于中国内地的禽肉及其制品。再如，2002年2月初，沙特也宣布禁止进口中国蜂蜜，2月20日，加拿大开始对中国蜂蜜加强抗生素检验，并要求对进口蜂蜜中苯酚和19种磺胺等残留进行检测；5月，美国FDA宣布中国蜂蜜氯霉素残留检测限为0.3ppb；墨西哥农业部6月2日下令把扣留的356吨受污染的中国蜂蜜销毁或退回中国，原因主要是在抽样检查中，发现这些蜂蜜中含有链霉素等一些有毒物质的残留物和一些“对人体健康和国家养蜂业造成危险的污染物”，而实际上实行这一严厉措施实质上是为了保护墨西哥的养蜂业。一系列的连锁反应，给中国当年的水产品乃至其他农产品的出口造成严重损失。

2.3.4 受损农产品范围大且流程长

目前国际农产品技术性贸易壁垒在实施过程中受损的农产品呈现范围大、流程长的特点。从农产品的种类看，水果、畜产品、水产品、茶叶、粮食等绝大部分农产品都遭遇过技术性贸易壁垒，从农产品生产产地看，往往一国某一地区生产的某类农产品检测不合格，则该国在国内任何地区生产的此类产品均会遭到封杀。从农产品生产到出口的过程看，技术性贸易壁垒的触角不仅深入到农产品生产的生命周期全过程，同时还对研发、加工、检疫、包装、运输、销售的全过程加以监控，特别是对农产品出口国的质量安全管理体系也纳入评估范围内，严重阻碍了国际农产品的贸易自由化。例如，2013年中国出口到加拿大的大芋头因带有有害微生物被通报，同年度出口日本的鱿鱼圈串因检出大肠杆菌超标而被禁止进口。

2.3.5 使用频率高、实施速度快、取消时间长

由于农产品技术性贸易壁垒具有不确定性和可塑性，因此在具体实施和操作时很容易被进口国随时针对进口产品频繁使用，从而进行刁难和抵制，加之农产品技术性贸易壁垒在形式上的合法性和实施过程的隐蔽性，不同国家又从不同角度存在不同的评定标准，国与国之间分歧大，协调难度更大，所以解决争议的时间较长。

例如，中国过去对欧盟出口肉鸡产品较多，但自1996年8月1日起，欧盟以中国禽肉生产不符合其卫生检疫标准为由，禁止中国冻鸡肉进入欧盟市

场，致使中国每年损失 1 亿多美元。直到 2001 年 5 月 25 日欧盟才对上海和山东等地区的 14 家企业开关，要求每批出栏的鸡不少于 15 万只，不得并群等，并要求对出口禽肉进行新检疫检测。2002 年年初，欧盟又以中国出口的禽肉、龙虾制品农药残留及微生物超标为由，全面禁止中国动物源性食品进口，市场又被重新关闭。

再如，国内只有少数企业获得出口食品生产企业备案，大多数企业进行了非食用动物产品或饲料的注册登记。根据出口企业提供的信息，在 2011 年前，出口所有国家不需要任何证书，只要购买方确认产品达到 USP（美国药典）标准即可。2011 年后，由于经济不景气，欧盟开始设立贸易壁垒，对所有动物源性产品要求进行欧盟注册，否则不能进入欧盟市场，产品进口时必须附 CIQ 出具的可供人类食用的兽医卫生证书。该政策刚刚执行时比较宽松，自 2011 年年中开始逐渐严格起来，2012 年 10 月份后，出口欧盟的氨糖类产品必须随附指定格式的兽医卫生证书，无相关证书的货物不断地被扣押、退运。而这个过程刚好和欧盟法规的修订发布和实施相吻合，说明欧盟的技术性贸易措施带有明显的贸易保护色彩，且持续时间长。

2.3.6 经常与其他贸易管制措施交替或并用

虽然世界贸易组织的《农业协议》《技术贸易性壁垒协议》和《动植物检疫协定》都规定了各类贸易管制措施的实施必须遵守并不能扭曲自由贸易的原则，但由于各国实际情况千差万别，各项农产品技术性措施操作繁琐，很难得到有效控制。各成员国往往在农产品贸易管制措施的基础上，夹杂着各种令人眼花缭乱的技术性规定，使得各种贸易保护措施虚实相加、真假难辨。例如，美国职业安全与健康管理局、消费者产品安全委员会、环境保护署、联邦贸易委员会等都各自颁布有关法规，包括《家庭冷藏法》《植物检疫法》《联邦植物虫害法》《动物福利法》等，其中有些条例是专门针对进口国家或农产品而制定的。这种多管齐下的管制局面更进一步加剧了农产品技术性贸易壁垒的阻碍作用。

2.4 防范农产品技术性贸易壁垒的国际规则

实施技术性贸易壁垒从形式上是为了保护人类以及动植物的健康和安全，因此它具有合理性、隐蔽性、复杂性和灵活性等特征。日本、欧盟和美国等也正是利用这些特点规避有关国际规则的约束，广泛而高频度地使用技术性贸易壁垒。因此，近年来国际农产品贸易争端已从一般形式的贸易战逐步转变为损害更加严重的技术性贸易战。名目繁多不断升级的技术性贸易壁垒已成为目前农产品贸易争端的主要领域，严重制约国际农产品贸易的发展。为了防范技术性贸易壁垒，促进国际农产品贸易自由化，WTO 在其相关协定中采取了防范和救济措施。

2.4.1 与农产品技术性贸易壁垒有关的国际规则

WTO 框架下与农产品技术性贸易壁垒有关的协议主要有以下几个。

2.4.1.1 《技术性贸易壁垒协议》

《技术性贸易壁垒协议》（Agreement on Technical Barriers to Trade，TBT）是 WTO 有关防止非关税壁垒协定中最重要的协定之一，主要由 15 个条款和 3 个附件组成。其宗旨是："提高生产效率和便利国际贸易的进行；保证技术法规和标准，以及对技术法规和标准的合格评定程序，不给国际贸易造成不必要的障碍；保证成员方可以在贸易中采取必要的限制措施，以保护国家安全、生态环境和人类健康等。"

2.4.1.2 《实施卫生与动植物卫生措施协议》

《实施卫生与动植物卫生措施协议》（Agreement on Sanitary and Phytosanitary Measures，SPS）是乌拉圭回合多边贸易谈判结果的一个重要协议，由 14 个条款和 3 个附件组成。其目的是支持各成员实施保护人类、动物的生命或健康所采取的必需措施，以规范动植物卫生检疫的国际规则。

2.4.1.3 《贸易与环境的决定》

《贸易与环境的决定》（Decision on Trade and Environment）是在 1994 年 4 月 15 日的马拉喀什多边贸易谈判部长级会议上达成的，决定将贸易政策、环境和可持续发展三者的关系作为 WTO 的一个优先事项，并设立一个所有缔约方开放的"贸易与环境委员会"，在世界贸易组织开始生效后即开展工作。

贸易与环境委员会的具体任务是：搞清贸易与环境措施之间的关系以有利于促进可持续发展；对多边贸易体系条款是否需要修改提出适当的建议，但这些建议必须与多边贸易体系的公开、平等及非歧视性原则相一致，特别是要符合下列内容：①有利于促进贸易和环境措施之间积极的相互作用的规则。②有利于促进可持续发展，并要考虑发展中国家，特别是最不发达国家的实际需要；避免贸易保护主义措施，坚持有效的多边规则以确保多边贸易体系响应《21 世纪议程》和《里约热内卢环境与发展宣言》，特别是后者的第十二条所规定的环境目标；监督环境目的而采用的贸易措施，以及那些对贸易产生重大影响的环境措施和对这些措施进行管理的多边规则的有效措施。

2.4.1.4 《服务贸易总协议》

《服务贸易总协议》（General Agreement on Trade in Service，GATS）中的例外条款规定成员方对国际服务贸易不得实行限制和歧视，但为了保护人民、动植物的生命和健康，则可有例外，意即可以采取必要的限制措施。另外，《服务贸易总协议》还决定建立一个“服务贸易与环境工作组”，继续对服务贸易与环境之间的关系进行商议，同时对政府间的环境协议及其与《服务贸易总协定》之间的关系进行审议，并提出报告和建议。

2.4.1.5 《与贸易有关的知识产权协议》

《与贸易有关的知识产权协议》（Agreement on Trade-Related Aspects of Intellectula Property Rights，TRIPS）第二十七条第二款规定：如果阻止某项发明的商业性应被认为是保护公共秩序或道德，包括保护人类和动植物的生命与健康或避免严重损害环境所必需的，则不应授予该项发明以专利权。第三款 B 项规定，各成员方政府可以不对除微生物以外的植物、动物，以及生产植物、动物的除微生物方法以外的基本生物方法授予专利权。然而，成员方必须通过专利或（和）独特、有效的方式保护植物变种。这里的环保例外条款就为一些成员方实施与知识产权有关的技术性贸易壁垒提供了合法性依据。另外，《原产地协定》《农业协定》《补贴与反补贴协定》《装运前检验协定》等规则也与技术性贸易壁垒有关。

2.4.2 《技术性贸易壁垒协议》的主要内容

2.4.2.1 《技术性贸易性壁垒协议》产生的背景

针对技术性贸易壁垒日益盛行的情况，为了发展国际贸易，确保各国的技术法规、标准不会对国际贸易造成不必要的障碍，各国纷纷呼吁要求采取措施消除技术性贸易壁垒。20 世纪 60 年代后期，欧洲共同体（简称“欧共体”）开始采取各种措施，消除彼此间的技术性贸易壁垒。欧共体所通过的纲领给欧共体以外的国家极大的震动。他们担心欧共体在消除内部壁垒，大大增强经济实力的同时，会对外形成更加坚固的技术性贸易壁垒。在美国、加拿大和日本等国的倡议下，1964 年 12 月，关税与贸易总协定工业产品委员会建立了一个工作组，研究和分析由各缔约国通报的诸多贸易壁垒案例，并探索具体行动的可能性。1970 年关贸总协定正式成立。其标准和认证工作组，开始着手起草防止贸易中技术壁垒的协议草案。由关贸总协定主持，经过东京回合艰苦的谈判，1979 年 32 个关贸总协定缔约方正式签署了《技术性贸易壁垒协议》，1980 年 1 月 1 日该协议正式生效。第一版《技术性贸易壁垒协议》在国际经贸活动实践中，逐渐暴露出它的不足，因此在乌拉圭回合谈判中，第一版《技术性贸易壁垒协议》被修订，经过修订的协议于 1994 年在马拉喀什正式签署生效。

实施《技术性贸易壁垒协议》的主要目的在于，消除不合理的技术性措施，减少国际贸易壁垒；通过制定多边规则，指导各国制定、采用和实施允许采取的技术性贸易壁垒措施，努力保证这些措施不构成歧视，不形成对国际贸易不必要的障碍；鼓励采用国际标准和合格评定程序。

2.4.2.2 实施《技术性贸易壁垒协议》应遵守的基本原则

（1）非歧视原则

这个原则包括两项待遇，即最惠国待遇和国民待遇。具体说，一是本国对技术法规、标准、合格评定的规定和程序对所有签约国没有高低、亲疏宽严之分，一视同仁；二是对本国企业商品和外国企业进入本国的商品，其待遇也是一视同仁。

（2）正当合理原则

正当合理原则要求对贸易有限制作用的措施不应超出正当目标的范围。这些正当目标是：国家安全要求；保护人类健康或安全；保护动植物的生命或健康；防止欺诈行为。这项原则也称有限干预原则。

（3）透明度原则

透明度原则要求成员国拟采取的措施与国际标准内容有实质性不一致，并对其他成员国的贸易产生重大影响时，应通过适当方式提前通告其他成员国，并简要说明理由，对其他成员国的意见应进行讨论和予以考虑。因此，各签约国都应 WTO 的要求设立咨询点，建立通报和咨询程序。签约国所有的技术法规、标准和合格评定程序都应公开透明，让所有国外厂商都能了解。

（4）争端磋商机制原则

一旦某签约国违反了 WTO 协议，制造技术性贸易壁垒，受损害一方可以向 WTO 投诉，启动争端磋商机制，磋商失效时，WTO 可以决定采用贸易制裁。

（5）尽量采用国际标准

尽量采用国际标准原则要求各成员国制定有关技术法规、标准、合格评定程序，应以国际标准化机构制定的国际标准、准则或建议为基础，它们的制定、采纳和实施均不应给国际贸易造成不必要的障碍。例如，国际标准化组织（ISO）、食品法典委员会（CODEX）、国际兽医组织（OIE）等组织制定的相关标准。

（6）发展中成员国的差别待遇原则

发展中成员国在执行标准方面可能存在技术和财政方面的困难。TBT 协议消除了由于某些规定与发展中国家的经济发展、财政和贸易的需要不一致而造成的障碍，而且考虑到发展中国家特殊的技术和社会经济条件，发展中国家可采用某些旨在保护与其发展相适应的本国技术、生产方法和工艺的技术法规、标准或检测方式。

2.4.3 《实施卫生与植物卫生措施协议》的主要内容

2.4.3.1 《实施卫生与植物卫生措施协议》的概述

《实施卫生与植物卫生措施协议》（Agreement on Sanitary and Phytosanitary Measures，SPS），是乌拉圭回合多边贸易谈判结果的一个重要协议，其目的是支持各成员实施保护人类、动物、植物的生命或健康所采取的必需措施，以规范动植物卫生检疫的国际规则。

2.4.3.2 产生的背景

在国际贸易中，农产品贸易因为本身所具有的敏感性而最容易引起贸易争端。在《关税与贸易总协定》（简称 GATT）中，动植物卫生检疫措施作为一般例外规定于第 20 条第 b 款，形成了国际动植物卫生检疫的初步框架。但 GATT 的例外条款很多，对农产品缺乏约束力，农产品贸易长期游离于 GATT 之外。随着贸易保护主义的抬头，TBT 协议对动植物检疫没有具体规定，许多国家利用 GATT 关于动植物检疫例外条款保护本国产业。为了防止滥用动植物检验检疫措施形成贸易壁垒，GATT 在乌拉圭回合制定了《实施卫生与植物卫生措施协议》，目前该协议成为国际上规范动植物检验检疫的权威措施。

2.4.3.3 SPS 协议应遵守的基本原则

SPS 协议的主要目标是防止各国的动植物卫生检疫措施对国际贸易造成不

必要的消极影响，并防止各国滥用动植物卫生检疫措施，搞贸易保护主义。按照SPS协议宗旨，各国有权采取保护人类、动物及植物的生命或健康的措施，在必要时，可以采取限制贸易措施，但需要遵循几项原则：

第一，科学证据原则。SPS协议规定，各成员有权采取为保护人类、动物或植物的生命或健康所必需的卫生与植物卫生措施，但必须以科学的依据为标准，也允许各国采取的措施高于国际标准、指南和建议，但这些措施必须以科学为依据。

第二，风险评估和适度保护原则。SPS协议允许各国在风险评估基础之上，根据本国可承受危险的程度，制定本国的标准和规则，同时还须考虑国际组织制定的风险评估技术。要求各国在进行风险评估时，应考虑可获得的科学证据、加工与生产方法、相关生态和环境条件等因素。

第三，国际协调原则。SPS协议要求各国采取的卫生或动植物检验检疫措施应该依据国际标准、准则和建议，并应尽可能参与相关的国际组织及其附属机构，以促进在卫生和动植物检疫方面的国际协调。这些组织包括，保护食品安全性的国际食品法典委员会（CODEX）、保护动物健康的国际兽医组织（OIE）和维护生物多样性的《国际植物保护公约》（IPPC）秘书处3个国际性组织。SPS协议认为如果采用国际标准，就可将其视为该标准符合GATT1994有关规定。

第四，透明度原则。由于SPS协议有较大的灵活性，对透明度提出了更高的要求，要求成员应及时公布其动植物检验检疫法规标准、设立咨询点，通知机构负责通知有关事项，提供相关文件，答复其他成员提出的问题或质疑。成员应公正、合理、统一透明地实施SPS政策法规。SPS措施的公布和实施应有较长的过渡期，使成员实施的SPS措施具有公开性、可预见性。

第五，非疫区概念。SPS协议将非疫区定义为：经主管单位认定，某种有害生物没有发生的地区，这可以是一个国家的全部或部分，或几个国家的全部或部分。例如，地中海实蝇在北京地区没有发生，那么北京地区就是非疫区。确定一个非疫区大小，要考虑地理、生态系统、流行病检测以及SPS措施的效果等。各成员应承认“非疫区概念”。当出口成员国声明其境内某些地区是非疫区时，应提供必要的证据加以证明。

第六，对发展中成员的特别待遇原则。发展中成员有权暂缓执行协议中对出口有影响的条款。例如，最不发达国家可暂缓5年执行协议，其他发展中国家可暂缓2年，这样做的目的是留给发展中国家进行相关准备的时间。SPS协议号召给发展中国家提供帮助，如提供加工技术、科学研究或建立基础结构等方面。WTO秘书处就SPS条款的理解问题，定期向各成员提供帮助。WTO和各国际标准组织还联合举办培训班，对发展中国家提供培训。

2.4.3.4 SPS 协议实施时存在的问题

（1）利用协议漏洞，设置技术性贸易壁垒

SPS 协议中存在的一些漏洞，方便了成员国设置技术性贸易壁垒。例如，SPS 协议虽然规定了各缔约方只能以保护人类、动物和植物的生命和健康为由采取各种检验措施，不能对其他成员方造成贸易上的歧视，并鼓励各成员方采用国际标准、准则，但只要是科学上证明是合理的也允许采用高于国际标准的措施。这里“科学上证明是合理的”比较有争议、过于笼统，各国往往利用这些漏洞，设置贸易技术性贸易壁垒。

（2）SPS 协议执行时存在困难

虽然 SPS 协议的颁布实施具有消除贸易壁垒、促进贸易自由化等意义，但在执行过程中存在一些困难。例如，根据 TBT 协议第 15 条第 2 款规定的透明度原则的通知义务，实际上只有一部分成员履行了上述义务。SPS 协议中的病虫害非疫情地区的确定，在执行中也有一些困难，这些困难包括对国际标准、准则和建议解释和执行上存在分歧，而且进口国承认病虫害非疫区往往是一个漫长的过程，并经常涉及复杂的风险评估。在对发展中国家的差别待遇方面，TBT 和 SPS 都号召发达国家积极给予发展中国家技术援助、技术咨询等支持，事实上，发展中国家得到的援助很少。

（3）SPS 协议对发展中国家不利的一面

首先，由于发展中国家缺乏相应的技术性贸易措施设置机制，发展中国家成员很少能在国际标准机构里担任工作，因此，这些国际机构标准、法规的制定大多很少从发展中国家的角度去考虑。标准除了一部分由国际机构制定外，大部分都是由发达国家制定的，发展中国家的产品要符合这些发达国家制定的标准，需要花费大量的时间、财力和人力等，成本较高。

其次，发展中国家设立与国际标准相靠拢的国内标准也同样需要成本。例如，发展中国家参与国际标准化活动所需要的成本、加强发展中国家自身的风险评估体制建设都需要花费的巨大的成本；使用 WTO 争端解决机制也会带来的成本。FINGER（2002）分析了 1980～2000 年一些发展中国家的相关成本问题；例如，土耳其为了满足美国的残留标准花费了超过 300 万美元更新实验室设备，阿根廷花费了 8000 万美元提高国内的动植物检验检疫水平。

最后，关于非疫区的执行情况。SPS 协议第 6 条提出病虫害非疫区和低度流行区的概念，这对发展中国家来讲是件好事情，可是发展中国家并没有很好地利用这个条款，主要原因是发展中国家的检验检疫、风险评估设施落后，无法向 SPS 协议委员会提出证明符合非疫区或低度流行区的合理依据。

显然，WTO 的 TBT 协议和 SPS 协议都规定：只要是为了保护人类和动植物生命健康的安全、保护环境的安全、防止经济欺诈，所采取的技术性贸易措施和法规即使超出国际标准，也是合理的。目前发达国家利用这些设置了名目繁多、苛刻的技术性贸易壁垒；而且表面上基本都符合 TBT 协议和 SPS 协议的条款，但实际上则成为许多发展中国家最难逾越的贸易壁垒；而且每年都有大量新增技术性措施，对国际农产品贸易产生深刻影响。因此，现有的 WTO 中的 TBT 协议和 SPS 协议，还难以有效解决技术性贸易壁垒对农产品贸易的限制和因此而引发的贸易争端。

第3章 农产品技术性贸易壁垒文献回顾

3.1 相关国际贸易理论综述

3.1.1 重商主义

对国际贸易的系统研究，开始出现于重商主义经济学时代。这个时期从大约14世纪末持续到18世纪。纵观历史，这一时期正是资本主义经济的资本原始积累阶段。除了在国内对农民的剥夺之外，国际贸易和海外掠夺是西欧国家资本原始积累的重要手段之一。在15世纪，随着西欧各国生产力的发展，商品经济日益发达，交换的目的已从以互通有无为主变成了以积累货币财富为主。当时积累财富的主要手段是获取黄金，而西欧本身黄金的开采和储备已很有限，迫切需要通过国际贸易和对外掠夺来满足当时在西欧国家中出现的“黄金渴望”。而15世纪末、16世纪初的一系列地理新发现则给了西欧人通过扩大国际贸易和掠夺海外殖民地来积累资本（黄金）的机会。恩格斯在《论封建制度的解体及资产阶级的兴起》一文中描述当时的情景：“葡萄牙人在非洲海岸、印度及整个远东地区搜寻着黄金；黄金这两个字变成了驱使西班牙人远渡大西洋的符咒；黄金也是白种人刚踏上新发现的海岸时所追求的头一项重要的东西。”重商主义正是在这样一个时代背景下产生和发展的。

重商主义的发展可分两个阶段。从15世纪到16世纪中叶为早期重商主义，16世纪下半期到18世纪为晚期重商主义。无论早期还是晚期重商主义，都把货币看做是财富的唯一形态，都把货币的多寡作为衡量一国财富的标准。在他们看来，国内市场上的贸易是由一部分人支付货币给另一部分人，从而使一部分人获利，另一部分人受损。国内贸易的结果只是社会财富在国内不同集团之间的再分配，整个社会财富的总量并没有增加，而对外贸易可以改变一国的货币总量。重商主义认为一国可以通过出口本国产品从国外获取货币从而使国家变富，但同时也会由于进口外国产品造成货币输出从而使国家丧失财富。因此，重商主义对贸易的研究主要集中在如何进行贸易，具体来说，即怎样通过鼓励商品输出、限制商品进口以增加货币的流入从而增加社会财富。重商主义者的这些思想实际上只是反映了商人的目标，或者说只是用商人眼光来看待国际贸易的利益，因此，这种经济思想被称为“商人主义”（Mercantilism）或“重商主义”。

对怎样能够做到多输出少进口，晚期的重商主义与早期的观点有所不同。早期重商主义强调绝对的贸易顺差（有时也称为“出超”），即出口值超过进口值，他们主张多卖少买或不买并主张采取行政手段，控制商品进口，禁止货币输出以积累货币财富。恩格斯曾形象地指出，这个时期的重商主义者“就像守财奴一样，双手抱住他心爱的钱袋，用嫉妒和猜疑的目光打量着自己的邻居”。早期重商主义者的这种思想被称为货币平衡论。

与早期重商主义不同，晚期重商主义重视的是长期的贸易顺差和总体的贸易顺差。从长远的观点看，他们认为在一定时期内的外贸逆差是允许的，只要最终的贸易结果能保证顺差，保证货币最终流回国内就可以。从总体的观点看，他们认为不一定要求对所有国家都保持贸易顺差，允许对某些地区的贸易逆差，只要在对外贸易的总额保持出口大于进口（顺差）即可。因此，晚期重商主义的思想被称为贸易平衡论。

晚期重商主义者为了鼓励输出实现顺差，积极主张国家干预贸易。重商主义者提出了一系列政策以鼓励本国商品出口限制外国商品进口。其中不少政策迄今仍被许多国家使用。例如，①“出口退税”，即当商品出口时，国家全部地或部分地退还商人原先缴纳的税款；当进口商品经过本国加工后重新输出时，国家则退还这些商品在进口时所交付的关税。②“奖励出口”，即国家颁发奖金，奖励出口本国商品的商人。这实际上也是一种出口补贴。晚期重商主义者还积极鼓励扩大出口商品的生产，扶植和保护本国工场手工业的发展。③“关税与非关税壁垒”，即对输入本国的外国商品课以高额关税或者禁止进口本国不需要的商品，以达到保护本国工业和保持贸易顺差的目的。④“进口替代”，通过扩大国内耕地面积来自己生产原来需要进口的作物。

晚期重商主义的杰出代表者之一是英国的托马斯·孟（Thomas Mun，1571－1641）。他在1621年写成但在他死后20多年才得以出版的著作《英国得自对外贸易的财富》中，全面系统地阐述了重商主义的思想。通过重商主义的各种政策主张，可以看到，重商主义者的基本错误在于认为国际贸易是一种“零和游戏”，一方得益必定是另一方受损，出口者从贸易中获得财富，而进口则减少财富。这种思想的根源是他们只把货币当做财富而没有把交换所获得的产品也包括在财富之内，从而把双方的等价交换看作一得一失。

尽管重商主义的贸易思想有不少错误和局限性，但他们提出的许多重要概念为后人研究国际贸易理论与政策打下了基础，尤其是关于贸易的顺差逆差进一步发展成后来的“贸易平衡”“收支平衡”概念。重商主义关于进出口对国家财富的影响，对后来凯恩斯的国民收入决定模型也有启发。更重要的是，重商主义已经开始把整个经济作为一个系统，而把对外贸易看成这一系统非常重要的一个组成部分。经济学家熊彼特（Schumpeter）对重商主义的评价是，“开始为18世纪末和19世纪初形成的国际贸易一般理论奠定基础”。

3.1.2 重农学派对重商主义的挑战

从17世纪下半期开始，首先在法国出现了反对重商主义政策，主张经济自由和重视农业的思想，从而逐渐形成了重农学派。重农学派的创始人是弗朗斯瓦·魁奈（François Quesnay，1694－1774）；另一个重要人物是杜尔阁（Turgot，1727-1781）。在他们的思想体系中，“自然秩序”的观念占有重要地位，是整个重农主义学说的基础。这个所谓的“自然秩序”，实际上是指经济社会中不以人们意志为转移的客观规律。因此，重农学派的核心思想是主张自由经济，包括自由贸易。

重农学派对贸易并不重视，但他们从“自由经济”的基本理念和法国农民的实际利益出发，反对重商主义对贸易进行干预的政策，提出了自由贸易的口号，尤其主张谷物的自由出口。法国重农学派的先驱者之一布阿吉尔贝尔（Boisguillebert，1646–1714）在他的《谷物论》一书中强调，“从法国运出小麦越多，对极端高价的畏惧越少”，认为反对小麦出口的成见荒谬可笑。布阿吉尔贝尔用了整整十章的篇幅来说明为什么应当实行谷物的自由贸易。他认为，如果限制谷物（小麦）的出口，一旦国内谷物丰收，就会出现可怕的跌价；而跌价的结果必然造成谷物的销毁和生产的削减，从而成为将来谷物价格高涨的主要原因。因此，布阿吉尔贝尔认为，“谷物的自由输出是平衡生产者与消费者利益或维持社会安定和公正的唯一方法”。从重农学派的观点来看，“自然秩序”（包括自由贸易）是保证市场均衡和物价稳定的重要机制。

重农学派对农业的过分重视和对商业的轻视使得他们在国际贸易理论方面没有太多贡献，但他们的自由经济思想对后来的古典经济学家（特别是亚当·斯密）有很大的影响。

3.1.3 主要的自由贸易理论

3.1.3.1 绝对优势贸易理论

亚当·斯密的贸易思想是其整个自由竞争市场经济体系的一个有机组成部分。亚当·斯密认为，自由竞争和自由贸易是实现自由放任原则的主要内容。他极力论证实现这一原则的必要性与优越性。在《国富论》中，亚当·斯密通过对国家和家庭进行对比来描述国际贸易的必要性。他认为，既然每个家庭都认为只生产一部分它自己需要的产品而用那些它能出售的产品来购买其他产品是合算的，同样的道理应该适用于每个国家。

在这里，亚当·斯密首次从消费者（裁缝）的角度强调进口（从鞋匠那里购买鞋子）的利益（比自己在家生产便宜），他从分工交换的好处来分析贸易所得。在国际贸易中，不仅出口带来利益，进口也同样给一国带来好处。因此，在亚当·斯密的体系中，无论是进口还是出口，都应是市场上的一种自由交换。这种自由交换的结果是双方都会得到好处。国际贸易只是自由市场经济的一部分，不应加以任何限制。

亚当·斯密进一步认为，国际贸易的基础是各国之间生产技术的绝对差别。他用一国中不同人的劳动生产率和职业分工来解释国际贸易的原因：裁缝之所以自己不去制作靴子，是因为从鞋匠那里购买靴子比自己在家生产要便宜；而裁缝擅长做衣服，在做衣服方面裁缝比鞋匠能干，裁缝应该用衣服来换靴子。一个国家之所以要进口别国的产品，是因为该国生产这种产品的技术处于劣势，自己生产比购买别国产品的成本要高；而一国之所以能够向别国出口产品，是因为该国在这一产品的生产技术上比别国先进，或者说具有绝对优势。因为该国能够用同样的资源可以比别国生产出更多的产品，从而使单位产品的生产成本低于别国。

因此，亚当·斯密认为，国际贸易和国际分工的原因和基础是各国间存在的劳动生产率和生产成本的绝对差别。一国如果在某种产品上具有比别国高的劳动生产率，该国在这一产品上就具有绝对优势；相反，劳动生产率低的产品，就不具有绝对优势，即具有绝对劣势。绝对优势也可间接地由生产成本来衡量：如果一国生产某种产品所需的单位劳动比别国生产同样产品所需的单位劳动要少，该国就具有生产这种产品的绝对优势，反之则具有劣势。各国应该集中生产并出口其具有劳动生产率和生产成本“绝对优势”的产品，进口其不具有“绝对优势”的产品，其结果比自己什么都生产更有利。在贸易理论上，这一学说被称为“绝对优势理论”（absolute advantage）。

3.1.3.2 比较优势贸易理论

作为古典政治经济学的重要人物，李嘉图与亚当·斯密一样，主张自由贸易，认为每个人在自由追求个人利益的同时会自然而然地有利于整个社会。

与重商主义不同，李嘉图认为国际贸易给社会带来利益并非因为一国商品价值总额的增加，而是因为一国商品总量的增长。国际贸易之所以对国家极为有利，是因为“它增加了用收入购买的物品的数量和种类，并且由于商品丰富和价格低廉而为节约和资本积累提供刺激”。同亚当·斯密一样，李嘉图强调了进口带来的利益。不过，李嘉图并非只是重复斯密关于自由贸易的好处，而是提出了更加系统的自由贸易理论，他从资源的最有效配置（使用）角度来论证自由贸易与专业分工的必要性。

在亚当·斯密的理论中，鞋匠有制鞋的绝对优势，裁缝有做衣服的绝对优势，两者的分工比较明确。但假如两个人都能制鞋和做衣服，而其中一个在两种职业上都比另一个人强，那么应该怎样分工呢？或者说，怎样的分工（资源配置）是最有效的呢？根据李嘉图的理论，这要看两人在两种职业上的劳动生产率相差多少。

李嘉图用这一“比较成本”的概念来分析国际贸易的基础，建立了“比较优势贸易理论”（comparative advantage）。比较优势理论认为，国际贸易的基础并不限于劳动生产率上的绝对差别，只要各国之间存在着劳动生产率上的相对差别，就会出现生产成本和产品价格的相对差别，从而使各国在不同的产品上具有比较优势，使国际分工和国际贸易成为可能。根据李嘉图的比较优势贸易理论，每个国家都应集中生产并出口其具有“比较优势”的产品，进口其具有“比较劣势”的产品。

3.1.3.3 要素禀赋理论

要素禀赋论是瑞典的两位经济学家赫克歇尔和伯蒂尔·奥林提出的，奥林在他的老师赫克歇尔提出观点的基础上，系统地论述了要素禀赋理论。这一理论突破了单纯从技术差异的角度解释国际贸易的原因、结构和结果的局限，而是从比较接近现实的要素禀赋来说明国际贸易的原因、结构和结果。

由于各种产品生产所要求的两种生产要素的比例不同，一国在生产密集使用本国比较丰裕的生产要素的产品时，成本就较低，而生产密集使用别国比较丰裕的生产要素的产品时，成本就比较高，从而形成各国生产和交换产品的价格优势，进而形成国际贸易和国际分工。此时本国专门生产自己有成本优势的产品，而换得外国有成本优势的产品。在国际贸易理论中，这种理论观点也被称为狭义的生产要素禀赋论。广义的生产要素禀赋论指出，当国际贸易使参加贸易的国家在商品的市场价格、生产商品的生产要素的价格相等，以及两国生产同一产品的技术水平相等（或生产同一产品的技术密集度相同）的情况下，国际贸易取决于各国生产要素的禀赋；各国的生产结构表现为，每个国家专门生产密集使用本国比较丰裕生产要素的商品。生产要素禀赋论假定，生产要素在各部门转移时，增加生产的某种产品的机会成本保持不变。

3.1.3.4 里昂惕夫之谜

美国经济学家里昂惕夫根据美国1947年进出口行业的数据，对赫克歇尔-俄林（H-O）理论进行了验证。一般认为，美国应该是一个资本充裕而劳动稀缺的国家，因此它应该出口资本密集型产品而进口劳动密集型产品，但实证结果却是：美国出口劳动密集型产品而进口资本密集型产品，史称“里昂惕夫之谜”或“里昂惕夫悖论”（the Leontief paradox）。由于外界的质疑，里昂惕夫于1956年又根据美国1947～1951年的数据，再次进行了实证分析，仍然得出同样的结果。此后，里昂惕夫之谜极大地推动了国际贸易理论的发展，对里昂惕夫之谜的几类解释如下。

（1）要素密度逆转

一个隐含的假设为：对于任何一种要素相对价格，X都是资本密集型产品，而Y都是劳动密集型产品。但是，如果在某些要素相对价格下，X是资本密集型产品Y是劳动密集型产品；而在另一些要素相对价格下，X是劳动密集型产品Y是资本密集型产品，这种现象称之为要素密度逆转。由于美国作为最发达国家和其他国家的要素相对价格存在较大差别，有可能出现在美国为资本密集型的产品而在其他国家为劳动密集型产品的现象（最典型的莫过于农业）。因为里昂惕夫是根据美国的技术条件来测算进口商品在其他国家生产时的要素密度，因此可能会发生一些误会。

（2）需求逆转

在原要素禀赋模型中，假设了两国偏好完全相同或近似，但偏好在决定贸易的模式中，也可能起到很大的作用。当一国对于某一商品具有生产上的比较优势，但其国民在消费上又特别偏好该商品，将会使得原来依据要素禀赋定理所决定的贸易模式发生改变，这就是需求逆转。基于需求逆转，里昂惕夫之谜可解释为：虽然美国的资本比较充裕，但如果美国消费者的消费结构中，资本密集型产品占绝大部分，美国则有可能出口劳动密集型产品，进口资本密集型产品。然而，用需求因素来解释各国居民的消费偏好的差异可能是有问题的。

巴西人喜欢咖啡是因为巴西生产咖啡，法国人喜欢葡萄酒是因为法国地中海沿岸生产葡萄，这似乎又证明，供给创造了需求。

(3) 贸易保护

另一个解释是，美国要素禀赋理论的应用存在很高程度的贸易保护，这种贸易保护主要针对美国缺乏竞争力的劳动要素密集型产品（农产品），因此美国的进口产品中缺乏农产品也可以理解。但是，这个解释不能够满足一般均衡的条件：假如美国实行贸易保护农产品而进口资本密集型产品时，与美国发生贸易的国家都只能以本国不具备比较优势的产品去与美国贸易，这似乎很难说得通，或许，仍然可以用贸易保护本国弱势产业的理由去解释。

(4) 人力资本密集

一种较可信的解释是，美国与其他国家相比，不但具有较充裕的资本，还拥有较充裕的人力资本。因此，美国出口的商品并不是一般意义上的劳动密集型产品，而是人力资本密集型产品。

(5) 自然资源

通常，自然资源与资本在生产中往往是互补的，因此，一些自然资源密集型的产品，如能源，往往也是资本密集型的。从自然资源的角度看，美国的某些自然资源是相对稀缺的，如石油。这样，美国的大宗进口商品很多是自然资源密集型产品，因此，如果考虑到自然资源，里昂惕夫之谜也许可以得到较好的解释，也即美国看似是进口资本密集型产品，其实是在进口自然资源。

3.1.4 传统贸易保护理论

3.1.4.1 主要流行于发展中国家的贸易保护理论

(1) 保护幼稚工业论

保护幼稚工业理论的主要观点是：许多工业在发展中国家刚刚起步，处于新生或幼嫩阶段，就像初生婴儿一样，而同类工业在发达国家已是兵强马壮，实力雄厚。如果允许自由贸易、自由竞争，发展中国家的幼稚工业肯定被打垮，永远没有成长起来的希望。如果政府对其新建工业实行一段时间的保护，等“新生儿”长大了，再取消保护，那么它就不但不怕竞争，还可与先进国家的同类工业匹敌了。

保护幼稚工业的理论历史悠久，流行广泛。这一理论可追溯到 18 世纪美国经济学家亚历山大·汉密尔顿，他在 1791 年的《制造业的报告》中就提出了这一论点。但真正全面阐述和发展这一理论的是 19 世纪德国经济学家弗里德里希·李斯特。李斯特从当时德国相对落后的状况出发，提出要以禁止进口和征收高关税的办法对其新兴的工业进行保护，以免被当时先进的英法工业挤垮。李斯特的理论以后一直被广泛引用，成为落后国家保护其工业的主要论据。

保护幼稚工业的理论是着眼于一国的长期利益。其基本假设是，保护这些工业在短期内虽然有代价，但从长远看是有利的和必要的。这一点在理论上是成立的，但在实际操作中却不一定。保护幼稚工业能否在长期获利，取决于三个条件：第一，这些被保护的“新生儿”必须有长大的潜力，从国际贸易的角度分析，必须有潜在的、通过成长会发挥出来的比较优势；第二，保护只是短期的，为保护所付出的代价是短暂的、有限的；第三，被保护的“新生儿”在长大后带给社会的收益足以弥补社会为保护付出的“抚养费”。这里的第二、第三点实际上是建立在第一点的基础上的。

因此，根据这三个条件，并不是所有的幼稚工业都应该保护，只有那些确有潜力的工业才应得到保护。但在现实中，许多受到保护的工业并不符合这一点，结果是，保护的目的没有达到，保护的代价却很高。美国经济学家富兰克·陶西格（Frank William Taussig）在19世纪末考察了当时受到关税保护的美国新兴铁器制造业，结果发现该行业的生产方式20年内没有变化，市场份额也没有扩大，保护并没有使这一幼稚行业长大。近几年来，一些经济学家对第三世界国家中受保护的“幼稚工业”作出一些研究，发现受保护工业的生产成本的下降速度并不比不受保护的工业快，而保护的代价则相当于由此而节约的外汇支出的两倍。

经济学家发现，保护幼稚工业理论在实践中有两个很难克服的困难。

1）保护对象的选择问题。尽管理论上说要保护幼稚产业，但在实际选择中往往取决于各种政治经济力量的对比。许多发展中国家政府选择保护目标并不是真正从经济利益出发，而是从政治或其他利益出发，因此所选对象就难以符合上述三个条件。另外，是否能选准那些应该保护的行业还存在信息和判断问题。由于人们不可能掌握全部信息（包括未来发展的信息），决策中就有可能出现错误，即使从经济利益出发，也会出现技术上的错误判断，结果不能达到预期目标。

2）保护手段的选择问题。有时对象选对但手段用错，其结果仍然达不到通过对幼稚工业的保护来促其成长的目的。一般来说，采用产业政策优于关税等限制进口的贸易政策。产业政策（如生产补贴）不仅对社会造成的损失较小（见第8章第8.1节的分析），还可能起到监督企业，加速企业成长的作用。在产业政策下，企业的补贴来自政府，政府有权控制和调节，政府为减少开支会促进企业提高效率。而在关税等限制进口的贸易政策下，企业的收益来自市场，来自无数个不知名的消费者，对此企业自然无所顾忌，没有提高效率的压力。

另外，通过限制进口的错误手段来保护幼稚工业还有一种常常不被人注意的社会代价，即推迟接受和普及先进技术和知识所造成的损失。尤其是，发展中国家的许多幼稚工业恰恰都是新兴工业或高科技工业。最明显的例子是对电子计算机工业的保护。为了保护国内幼稚的电子计算机工业，一些国家对国外的电子计算机实行进口管制。结果是，在发达国家计算机已发展到普及家庭的电子时代，这些国家的电子计算机仍因价格昂贵而使大多数人望而却步。与彩色电视、电冰箱等不同，计算机不是一般的消费品，计算机的普及价值是整个社会生产效率的提高和先进技术的外溢和普及，限制计算机进口，保护的只是一个行业，拖延的是整个社会的进步，其损失是远远超过所得到的。当然，不是说不要发展本国的电子计算机工业，但应该用其他手段而不是用限制进口。例如，日本在早期也采用过阻止进口的办法，但很快就转向其他形式，如优惠贷款、专利、免税等来支持发展本国的电子计算机工业。日本的这一政策转变正是基于这一认识。

实际上，保护手段的选择不仅是一个认识问题，还涉及政府的利益。采用关税，政府可以有收入，而使用产业政策，政府不但失去税收还要增加支出。因此，虽然从社会角度来说应该使用产业政策，但从政府角度来说，利用关税保护对其更有利，选错手段则常常成为不可避免的事。应该指出，在中国旧有的经济体制下，政府和国有企业是一体的，即使使用产业政策也未必对企业有多少监督促进作用。

因此，保护幼稚工业论在理论上虽然成立，实施中往往弊大于利。保护的代价昂贵而保护的效果却不甚理想。

（2）改善国际收支论

贸易虽然是有进有出，但不一定平衡。如果出口所得金额多于进口所付金额，称为贸易出超或贸易顺差。反之，则是贸易入超或贸易逆差。贸易的出超和入超对一国的国际收支和外汇储备有很大影响，出超时给国家带来外汇净收入，外汇储备增加；入超则是外汇净支出，外汇储备减少。改善国际收支论认为，实行贸易保护可以减少进口，从而减少外汇支出，增加外汇储备。

从理论上说，减少进口可以减少赤字或增加储备，但实施起来有两个问题必须考虑到：

第一，别国的对策以及这种对策对本国出口的影响。在前面已经谈到，贸易是双方的，一国实行保护，别的国家也会跟进，不管是有意报复还是进口能力下降，都会反过来影响本国的出口，其结果是，虽然少买了东西省了钱，但也少出口少赚了钱，国际收支没有改善，本国消费者和出口行业都要为之付出很大的代价。

第二，有没有更好的办法来改善国际收支？要平衡收支，不仅要“节流”，更要注重“开源”。减少进口只是一种消极的、代价昂贵的平衡方法，而提高出口产业的劳动生产率，挖掘更多的出口潜力去多赚外汇，才是积极的、代价较小的改善国际收支的办法。

以国际收支方面的理由作为贸易保护的依据，在发展中国家很普遍。从1979年东京回合到80年代末，发展中国家在向关贸总协定通报进口限制时，85%以上都以平衡国际收支为理由，这主要与发展中国家普遍出口能力低，外债严重有关。但改善国际收支论在出口能力强的亚洲国家也比较流行，这大概与中国以及亚洲文化有一定的联系。中国和其他东亚国家的人们都比较注重储蓄，不太愿意举债。反映在贸易政策上就是追求贸易顺差。

当然，并不是说出超不好，也不是说外汇储备多不好，但如果通过贸易保护手段来达到出超和增加外汇储备的目的，其代价一定是不小的。消费者为此作出的牺牲有时会超过出超所得。

另外，追求出超目标本身就有问题，出超越多并不表示一国的福利水平越高。从宏观范围来看，出超只是表明一国的消费水平低于生产水平，生产出来的一部分产品出口到外国去。在生产水平给定的前提下，出超越多，本国应有的当前消费越少。当然，出超增加了外汇储备，积攒了今后进口和消费的能力，因此，出超只相当于一种储蓄。

通过贸易保护（包括限制进口和鼓励出口）来追求出超还会引起与入超国的矛盾和纠纷。近年来，中国与其他国家的外贸普遍出超。20世纪90年代中美经贸关系不顺利，美国国会一直想取消中国的最惠国待遇，原因之一就是美国指责中国实行贸易保护从而使美对华贸易出现巨额逆差。近年来，欧洲各国纷纷对中国的出口商品进行反倾销，其原因之一也是中国对欧盟的贸易顺差越来越大，引起进口国的不满。可见，想通过贸易保护来改善国际收支的做法在实践中有许多困难。

（3）改善贸易条件论

改善贸易条件论认为，用增加关税等贸易保护的手段限制进口减少需求可以降低进口商品的价格。由于贸易条件是出口商品的国际价格与进口商品的国际价格的比率，进口商品的国际价格降低可以使贸易条件得到改善，即同样数量的出口商品可以换回更多的进口商品，从而使整个国家获利。

以改善贸易条件为依据进行贸易保护的最终目的是从中获利，而获利的手段则是迫使别国降价，这种做法被称为“向邻居乞讨”。从经济学角度来说，不管是个人、企业还是国家，追求利益最大化本身是经济行为的目标。但是，通过贸易保护来改善贸易条件的有效性仍然值得考虑，主要有两点：第一，通过保护来获利的做法能否成功？第二，从资源利用的角度来看，这种做法是否有益？

首先，能否成功地通过贸易保护来降低产品的进口价格，首先取决于该国对国际市场的影响力。在第 7 章对关税的分析中可知，只有贸易大国才会对市场价格有影响力，才能通过限制进口来降低进口价格。如果是一个贸易小国，本身在国际市场上的地位无足轻重，那么，再怎么保护，对世界市场也不产生影响，哪怕完全不进口，进口产品的国际价格也不会下降。

其次，即使是贸易大国也未必能通过降低进口价格来获益，因为贸易是相互的，如果为了改善贸易条件而实行保护，很容易引起别国相应的报复措施。最终的结果是，贸易条件没有得到改善，贸易量却因此下降，不仅进口商品的消费者受到损失，出口商品的生产者也遭池鱼之殃。

当然，在现实中，这种报复也可能不会发生。贸易往往是多边的，如果中国是日本商品的进口大国，不一定就是向日本出口商品的大国，日本的出口在很大程度上依赖于中国的进口，而中国的出口也许并不依赖于日本的进口。这样，中国通过减少进口可以压低日本商品的国际市场价格，而日本对中国就难以实施报复。但是，无论别国报复与否，为改善贸易条件所进行的贸易保护会造成国际市场价格的扭曲，从而不利于资源的有效利用。

（4）增加政府收入

通过关税来增加政府收入，与其说是一种政策理论，不如说是一种利益行为。不管消费者和整个社会所付出的代价如何，作为政府，征收的关税则是实实在在的收入，这也是政府要实行贸易保护的动力之一。

对于非社会主义的发展中国家来说，政府没有自己拥有的企业，本国工业生产能力有限，国内人民生活水平低且没有多少收入税可征，关税就成了政府收入的重要来源。另外，征收关税比增加国内的各种税收要容易得多。国内的各种税收，无论收入税、销售税、或生产税，国内的消费者或生产者都能直接看到，阻力自然就大，而关税在外国商品进入本国市场前就征收了，由此产生的商品价格上涨似乎并不是政府的原因。虽然，最终还是消费者支付了一定的关税，但消费者对这种间接的支付感觉并不灵敏，反对的声浪也不大。这一点，对政府来说，尤其是对要靠选民投票的政治家们来说是很重要的。

从理论上说，征收关税的另一个好处是可以将一部分税赋转嫁到外国生产者或出口商身上。如果是进口大国，通过关税减少进口，会压低国际市场价格，结果相当于外国生产者为此承担了部分税赋负担，而且如果税率恰当，进口国的总福利水平还会得到提高。当然，这里的必要条件是：必须是举足轻重的进口大国。事实上，有这种地位的发展中国家几乎不存在，尤其是那些国内没有多少税源的贫困国家，根本不可能大量进口外国商品。因此，大多数国家的政府关税所得主要还是由国内消费者支付，并且，消费者的支付超过政府关税税收所得。

（5）民族自尊

进口商品并不仅仅是一种与国内产品无差别的消费品，进口商品的品种、质量常常反映了别国的文化和经济发展水平；而且进口的商品上都带有“某某国制造”的标签，以示与本国商品的区别。一般来说，进口货物总是比国产的要“物美”一些，在同质产品中又“价廉”一些，尤其是发展中国家所进口的先进工业商品，许多是本国不能制造的。在消费者“崇洋赞洋”的时候，政府往往会觉得有损民族自尊心和自信心。为了增加民族自豪感，政府一方面从政治上把使用国货作为爱国主义来宣传；另一方面力图通过贸易保护政策来减少外来冲击、发展本国工业。

3.1.4.2 发达国家的贸易保护理论

（1）保护就业论

保护就业论虽不像“幼稚工业”论那样具有悠久历史，但流行范围却同样广泛，而且主要是在西方发达国家。每当经济不景气，失业率上升时，西方国家的一些政治家和工会领袖就把原因归罪于来自外国的，尤其是发展中国家的竞争，纷纷主张以限制进口来保障本国工业的生产和就业。八九十年代的西方贸易保护主义加强的其中一个重要理论依据，就是保护国内的生产和就业。

保护就业论可以从微观和宏观两方面来解释。从微观上说，某个行业得到了保护，生产增加，工人就业也就增加。从宏观上说，保护就业论是建立在凯恩斯主义经济学说基础之上的。

凯恩斯（John M. Keynes）是英国经济学家。在1929～1933年的大萧条中，凯恩斯看到了古典经济学完全依赖市场机制和只重视供给方面的不足，认为一国的生产和就业主要取决于对本国产品的有效需求。如果有效需求增加，就会带动生产和就业的增加，反之，如果有效需求不足，就会出现生产过剩、经济衰退，造成失业增加。因此，要达到充足就业，就要对商品有足够的有效需求。

什么是有效需求呢？有效需求由消费、投资、政府开支和净出口四部分组成。净出口则定义为出口减去进口，也就是说，出口会增加有效需求，进口则减少有效需求。因此，贸易对整个社会就业水平的影响过程可以表述为：增加出口，并且减少进口，就可以增加有效需求，进而促进国民生产和增加就业。

反之，如果进口太多，出口太少，则会减少有效需求并降低本国生产和就业水平。凯恩斯理论不仅阐述了进口与国民生产的逆向关系，还指出这种影响是具有乘数效应的。也就是说，如果净进口增加 1 元，国民生产水平的下降会超过 1 元，对就业的影响当然也就更大一些。而减少 1 元的净进口，也能使国民生产有超过 1 元的增加，所能创造的工作机会也就越多。保护就业论者就是根据凯恩斯的宏观经济理论提出贸易保护的，他们相信，通过限制进口扩大出口的贸易保护政策，可以提高整个国家的就业水平。

怎样评价保护就业论呢？从理论上说，贸易保护无论在微观上还是在宏观上，对增加就业都有积极作用。但这一理论忽视了一个现实问题：怎样才能做到限制进口同时不伤害出口呢？国际贸易是双方的事，一国不可能只出口不进口。希望通过扩大出口减少进口来保护就业的做法在现实中会遇到困难。首先，别国对这种做法不会毫无反应。一国要考虑自己的就业问题，别国也要考虑他们的就业问题。一国限制进口，就会伤害别国的出口，为保护自己的利益，别国也会以限制进口作为回报，那么该国的出口也不得不减少。其次，即使别国不进行报复，长期的大量的贸易逆差必然影响别国的经济发展和国际支付能力，别国经济实力的下降则反过来影响本国的出口商品的购买力，其结果也影响到实行贸易保护国家的出口。因此，从总体均衡或长期均衡的角度来看，要想限制进口而不伤害出口，或扩大出口而不增加进口都是不大可能的。所以实行贸易保护的结果往往是增加了一个部门的就业，减少了另一部门的就业，还外加消费者的损害，常常是得不偿失。

（2）保护公平竞争论

“保护公平竞争”，这是许多国家特别是西方发达国家用来进行贸易保护的另一依据。这一理论最初是用来对付国际贸易中因为政府参与而出现的不公平竞争行为，后来又被广泛用来要求对等开放市场。与前面介绍的三种理由不同，“保护公平竞争”论以一种受害者的姿态出现来进行贸易保护。这种保护似乎是迫不得已的，保护的目的也似乎是为了更好地保证国际上的公平竞争，以推动真正的自由贸易。

那么，什么是国际贸易中的不公平竞争呢？各国定义不同，但一般来说，凡是由政府通过某些政策直接或间接地帮助企业在国外市场上竞争，并造成对国外同类企业的伤害，都被看成是不公平竞争。具体来说，出口补贴、低价倾销等都算不公平竞争。再如，将监狱中犯人或其他奴工制作的产品，或使用童工生产的产品出口到国外，也是不公平贸易行为。因为犯人、童工的工资被强迫性压低，生产成本当然就低，正常企业无法与之竞争。通过不同的汇率制度人为地降低出口成本，对外国知识产权不加保护等也包括在不公平贸易的范围之内。

近年来，不公平竞争的定义扩大到不对等开放市场，许多西方国家指责发展中国家的市场开放不够，指责中央计划经济没有按市场经济的原则实行自由竞争。美国还用这一论点来针对欧洲、日本等发达国家，指责他们对美国产品的进入设置重重障碍。一些国家甚至把自己的贸易逆差归罪于对方市场开放上的不平等。

早在1897年美国就通过了《反补贴关税法》，1930年的《关税法案》的第701节对反补贴作出更具体的规定，并在1979年和1984年作出进一步修改。《反倾销法》在1916年首次通过，后列入《关税法案》的第731节。1974年通过的《贸易法案》中的“301条款”进一步明确授权政府运用限制进口等贸易保护措施来反对任何外国不公平的贸易行为，以保护本国企业的利益。其中有一个“特别301条款”（Special 301），专门用来对那些没有很好保护版权、专利、商标和其他知识产权的国家实行贸易制裁或制裁威胁。1988年的《贸易和竞争综合法案》（*The Omnibus Trade and Competitiveness Act*）更是把焦点集中于对付不公平贸易和竞争方面。该法案中的“超级301条款”（Super 301 Clause）不仅将不公平案的起诉权从总统下放到美国贸易代表（相当于外贸部长）手中，还要求贸易代表在每年4月30日将“不公平贸易国家”的名单递交国会。一旦上了这份“黑名单”的国家，就可能被列入报复对象。

1988年《贸易和竞争综合法案》尤其是“超级301条款”实施以后，首登黑名单的是日本、印度和巴西。日本被登上名单的原因是禁止公共单位购买美国的卫星和超级计算机以及排挤美国木材制品。印度是因为不让外国（包括美国）投资其保险业。巴西则是因为对几乎所有的进口商品都实行许可制度。中国则在1991年首登“特别301条款”名单，经过谈判，中国同意保护美国在华的专利、版权等，美国随即撤销了对中国的“不公平贸易”的指控。中国台湾地区因为保护知识产权不力，导致美国的影片、唱片、计算机软件、书籍等被大量盗印、盗版而在1992年在名单上留名。2001年美国对80个国家的知识产权保护问题进行了调查并认为乌克兰等51个国家对美国产品的知识产权保护不力。

用保护公平竞争为理由进行贸易保护的主要手段包括：反补贴税、反倾销税或其他惩罚性关税、进口限额、贸易制裁等。这些政策在理论上说可能有助于限制不公平竞争，促进自由贸易，但在实施中不一定能达到预期效果。首先，“反不公平竞争”可能被国内厂商用来作为反对进口的借口，一些国家的某些行业劳动生产率低下，面对国际竞争不求改进，反怪罪于外国商品。例如，墨西哥对中国的鞋类产品的“不公平”指控，有很大程度上是因为该国制鞋工业多为家庭手工业，技术落后，面临来自中国及亚洲其他国家人造皮鞋的竞争而日益衰落。因而通过贸易保护来促进公平竞争，有可能造成更不公平的竞争；而本国的消费者则将为此付出很高的代价。其次，像其他所有贸易保护一样，以公平竞争为由实行保护也同样可能遭到对方的反指控、反报复，尤其是在国际交往中各国都有国家尊严，有时明知反报复行为会使本国损失更大，但为了在某种程度上维护国家的独立性和为了特定的政治利益，仍然会采取反报复政策。

(3) 社会公平论

这里的所谓社会公平主要指的是社会各阶层或各种生产要素在收入上的相对平衡。不少国家利用贸易保护来调节国内各阶层的收入水平，以减少社会矛盾和冲突，其中最典型的例子是发达国家对农产品的保护。在发达国家工业化的进程中，资本的加速积累和土地的相对稀缺，使工业产品的生产成本下降，农产品生产的成本相对上升。发达国家逐渐失去了用相对成本来衡量的农产品的比较优势，如果仍然坚持自由贸易，农民收入即使不下降，也跟不上其他行业收入的增加。为了保证农民和地主的收入能跟上社会发展的平均水平，或者说为了缩小农民与社会其他阶层收入的差距，不少国家（主要是发达国家和新兴工业化地区）就通过限制进口、价格支持、出口补贴等各种保护手段将社会其他行业的一部分收入转移到农民和地主手中，以达到一定的社会公平。

(4) 国家安全论

贸易保护主义有时还以国家安全为依据，主张限制进口，以保持经济的独立自主。国家安全论认为，自由贸易会增强本国对外国的经济依赖性。这种情况可能会危害到国家安全，一旦战争爆发或国家之间关系紧张时，贸易停止，供应中断，过于依赖对外贸易的经济会出现危机，在战争中可能会不战自败。

以国家安全为理由限制贸易的思想由来已久，可以追溯到17世纪英国的重商主义，当时的贸易保护主义以国家安全为依据，主张限制使用外国海运服务和购买外国商船。20世纪以来战争连续不断，第二次世界大战后又经历了长期的东西方“冷战”，国家安全论因此经久不衰。国家安全的理论认为有关国家安全的重要战略物资必须以自己生产为主，不能依靠进口。在这些行业面临国际市场竞争时，政府应加以保护。这些重要商品包括粮食、石油等。对某些不友好国家的出口也要控制，任何有可能加强敌方实力、威胁自身安全的商品都严加控制。

第二次世界大战后，西方国家为针对社会主义阵营而设立的“输出管制统筹委员会”就是以国家安全为目标控制贸易的。1988 年，日本东芝公司由于销售给苏联一批被认为涉及军事科技的电子技术而受到该委员会的惩罚。

国家安全论在中国也曾很流行，在“深挖洞，广积粮”“备战备荒”的 20 世纪 60 ~70 年代里，国家安全成了排斥贸易的重要依据。

3.1.5 新贸易保护主义

20 世纪 70 年代以后，世界贸易格局发生了新的变化。一些第三世界国家在世界贸易中崛起，并在纺织、制鞋、钢铁等原来发达国家垄断的行业中呈现出比较优势。石油输出国家组织了起来，控制供给并提高价格，主宰了国际石油市场。传统的发达国家向发展中国家出口工业制造品、发展中国家出口初级产品的情况逐渐改变，取而代之的工业国家之间的双向贸易和制成品之间的贸易成为世界贸易中的主要部分。贸易结构的改变，使发展中国家和发达国家都面临着工业制成品市场的激烈竞争。在新的形势下，贸易保护主义在理论与政策上都有了新发展，被称为“新贸易保护主义”。

从理论上说，新贸易保护主义是建立在“规模经济贸易学说”的基础上的。与传统贸易理论相比，规模经济贸易学说有两点新的认识：第一，工业产品的世界市场不是完全竞争的，产品的差异性，使得各国企业都有可能在某些工业产品上有一定的垄断或垄断性竞争力量，占领部分市场，获得利润；第二，许多工业产品的生产具有规模经济，生产越多，产品的单位成本越低。与这两点新认识相对应，贸易保护政策有了新的依据。第一，怎样利用关税来分享外国企业的垄断性利润，提高国民福利；第二，怎样通过贸易保护来帮助本国企业取得一定的市场份额，从而达到一定的生产规模，使企业成本下降，在国际竞争中获胜。

3.1.5.1 分享外国企业的垄断利润

在许多情况下，商品的国际市场是由少数几家大企业控制的“寡头市场”。例如，出口飞机的主要是美国波音公司和欧洲的空中客车公司两家；计算机市场上，美国的 IBM 公司占有很大份额。对每个具体国家来说，某些进口商品更是只来自于少数公司。这些公司在进口国的市场上拥有一定的垄断地位。与完全竞争市场中的企业不同，垄断企业或寡头企业的商品价格不是市场给定的，而是这些企业根据市场需求制定的。垄断企业或寡头企业能够利用他们在市场上的地位将产品价格定在高于其边际成本的水平上，并获得超过平均水平的利润。当然，这种利润是通过提高价格从消费者身上赚取的。在国际贸易中，则是由进口国的消费者支付的。新贸易保护主义的理论认为，政府应该通过关税保护措施来分享这些外国垄断或寡头企业的利润，弥补国民利益的损失。

就通过关税来分享外国寡头或垄断企业的利润并提高整个国民收益这一点来说，进口国政府是有可能如愿以偿的。但是，对本国的消费者来说则是雪上加霜，关税使本来已经很高的垄断或寡头价格变得更高。除非政府能将关税收入的一部分用于补贴消费者，否则消费者会由于关税受到更大的伤害。表面上看，进口国政府的关税收入来自外国企业的垄断利润，实际上这些税收中的很大一部分是本国消费者支付的。

3.1.5.2 战略性贸易保护政策

在战略性贸易保护政策理论出现之前，一般认为传统国际贸易理论是建立完全竞争假定基础之上的，也就是排除了产品差别化，规模经济和进入障碍等因素。同时，传统国际贸易理论是完全静态的，即资源禀赋、消费偏好、科技等都是固定不变的。而国与国在消费偏好、技术、资源禀赋等方面的差异导致每一个国家都在特定产品上对其他国家具有比较优势。国际分工体系则是完全预先决定的，不可改变的。国际贸易格局主要是反映各国独有的优势产品之间的交换，如发达国家应该出口工业制成品，而不发达国家应该出口原材料。由此可见，传统国际贸易理论基本排除了通过个体的经济活动或者国家政策改变原有分工格局，形成动态比较优势的可能性。这意味着留给政府通过积极的贸易或者产业政策提高本国福利的空间很小。即使有一些理论致力于研究通过国家对幼稚产业的保护而获得竞争优势，往往也被归入发展经济学的范畴而被排除在主流国际理论体系之外。这种趋势直到产业内（intra-industry）贸易和寡头垄断竞争（oligopoly）产业的出现才发生了戏剧性的变化。

产业内贸易指的是一国进口和出口的产品在生产或者消费方面具有很强的相互替代性。这一现象最早出现在当时的欧洲共同体（EEC）内部发达国家之间工业制成品的双向贸易之中。众所周知，以李嘉图比较优势理论为核心的主流国际贸易理论体系中，不同国家应该进口自己具有比较劣势产业的产品而出口自己具有比较优势产业的产品，即这是一种产业间（inter-industry）的贸易。但事实上，在当时的欧洲共同体内部，产业内贸易的绝对值和增长速度远远超越了产业间贸易。企业家精神、人力资本、研究与开发投资、规模经济以及学习效应等诸多因素先后被引入分析框架中来解释这一有悖于传统思维的现象。其中最引人注目的是大量产业内贸易理论模型的出现。这些模型致力于解释具有相似产业结构的国家之间进行相互贸易以及其交换的产品构成具有很明显相似性的原因。这些模型一般与垄断竞争、产品细分和规模递增联系在一起。尤其值得一提的是，布兰德和克鲁格曼的论文所建立的模型中，不同国家成本不同的两家公司可以并存在同一产业中进行双向贸易，这被认为是对比较优势理论的巨大挑战甚至是完全否定。

战略性贸易保护学说认为，由于国际市场上的不完全竞争性质和规模经济的存在，市场份额对各国企业变得更加重要。市场竞争变成一场少数几家企业之间的“博弈”（game），谁能占领市场，谁就能获得超额利润。所以通过政府补贴等来帮助本国企业在国际竞争中获胜，而企业获胜之后所得的利润会大大超过政府所支付的补贴。

战略性贸易保护政策的主要内容包括以下几个方面。

（1）利润转移论

1）战略性出口政策。政府可以通过出口补贴或研发补贴本国厂商政策工具，达到把外国生产者的垄断利润转移到国内生产者手中，从而增加本国福利的目的。其实质是实现国外厂商垄断利润向国内厂商的转移，危险的是易引起对方国的报复而陷入“囚徒困境”。为避免“囚徒困境”，最优的贸易政策是两国都征收出口税，从而形成一个利润最大化的卡特尔结构。

2）战略性进口政策。该政策是当外国出口寡头垄断厂商和本国厂商在本国市场竞争的情况下，政府应采用进口关税政策以抽取外国垄断厂商的垄断租金以提高本国福利。其政策目的是抽取外国厂商利润令外国垄断厂商利润下降，提高本国福利、限制外国产品进口，实质是“新幼稚产业保护理论”。

3）进口保护促进出口政策。保罗·克鲁格曼认为，政府通过贸易保护，全部或局部封闭本国市场，阻止国外产品进入本国市场，可使国外竞争者由于市场份额的缩小而边际成本上升，达不到规模经济；与此同时，使得本国原本处于追随地位的厂商快速扩大市场份额，达到规模经济而降低边际成本，从而增强进军国际市场的竞争力，达到“以保护进口市场而扩大出口”的目的。

（2）外部经济理论

外部经济理论认为，某些产业或厂商能够产生巨大的外部经济，对其他产业乃至整个经济发展产生有利的影响，并在国际分工格局中长期居于出口优势地位。

国际贸易领域的外部经济主要有三种类型：一是企业的技术创新知识随产品出口流向国外企业而产生的企业间经济外溢效应；二是垄断竞争部门的中间产品出口引起的其经济技术知识外溢到国外下游产业部门的产业内经济外溢效应；三是战略性产业对其他产业形成支撑的产业间经济外溢效应。

为有效避免和降低具有高生产率、高附加值的战略型产业因外部经济存在而产生的市场失败问题，本国政府有必要对这些战略产业予以补贴。政府补贴并促进能够显著产生外部经济的产业发展，能够提高国家的国际竞争力，同时又对国外相关产业和企业具有经济外溢效应，不是“零和博弈”，而是一种双赢。

3.1.5.3 国内市场失灵论

在探讨自由贸易给社会福利带来的种种变化时，一般假设市场是有效的。在讨论汽车市场时，需求曲线不仅表示个人购买者多购买一辆汽车的边际效益，也表示整个社会多消费一辆汽车的净收益。相同的，供给曲线不仅表示生产者在国内多生产一辆汽车的边际成本，也表示整个社会的边际成本。就是说，假设在没有关税时，就没有任何扭曲，任何活动的个人利益（成本）和社会效益（成本）之间没有不同；而关税（或其他保护性措施）则给经济带来了扭曲。

然而，经济中有许多市场不能完全反映的利益和成本，即经济学家们常常提及的“外部性”。污染就是一个典型的例子。造成污染的企业不用对污染所造成的社会成本作出补偿，污染的社会实际成本高于企业成本。对于这种问题的解决不能靠市场。在存在“外部性”的时候，市场是“失灵”的。市场失灵的例子还有很多，例如，劳动者在某些情况下可能失业或者半失业；资本市场或劳动力市场存在缺陷使得资源并不能向高回报部门迅速转移；或者新兴的或不断革新的行业可能出现技术外溢。在市场失灵的情况下，生产者剩余不能反映全部的收益。于是有的经济学家提出，在国内市场失灵时，通过保护来扩大某产品的市场可能会产生边际社会收益。

从理论上说，如果扩大本国生产会产生额外的社会利益的话，政府应当通过政策来保护本国生产，但在实际操作中仍然存在着两个问题：

第一，怎样确定这种社会利益从而选择好确有“正外部性”的行业进行保护？正如确定什么是应该保护的幼稚产业一样，选择的过程既有政治因素又有利益集团的影响。各个行业都认为它们会带来额外的社会利益，最终的选择可能取决于各个利益集团在决策层中的政治势力。

第二，采用什么手段进行保护？对于同一个目标，政府既可以用贸易政策（关税或配额），也可以用产业政策（生产补贴）。如果政策直接补贴生产，不仅同样达到对国内生产的刺激，而且可以避免对消费的扭曲。

3.1.6 贸易政策制定中的政治经济学

在现实经济生活中，有各种各样的理由支持贸易保护。但为什么政府最终采用的是这样一种保护措施而非那一种呢？为什么政府要对一种商品采用较严格的贸易壁垒，而对另一种商品则较宽松呢？事实上，贸易政策的决定不仅仅是政府的一种经济选择，同时也是一项政治与社会决策。

3.1.6.1 决定贸易政策的基本框架

像产品的价格是由市场的供给与需求决定的一样，一项具体贸易政策的决定也是由对这项政策的需求和供给决定的。从需求方面来看，对一项政策的需求，既要有相关的个人利益和集团利益，还要有代表和反映这些利益的组织。任何一项政策的实施必定会涉及各种集团的利益，这一点，本书已在自由贸易理论和贸易政策的分析中谈到。例如，斯托尔珀-萨缪尔森理论就告诉人们，开放贸易的结果使本国原来充裕的要素受益，原来稀缺的要素受损。因此，一国的稀缺要素通常会要求保护而充裕的要素会希望更自由的贸易。在贸易政策的分析中也可以发现生产者和消费者对贸易政策有不同的要求。

那么，这些不同的利益集团是通过什么样的形式和渠道来表达对政策的偏好和需求呢？是通过对政府的游说工作，通过在政府中代表这些利益集团的政党或代言人来表达，还是直接通过社会舆论或民间团体来对政府施加压力？具体的表达方式取决于一个国家的政治体制。不同的政治体制会使同样的政策需求出现不同的表现方式，对政策的最终制定也会产生不同的影响。

从政策的供给角度看，也有两个重要方面：一个是政府对政策的偏好，另一个是制定具体政策的机制。政府对政策的偏好取决于政府的目标函数，也就是说，政府采用不同政策所要求达到的目的是什么。从经济理论上说，政府应是全民利益的代表，政府经济政策的目标应是资源的最有效利用和社会福利的最大化；但在现实中，政府的目标往往是多重的，既有经济的考虑，也有政治和社会的考虑。对于任何执政党来说，维持政权的稳定和保证继续执政都是最根本的。因此，不管政治体制如何，政府在制定或选择经济政策（包括贸易政策）时，都会权衡利弊，考虑其对政治、经济和社会的影响。

3.1.6.2 贸易政策决定的政治经济学模型

20 世纪 80 年代以来，国际贸易政策制定中的政治和社会因素越来越被经济学家重视。与此相应地，经济学家们在国际经济学领域中建立起一些政治经济学模型，包括梅耶（Mayer）的中点选民模型、集体行动有效游说模型，格鲁斯曼（Grossman）与海尔普曼（Helpman）的利益集团政治贡献模型等。在这些模型中，政府的目标是成功地掌握政权和维护政权的稳定而非社会福利最大化。

（1）中点选民模型

中点选民模型假设政府是民主选举产生的，任何一个政党得到了多数选民的支持，该政党就有可能执政。因此，政府在选择任何经济贸易政策的时候，必须要考虑如何得到多数选民的支持。

怎样才能选择得到多数选民支持的政策呢？重要的方法就是尽可能选择靠近中点选民的意见的政策。所谓中点选民的意见一般表现为两种意见之间的观点。以中点意见为界，一边更为保守，另一边更为急进，且两边人数一样。

用一个简单的例子来说明这一模型。假设本国有 9 个选民，他们对关税的偏好都不同，根据他们的关税意见从低到高进行排列如图 3-1 所示。

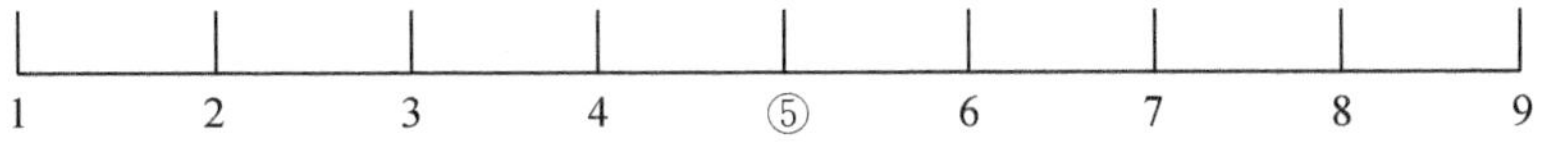

图 3-1　关税偏好示意图

假设第 1 人主张关税率为 1%，第 2 人主张 2%，依此类推，第 9 个人主张 9% 的关税率。在这里，中点选民是第 5 个，中点选民的意见是 5% 关税率。再假设本国有两个政党存在，如民主党和社会党。两党都想得到大多数选民的支持。在贸易政策的选择中，假定民主党选择了征收 7% 的关税，而社会党选择了 6% 的关税，这时，主张高关税的选民（7、8、9）就会支持民主党，但主张低关税的选民，包括从第 1 到第 6 名选民就都会支持社会党。从第 1 到第 5 位选民的意见虽然没有被采纳，但相对于主张 7% 的关税的民主党来说，社会党更接近他们的意见，如果这时有一个第三党，如进步党，选择了关税率为 5% 的政策，那么，从第 1 到第 5 个选民就会转而支持进步党，支持社会党的就只剩下第 6 位选民一人了。再反过来看，假如民主党主张收 3% 的关税，而社会党选择 4% 的关税政策，那么，只有第 1 到第 3 的 3 位选民会支持民主党而其余的 7 人会偏向社会党。由此可见，越接近中点选民意见的政策越能得到大多数选民的支持。这就是中点选民模型。

（2）集体行动和有效游说模型

贸易政策的中点选民决定论理论上似乎没有问题，可是如果观察一下民主选举制国家的贸易政策实践，不难发现，在许多情况下，贸易政策保护的恰恰都是少数人。例如，几乎所有的发达国家都保护农产品，而农民占这些国家的总人口都不到10%。在发展中国家中，农民占大多数，但这些占大多数的农民不但得不到保护，政府还通过对出口的控制压低国内的农产品市场价格，间接地保护了人数较少的城市中的农产品消费者。

钢铁、纺织品等行业在美国也是夕阳工业，就业人数越来越少，但他们受到的保护仍很高，占大多数的消费者为了保护这些少数人而支付了不小的代价。那么，怎样解释政府选择这种牺牲大多数人利益来保护少数人利益的贸易政策的行为呢?

研究公共政策的经济学家提出了集体行动的理论，认为一种政策是否被政府采纳并不在于受益或受损人数的多少，而在于利益集团的集体行动是否有效。

假如一国政府在考虑是否要对进口的苹果征10%的关税，征税的结果是损害消费者的利益，消费者因而会反对这项政策，本国的苹果生产者得到保护获得利益就会支持征税。从人数上来说，苹果的消费者一定比生产者多，但在集体行动方面，消费者一定不如生产者有效，其主要原因是，人越多，“搭便车的人”越多，积极参与的人反而少，意见也不容易统一，集体行动的效率低，而人少却更容易组织得好。在影响政府政策的游说中，人数较少的利益集团容易统一，从而在集体行动中步调一致，在游说中取得成效。

决定利益集团集体行动有效性的另一个重要因素是集团中个人利益的大小。政府如果对苹果征10%的关税，消费者作为一个整体来说，其总损失要比生产者收益和政府关税收入的总和还要大，但如果将总损失除以消费者总人数，每一个消费者的损失就很小了。另一方面，对于每个生产者来说这一政策所产生的利益就会很大，值得为此不遗余力地拼搏一下。为了更清楚地说明这个问题，不妨用一些假设的数字。假定有100名消费者和2个生产者，政府是否征收关税对消费者总利益的影响为100元，对生产者总收益的影响为50元，政府税收变动为30元，有20元的社会福利净损失。从社会福利水平看，不应该征关税，但从政治经济学角度看，政府是否废除这项政策取决于这项政策对其政治统治的影响。对消费者来说，虽然他们反对关税政策，但实行这一政策对他们每个人的损害和不征关税的个人所得都不很大：一个人1元钱。所以，消费者不会为此而花费太多的精力去游说，即使政府最终坚持征税，消费者也不愿意为这1元钱而游行示威甚至反对政府。但是，从生产者角度看，50元虽然不多，但因为只有两个人，每人的所得所失都有25元，是消费者人均利益变动的25倍。在这种情况下，生产者参与影响政府政策的集体行动和游说活动的积极性都远远超过消费者，甚至会因此而极力支持政府或反对政府，对政府能否实现其稳定执政的目标影响较大。政府面对的一边是对政策变动不敏感的100名消费者，另一边却是利益可能严重受损的2名生产者，在这种情况下，政府往往会选择总福利水平下降、大多数人利益受损而少数人受益的贸易政策。

(3) 利益集团政治贡献模型

在民主选举政府的国家里，贸易政策的制定还要受到各执政党支持者的影响。一般来说，每个政党都代表一些特殊集团的利益，而这些利益集团也在竞选中积极支持能考虑他们利益的政党。例如，在美国的两党中，工会（尤其是美国劳工联合会-产业工会联合会）一般支持民主党，大财团或企业主一般会支持共和党。这些利益集团在国会和总统的竞选中极力支持各自的党派当选，这些党派的候选人一旦当选，就会在力所能及的范围里制定或维持有利于这些利益集团的政策。否则他们就会在下一轮竞选中失去这些利益集团的资金支持和选票。

由于大多数政府政策的目标函数是维护其政权的稳定性，所以对于帮助其当选或连任的利益集团，政府会极力地去加以保护。政府实行有利于这些利益集团的贸易政策是为了对他们政治支持的一种回报，保护这些利益集团本身也就是保护政府本身。

关于贸易政策决定中的政治贡献因素，经济学家麦基（Magee）、布罗克（Brock）和杨（Young）于1989年建立了一个“竞选贡献”模型，格鲁斯曼和海尔普曼，在1994年则在更广泛的意义上建立了“政治贡献”模型。明确地提出了政治因素在贸易政策制定中的作用。格罗斯曼-海尔普曼模型还可以用来解释非民主选举国家中的贸易保护现象。

3.1.7 农产品技术性贸易壁垒的理论溯源

农业和农产品是人类赖以生存和发展的基础，国际农产品贸易在整个国际货物贸易中一直处于举足轻重的地位，因此，农产品技术性贸易壁垒的产生有着深刻而复杂的经济理论原因。

农产品技术性贸易壁垒的理论根源最早可以溯源到李斯特（Elist，1786－1846）1841年出版的《政治经济学的国民体系》，他在此书中系统地提出了保护贸易学说，指出：工业化初期的国家一定要对本国的幼稚工业进行保护，才能有助于一国生产力水平的提高和工业化的实现。

随后，凯恩斯（J. M. Keynes，1883－1946）在他1936年出版的《就业、利息和货币通论》中强调了“新重商主义”的政策思想，形成典型的超保护贸易学说。他认为，不是为了保护国内幼稚工业，以增强其竞争实力，而是保护国内已经发展起来的大工业以加强其垄断地位；在市场争夺中，不是消极地防御进口而是积极出击占领国际市场；保护措施不仅仅限于关税，各种奖出限入的非关税手段成为超保护贸易的主要措施。他主张实行重商主义和各项措施，并运用政府对财政与货币两大部门的宏观控制，进一步有效地推行保护贸易政策。例如，用提高海关税率、增加课税种类、设置各项非关税壁垒等保护主义措施，禁止或限制外国货进口。到了20世纪80年代，西方贸易理论特别是由布兰德和斯宾塞提出的贸易理论认为，由于现实成熟的市场经济实际上是在不完全竞争的市场结构中运行，它具有内部和外部规模经济效应，因而自由贸易政策失去了最优性，不能保证西方发达国家获得最大贸易利益，主张采取各种贸易手段干预国际贸易活动，限制国外产品进入，保护国内市场。以上这些贸易理论为农产品技术性贸易壁垒的实施奠定了理论基础。

3.2 国外文献综述

3.2.1 对技术性贸易壁垒形成动因的研究

3.2.1.1 基于市场失灵的保护

美国农业部经济研究局专家从增加进口国福利角度出发，认为技术性贸易壁垒是用于修正市场失灵的手段，将其定义为管理进入国内市场产品的销售规章和标准，并将其定义为“社会规章”的子规则。Robert（1999）认为纠正与产品的生产、分配和消费相联系的外部作用产生的市场无效是促使技术性贸易壁垒产生的重要原因之一。

3.2.1.2 基于政治经济原因的形成动因

贸易的政治经济学把贸易政策看做是“公共物品”，将贸易理论和公共选择的政治经济方法结合起来分析贸易保护政策决策的内生过程和结果，其分析问题的基本出发点在于：在社会公共选择过程中，贸易保护政策为何优于自由贸易政策可以从政治市场中寻找到答案。

Posner（1974）认为法规并非仅仅作为纠正市场失灵的措施而存在，法规的供给是以最大化其自身利益为目标的不同利益集团的一种反应，其可能被在限制竞争中获得既定利益的本国生产者所“俘获”，技术性贸易壁垒的制定也不能幸免。

Thomsbury（1998）用一个政治经济模型很好地归纳了政府干预水平内生

决定过程，指出政策选择是利益最大化的生产者、消费者和政府决策者的内生行为，市场结果是经济个体行为作用的均衡解，技术性贸易壁垒政策的形成是追求利益最大化的利益集团与追求自身偏好的政府相互作用最终达到均衡的结果。

Stigter（1971）和 Posner（1974）认为分别由生产者和消费者组成的利益集团的力量是不均衡的，数量较少的生产者集团可以通过减少成本，避免搭便车行为和减轻敌对力量来提高一个产业的政治影响力，因此较之大量的，分散的消费者，生产者集团能多影响甚至控制政府机构的决策过程。

Peltzman（1976）认为在政治市场上，实质交易商品是财富的转移，各个竞争性利益集团对这种产品的需求是持续的，商品由政府进行供给，这一市场和其他任何市场一样会将更多的产品分配给有效需求最高的集团，由于赞成贸易保护的利益集团通常比从开放经济中获利的集团具有更强的组织性，因而容易导致“保护主义偏向”的结果。

在农产品技术性贸易壁垒的政治决定方面，Thornsbury（1999）从政治经济学的角度出发，在美国农业部于 1996 年关于美国面临农产品技术性贸易壁垒的调查资料的基础上，运用计量经济学模型，筛选出了影响农产品技术性贸易壁垒实施的若干经济和政治变量，并逐一作出解释和探讨。

3.2.1.3 基于技术差距的形成动因

20 世纪以来，贸易理论的研究始终将技术视为内生变量来处理，既研究技术变动的原因，也研究技术进步对贸易与社会福利的影响。

波斯纳（1961）提出的技术差距论，弗农（1966）提出的产品生命周期理论都把国家间的贸易与技术差距的存在联系起来，他们认为作为一种生产要素，正是一国的技术优势使其享有了技术型密集产品的比较优势并获得了在出口方面的优势。但随着新技术向国外扩撒，创新国的技术领先优势会逐渐缩小甚至消失，这一过程中贸易流的走向也会发生变化，仿制国会以成本优势赢得技术创新国的市场，创新国为维持本国企业市场份额而对产品技术参数提高标准，这种保护性标准的提高构成了技术性贸易壁垒。进一步的研究指出作为现实中技术领先者的发达国家不会轻易放弃优势地位，会尽可能采取反仿制措施以减缓技术外溢，同时会继续研究新技术、新产品，所以原有的技术性贸易壁垒会不断强化，新的壁垒会不断出现。20 世纪 80 年代以来，以克鲁格曼为代表的新贸易理论，进一步将技术进步、规模经济、不完全竞争和国际贸易、经济增长等结合起来研究，不仅讨论技术对贸易的影响，也分析国际贸易、经济增长在技术进步中的作用。

对于发展中国家面对的技术性贸易壁垒问题，学界有不少论述，Stephenson（1995）从政策与制度层面对发展中国家技术标准问题作出较为全面的阐述，得出的结论是“发展中国家的第一选择是采纳现有的国际标准”，其次是“采纳主要贸易伙伴的标准，而不是制定自己的本地标准”。Wilson 与 Otsuki（2004）的研究表明：技术法规和标准是影响企业经营和出口能力的重要因素，适应技术规范的成本占企业经营总成本的 10%，他们认为互认协议能有效降低成本，提供更多出口机会，但发展中国家却难以在发达国家间的互认协议中受益。世贸组织 TBT 委员会农产品与贸易联合工作组（2003 年）对国际农产品贸易中的技术性贸易壁垒的现状、争端形式等问题进行专门研究，指出需要对发展中国家进行制度建设与技术上的援助。

3.2.1.4 技术性贸易壁垒的影响因素研究

Zaibet 和 Bredahl（2000）、Yiridoe 等（2003）、Henson 和 Holt（2006）、Turner（2009）研究技术性贸易壁垒的影响因素。Kleinwechter 和 Grethe（2006）、Monteiro 和 Caswell（2009）、Monteiro 和 Caswell（2009）、Fulponi（2006）、Gereffi 等（2005）、Neumayer 和 Perkins（2008）、Guler 等（2009）均分析了技术性贸易壁垒或大型零售商和超市对所采购的食品或中间性农产品设定技术标准的影响因子。Gereffi 认为农场规模并非技术性贸易措施具备统计显著意义的影响因子。Guler 认为出口商克服技术性贸易措施的主要因素为：出口国外商直接投资水平、人均 GDP 和劳动力规模及素质。Turner 认为改善产品质量及提升效率是克服技术性贸易措施最重要的两个方法。

3.2.2 关于技术性贸易壁垒影响测算的研究

近年来，对技术性贸易壁垒的影响进行实证分析，特别是如何量化其影响，已成为学术界探讨的热点，归纳起来，主要的方法有案例调查法、计量经济研究、局部均衡分析法以及可计算的一般均衡分析方法等。

3.2.2.1 案例调研方法

有针对性的调查可以缩小分析的范围，关注特定的问题，为更加精细的研究提供数据基础。

经济合作与发展组织（OECD），简称经合组织，1999 年针对美、日、英、德的电信设备、乳制品和汽车配件部门 55 个企业出口情况的调查表明，为符合外国标准产生的成本占全部生产成本的 2% ~10%。美国农业部 1996 年对美国出口市场上面临的技术性贸易壁垒进行分析，发现来自于62个国家的技术措施减少了50亿美元的贸易额。1998年，美国国际贸易委员会在美国、欧盟、亚洲和拉美多个国家就标准对信息技术产业贸易的限制情况展开了调查，发现由于多重合格评定程序和各国不同的标签要求大大增加了企业的成本，耗费了企业的时间使得不少行业的代表认为技术性贸易壁垒已成为最主要的贸易限制手段。2002年，WTO/TBT贸易委员会就《技术性贸易壁垒协议》的执行情况对OECD成员国1995~2001年与农产品相关的技术性贸易壁垒进行了调查，评估了其对经济贸易生产的影响。Henson（2000）通过问卷调查并同时进行深入面谈的方式考察了发展中国家对SPS协议执行情况和面临的问题，结果显示发展中国家受到发达国家SPS法规的严重限制，导致出口能力下降。在农产品出口到欧盟的各种限制中，SPS要求排在运输成本、关税和配额之前，对出口最具不利影响；在出口市场方面，欧盟、澳大利亚、美国、日本和加拿大是发展中国家遇到问题最多的目的地市场。

3.2.2.2 计量经济分析

计量经济学模型可以用于衡量非关税壁垒对贸易的影响，有两种主要形式，一种是时间序列分析，另一种是引力模型。其中通过引力模型来测量技术性贸易壁垒的影响是较为流行的一种方法。

时间序列分析的基本定理是假定某种非关税壁垒的实施是在某个具体的时间点上，则可以通过观察措施时点上进口价格和数量的变化来识别该壁垒的影响，如果数据可获得就可以建立该壁垒实施期间的时间序列进行计量经济分析。Swarm等（1996）对1985~1991年英国的进出口及英德间互认的标准数进行回归分析，发现英国标准数对其出口和进口都有积极的促进作用，其进口系数为0.34，出口系数为0.48，即英国国家标准每提高100个百分点，将提升进口34个百分点，提升出口48个百分点，两者都是高弹性反应；两国互认的标准对其进口影响极小，但对出口有积极影响，出口系数为0.24；而德国的国家标准倾向于显著增加英国的进口，但对英国出口有负面影响。

重力模型普遍用来估计贸易的本国偏差或者边境效应，也用来反映一国国内法规对贸易的阻碍，分析中加入了语言、距离指标、文化差异、法规标准等解释变量。Monenius（1999）用这一模型分析了自发性标准的贸易效果，其面板数据涵盖了1980~1995年12个欧洲国家的471个产业4位数水平产品的数据，他发现共享标准可以消除潜在的成本差异，对贸易量有很大的促进效果，双边互享的标准数量增加1%，则相应的贸易量的增加约0.32%，同时他发现单方面的一国标准减少了非制造业部门，如农业的产品进口，但却促进了制造业部门的贸易。

Michele（2003）用引力模型测算了美国和欧盟之间非技术和技术性的非关税措施对美欧之间农产品双边贸易的影响。Otsuki 等（2001）采用 1989~1998 年欧盟 15 国和非洲 9 国的贸易与法规数据，分析了欧盟提高食品中黄曲霉毒素残留标准对非洲国家出口的影响，结论是，与国际标准相比，欧盟新的黄曲霉毒素残留标准虽然降低了死亡率，但却导致非洲对欧盟的谷物、干果年出口额减少 60%，约 6.7 亿美元。

Disdier（2008）的实证结论发现 TBT 和 SPS 对农产品贸易表现出不太明显的负面影响，同时还对细分产品类别进行了分析，发现在 30 个细分农产品类别中，有 8 个类别呈现正面效应，12 个类别效应不明显，10 个类别表现为负面效应。Nardella（2009）、Fontagne（2009）等也发现技术性措施对不同产品类别和不同贸易伙伴表现出不同的效应。Karen 等（2008）认为不同的 TBT 和 SPS 对不同性质出口商及不同行业的贸易效应是不同的。Otsuki（2007）、Wilson 和 Otsuki（2008）均以农药限量残留标准作为技术性贸易措施的代理变量进行了研究，并对其贸易效应作出精确计算。Anderson（1979）、Deardorff 和 Stern（1998）、Bureau 和 Beghin（2007）、Maskus 等（2009）、Feenstra（2012）等从众多学者均采用引力模型研究了技术性贸易措施的贸易效应。近年来，学界倾向于采用高度分解的面板数据引力模型进行研究。

3.2.2.3 局部均衡分析

该方法从进口国和出口国的角度分析，关注的是措施对贸易流量、生产者和消费者的价格与福利的影响，这一方法为衡量技术法规和标准的关税率等值提供了分析框架。

Thilmany 和 Barret（1997）通过分析供需曲线的变化，研究了标准在美国对北美自由贸易区其他成员国出口乳制品中的影响，发现标准会增加消费者的信心，可在一定程度上避免“柠檬问题”的出现或对外国产品的不信任，但标准也常被用作保护国内生产者的手段。

Krissoff 等（1997）通过对不同市场分别建立局部均衡模型，考察了美国苹果在日本、韩国和墨西哥市场所面临的关税和技术性贸易壁垒，他们发现三国苹果进口的 SPS 关税等价比其关税还高。1998 年他们又进一步利用局部均衡模型研究了日本卫生检疫标准对进口美国苹果的价格和福利的影响，得出的结论是虽然检疫措施造成了生产者福利损失，但因为消费者福利和关税收入的增加，日本整体福利仍增加了。Paarlberg 和 Lee（1998）研究了美国口蹄疫（FMD）流行和低度流行区国家的牛肉贸易，他强调 SPS 措施包含一种在标准的商业考虑和健康与技术考虑之间的贸易权衡。

3.2.2.4 可计算的一般均衡模型（CGE）

CGE 研究了大范围标准和技术规章的变化在各种市场环境中是如何影响贸易和投资的。

Gasiorek 等（1992）建立了具有规模报酬递增的欧盟经济的几个产业部门的 CGE 模型，在标准的协调可减少 2.5% 的成本的假设下，他们模拟了欧盟各国市场被分割、价格自主决定，及市场完全一体化、价格统一两种情况。他们发现协调标准对生产和贸易产生了巨大影响，欧盟的生产和出口增加显著，同时因为对欧盟外部的进口被欧盟区域内生产贸易所取代发生了贸易转向，在一体化市场上，这些效应更加明显，短期内引起 1% 的 GDP 变化，长期内由于低效率企业退出生产，福利所得更高。Harrison 等（1996）在此基础上进行了拓展，探讨了标准的协调一致是否会导致完全的价格一体化；提出了在垄断竞争的模型下，欧盟会从竞争中获利，而企业实施价格歧视的能力会减弱；他们发现标准的协调会提高本国和其他欧盟国家间产品的替代弹性，会大幅提升协调的福利所得，在长期内福利收益将达到 GDP 的 2.4%。

3.2.2.5 技术性贸易壁垒的福利效应研究

Maertens（2009）提出，虽然很多技术性贸易措施限制了贸易，但通过减少负外部性和信息不对称的不利影响，能提高进口国国民福利，而且某些技术性措施可通过降低信息不完全，从而实现促进贸易，并提高出口国福利。Beghin 和 Bureau（2001）、Warr（2001）、McCorriston（2005）、MacLaren（2007）、Wilson 和 Anton（2006）、Yue 和 Beghin 等（2006）、Pendell（2007）、Peterson 和 Orden（2008）、Yue 和 Beghin（2009）则采用不基于引力模型而基于经济理论模型的福利分析方法对技术性贸易措施的贸易效应和福利效应进行研究。Hudson（2003）、Debaere（2005）、Alberini 等（2008）、Anders 和 Caswell（2009）采用事后估计技术建立福利经济模型对技术性贸易措施的福利效应进行了研究。Ababouch 和 Gandini 等（2005）、Buzby 和 Unnevehr 等（2008）采用事前估计技术对技术性贸易措施的福利效应进行了研究。Disdier 和 Marette（2011）则综合采用引力模型和福利模型，并结合事前估计技术对技术性贸易措施的福利效应进行了研究。

3.2.3 技术性贸易壁垒对农产品出口的影响

由于技术性贸易壁垒一向是由掌握技术优势的进口方对处于技术劣势的出口方实施的贸易手段，因此研究的重心一般是研究发达国家的技术性贸易壁垒对发展中国家出口的影响。关于技术性贸易壁垒的影响研究，主要是从理论和实证两个角度进行分析。Henson（1998）认为一次性初始成本和持续成本是技术性贸易壁垒引致出口国成本增加的两个主要方面。Gandal 和 Oz Shy（2001）认为在网络时代标准化有利于兼容性产品在全世界范围内生产和消费，但对于出口国而言，标准的转化引致成本增加。

目前进行实证研究主要是采用调查法和计量经济模型分析法。经济与合作发展组织（1999）对美国、日本、英国和德国进行调查，结果显示各国在合格评定程序中如果相互认可协议，那么有利于贸易成本的降低。对于中小企业而言，难以获得外部信息，再加上由于出口规模有限，难以分摊信息搜寻成本，因此成本增加往往是制约出口增长的重要因素。

国外学者采用计量经济模型，展开技术性贸易壁垒对农产品贸易影响的量化研究。Peter（1996）对英国的出口、进口与标准进行了回归分析，发现英国的标准对其出口和进口都有积极的促进作用。Krissoff 等（1997）以日本、韩国和墨西哥为例，建立局部均衡模型，运用关税等值法测度美国苹果在以上三个市场受卫生检疫措施的影响。Dawn 和 Barrett（1997）基于奶制品的供需曲线变化，研究在北美自由贸易区内，技术法规类的技术性贸易壁垒对美国向其他成员国出口奶制品所产生的影响。Suzanne（1998）从政治经济学的角度出发，运用美国农业部 1996 年的调查数据，选择影响农产品技术性贸易壁垒的显著性要素，并逐一展开解释和探讨。Otsuki 等（2000）以欧盟的 15 个国家和非洲的 9 个国家为样本，选取这些国家 1989 ~ 1998 年的贸易与技术性贸易壁垒实施的相关数据，分析了欧盟提高食品黄曲霉毒素含量标准对非洲出口的影响。Otsuki 等（2001）分析研究了欧盟实施的黄曲霉毒素标准对非洲国家的谷物与干果出口的影响，结果显示黄曲霉毒素标准提高 10%，平均出口额就会降低 11%。Maskus 等（2001）对已有的技术性贸易壁垒量化研究成果进行了整合和评价，并进一步提出了实证分析的框架。Iacovone（2003）以黄曲霉毒素标准为技术性贸易壁垒的衡量指标，运用引力模型分析其对 21 个拉丁美洲国家坚果对欧盟出口的影响，得出的结论为技术性贸易壁垒对出口影响的弹性系数为-0.67。Moenius（2004）应用贸易引力模型研究发现进口国单方面的标准对农产品贸易产生阻碍效应，而双方共享标准则可以产生促进效应。

Wilson 和 Otsuki（2004）选择世界贸易组织中 11 个香蕉进口国和 21 个高度依赖香蕉出口的发展中国家的贸易数据，分析杀虫剂残留标准对香蕉贸易的影响，结果显示该标准每提高 1%，香蕉出口量会减少 1.63%。

如何度量技术性贸易壁垒是开展实证研究的关键，国外学者在这方面也作出各种尝试，定量指标大致可以分为三类：①标准的数量。通常采用一国标准的数量或是技术法规文本页数来衡量。Schluetertffu（2009）在 SPS 措施对猪肉贸易影响的研究中即采用标准数来度量技术性贸易壁垒；②农药及兽药残留标准。直接以标准水平来衡量技术性贸易壁垒的实施，一般采用农药及兽药的最大残留限量标准来衡量。采用以上指标的有：Gebrehiwet 等（2007）和 Babool（2007）关于欧盟、美国、OECD 等发达国家黄曲霉毒素标准对非洲和亚洲太平洋地区发展中国家花生、谷类、水果、蔬菜、坚果类等农产品出口的影响的研究；Chen 等（2008）关于杀虫剂最大残余量和鱼饲料中土霉素的最大残余限量对中国新鲜水果和鱼类等水产品出口影响的研究等；③虚拟变量法。即用“0-1”变量评判技术性贸易壁垒是否实施。“0”表示未实施，“1”表示实施。Disdier 等（2008）运用以上方法对技术性贸易壁垒的度量，分析了 6 个发达国家和地区的技术法规对非洲、加勒比和太平洋地区国家以及拉美国家热带产品出口的影响。Karov 等（2009）采用虚拟变量法研究美国技术性贸易壁垒的实施对他国新鲜水果和蔬菜出口的影响。

3.2.4 发展中国家的应对问题

对于发展中国家农产品出口如何应对国际贸易中形形色色的技术性贸易壁垒这一问题，一些学者也作出专门研究。Stephenson（2007）对于大多数发展中国家而言，采用国际标准是首选，第二选择是采用主要贸易伙伴的标准，采用本国标准不可取。Wilson（2011）研究了 WTO 有关协定对发展中国家出口的影响，认为发展中国家应该从制度建设与技术援助两方面着手来应对技术性贸易壁垒。

总之，20 世纪末以来，由于技术性贸易壁垒的盛行，国外的相关研究取得了丰硕成果，为以后的研究奠定了坚实的理论基石。与其他非关税壁垒丰富的研究成果相比，相对缺乏对技术性贸易壁垒系统和完善的研究，多数是针对问题的某一方面，具体的实证研究还有待从数据和研究方法中寻求突破。

3.3 国内文献综述

20 世纪 90 年代后期，尤其是中国加入世界贸易组织后，在国际经济新秩序下，国际贸易也发生着深刻的变化。有目共睹的是，发达国家凭借技术优势优先抢占了市场，发展中国家受技术条件制约难以在新贸易体系中占据有利地位。技术性贸易壁垒作为最重要的新兴贸易壁垒之一，随着对外贸易在国际经济中的地位日益重要，国内外的学者高度关注这一问题。目前已有的研究主要集中界定技术性贸易壁垒的概念、特点和表现形式，结合一些案例定性分析技术性贸易壁垒对中国农产品出口贸易的影响，即便有些学者尝试性地作出一些实证研究，但是还较为零散，不全面、不系统，要么是针对单一产品、要么是针对单一市场，量化技术性贸易壁垒对出口影响，从没有分国别、分区域的国际比较，很难勾画贸易壁垒对农产品贸易影响的全貌。

3.3.1 关于形成机制的研究

张海东（2004 年）认为技术性贸易壁垒形成的经济学动因主要在于信息不对称、外部性以及用以提供公共产品，除此之外，还在于产业寻求贸易保护的政策需求与政府政策供给的相互作用及均衡。康晓玲（2006）认为各国技术性措施间存在的经济技术水平的、体制性的或信息交流方式上的差异，是技术性贸易壁垒形成的供给机制。对技术性贸易壁垒的形成，另一个分析视角是运用博弈论的工具。章志键（2009）从国家间贸易政策博弈和各国内部政治与经济力量相互博弈的角度，通过构建完全信息动态博弈模型和不完全信息静态博弈模型解释技术性贸易壁垒的形成及对各利益集团带来的影响。还有一些学者强调，要解释技术性贸易壁垒的大量涌现及多变，还需要引入政治经济学的分析方法，在这一分析视角下，技术性贸易壁垒是理性最大化的经济个体和政府在经济系统内相互作用达到均衡的过程（孙泽生，2006）。杨波（2006）结合 WTO 的相关规定对技术性贸易壁垒的成因和特征进行了分析，指出进口国的技术进步和政府干预是技术性贸易壁垒形成的主要因素；具备技术和贸易优势的发达国家，更倾向于主动采取设置技术性贸易壁垒的战略并从中获得利益，而发展中国家却只能被迫采取亦步亦趋地跟从策略。刘红梅（2010）运用政治经济学的研究方法，采用公共选择理论和博弈论的分析方法解释和分析了技术性贸易壁垒的成因并提出了应对措施。她对美国制造业技术性贸易壁垒的成因进行的实证分析表明，美国政府制定技术性贸易壁垒政策主要取决于国家利益指标，即出于维护社会公平的目的，主要保护低薪收入国民和提高就业率，但是利益集团之间、利益集团与政府之间的博弈也会对其政策决策和执行产生一定影响，美国技术性贸易壁垒政策的制定在一定程度上反映影响力较大的利益集团的利益诉求。王杰（2010）从市场失灵理论、技术差距论、博弈论、利益集团理论的角度对技术性贸易壁垒成因进行了系统的理论解析。王进喜（2004）、于爱芝和吴傲然（2005）、钱鸿萍（2006）、庄佩芬（2011）等均对技术性贸易壁垒的影响因素进行了实证分析。

3.3.2 技术性贸易壁垒的内容及特点

夏友富（2001）认为技术性贸易壁垒的相关技术措施包括5个类型，具体包括：强制性的技术法规、非强制性的技术标准与第三方的合格评定程序；产品检疫以及检验制度和措施；对包装和标签要求；计量单位、条形码等信息技术性贸易壁垒；为了保护环境采取的绿色壁垒。王志芳（2006）也认同从以上方面对技术性贸易壁垒进行概括。于慧芳（2005）把动物福利要求和食品反恐壁垒也列入技术性贸易壁垒的范畴。技术性贸易壁垒与其他非关税壁垒相比，具有鲜明的特点，具有合理性（出发点）、合法性（形式）、隐蔽性（保护方式）、歧视性（实施效果）、广泛性（保护内容）等特征（赵晨倩，2006；鲁丹萍，2006）。针对发达国家对中国农产品出口实施技术性贸易壁垒，刘丽萍等（2005）从影响范围广、扩散效应大、针对性强、技术指标严格等几个方面进行了总结。

3.3.3 技术性贸易壁垒对农产品贸易的影响

对于这一问题的研究大多采用定性分析和实证分析两种方法。定性分析主要从现状出发，从正面效应和负面效应、短期影响和长期影响两个对立面进行；定量分析主要运用引力模型、多元回归模型、局部均衡模型和面板数据模型等研究技术性贸易壁垒对农产品贸易的影响。

3.3.3.1 定性分析

大多数学者对于技术性贸易壁垒的认识日趋成熟，不仅考虑到技术性贸易壁垒产生阻碍发展中国家产品出口的短期效应，也能够看到技术性贸易壁垒在保护环境和促进人类健康方面产生的长期效应。王星丽（2007）认为日本新贸易壁垒对促进中国企业提高生产管理水平，增强中国农产品的竞争优势等方面具有积极作用；但是它直接影响中国对日农产品出口的数量，增加了出口成本，严重阻碍了中国农产品开拓新市场，导致贸易摩擦频频发生。李殿勇（2009）以临沂市农产品为例，指出技术性贸易壁垒的影响包括消极和积极两方面。实施技术性贸易壁垒会导致农产品出口企业经济受损、成本提高、市场开发难度加大，但同时也能够促使企业生产农产品标准化程度提高，产品结构得到优化，还能够促使企业注重有机农产品的开发，在这一过程中，也能够增强企业对生态环境保护的意识。绿色壁垒作为技术性贸易壁垒的一种表现形式，也得到越来越多学者的关注。归秀娥（2010）提出绿色壁垒使中国农产品的出口严重萎缩，增加企业的出口成本；另外，绿色壁垒又对中国农业生产、农业资源合理配置及人类和动植物安全健康等方面产生了积极的影响。兰梅（2008）研究指出绿色壁垒的实施在短期内会影响中国对外贸易的发展，但有利于中国对外贸易的长期发展。绿色壁垒的实施能够推动农产品技术创新，加快制度安排的优化，积极转变企业生产方式以及推进农产品标准体系建设。张吉松（2009）认为绿色壁垒为中国开辟了一个广阔的绿色市场，具有四个促进作用，即促进农产品经营企业的技术进步与创新、促进中国政府积极正视农产品绿色生产的问题、促进农产品经营企业的交流与合作、促进中国可持续发展战略的实施。与此同时绿色贸易壁垒的实施对中国农产品出口贸易产生一定的负面影响，主要影响关税、技术标准、环境标志、包装、标签制度以及卫生检疫制度等方面。许德友和梁琦（2010）也认为进口国实施的技术性贸易壁垒对出口国出口企业的影响是双面的，短期内会导致出口成本增加，出口企业经济受损或者是产品难以出口等问题，但长期来看，技术性贸易壁垒能够使出口国企业为了实现出口，而被迫进行创新，在应对技术性贸易壁垒的过程中，企业的技术创新不仅能够实现产品的升级，还能够推动行业的发展，提高产品的竞争力。华春革（2011）认为从消极的角度而言，技术性贸易壁垒的实施提高了国外市场的门槛，导致产品出口成本增加，不利于竞争力的提升，但从另一个角度来看，贸易技术壁垒也促进了技术贸易的标准化。

从总体上来看，国内大部分学者认为技术性贸易壁垒产生的负面效应远远大于正面效应。重点阐述其消极影响的研究不胜枚举。孙龙中等（2008）从限制外贸出口，削弱农产品竞争力，提高农产品出口成本，影响中国双边、多边贸易关系等四个方面深入剖析了当前技术性贸易壁垒对中国农产品出口贸易造成的消极影响。张吉国（2007）研究日本实施“肯定列表制度”对山东蔬菜出口产生重要影响时指出：蔬菜出口市场减小、出口产品种类减少；蔬菜出口风险增大，出口量下降；蔬菜出口成本提高，竞争优势丧失；部分企业陷入生存困境，被迫放弃海外市场等无一不凸显其消极影响。王虹（2008）和黄福高（2009）强调日本农产品技术性贸易壁垒的实施抬高了中国农产品出口的技术门槛，同时也增加了企业的出口成本，对中国农产品出口贸易造成重大影响。王英（2008）认为技术性贸易壁垒的实施产生的消极影响主要包括：减少中国出口企业市场份额、失去贸易机会甚至退出市场、影响企业信誉、降低农产品国外消费者信心等，最终可能会影响中国农产品贸易的平衡发展。宇方成（2008）认为农产品出口的市场准入削弱了中国农产品的出口竞争力，同时使中国农产品贸易纠纷增多。黄冠胜（2009）研究认为农产品技术性贸易壁垒不仅会造成中国农产品国际贸易持续逆差，而且会缩小农产品国际市场的范围。秦泰等（2006）认为绿色贸易壁垒在市场准入方面使中国农产品出口难度加大，影响出口企业成本，出口农产品竞争力削弱，影响消费行为，对农产品国际营销提出挑战。杜强（2009）研究得出技术性贸易壁垒对福建农产品出口的消极影响主要表现在五个方面：第一，对出口增幅产生负面影响；第二，农产品出口成本大幅增加；第三，通关环节增多，时间延长，速度降低，对鲜活农产品质量产生直接负面影响；第四，出口利润下降，企业和农户遭受较大损失。第五，削减了农产品出口竞争力，对就业和农民增收产生负效应。

3.3.3.2 定量分析

技术性贸易壁垒涉及具体的法规标准或者是具体的检验程序，难以进行量化，数据不易获取，因此定量分析方法和变量筛选困难较大，目前常用的定量分析方法有引力模型，而变量指标的选取一般采用“最大残余限量法”和“虚拟变量法”等。顾国达（2007）采用引力模型，设定1993年、2002年和2003年日本技术壁垒的加强为三个虚拟变量，考察其对中国茶叶出口的影响。通过检验发现，以上三个变量的系数分别是-0.25、-0.24和-0.38。这就意味着日本有关茶叶农药残留法规的颁布导致技术壁垒的加强，对中日茶叶出口贸易额有着显著的负面影响，对其绝对值大小的判断可以得出2003年的技术壁垒的影响程度最大。贺婵（2008）研究技术标准对中国农产品出口的影响时运用引力模型，从药物投入角度，研究了进口国农药残留限量标准对中国蜂产品出口的影响，结果发现蜂产品出口量与氯霉素含量的标准高低呈负相关。王耀中（2008）以已有的贸易引力模型为基础，建立了反映中国与主要贸易国家蜂蜜产品贸易的引力模型。研究结果显示外氯霉素残留限量标准每提高10%，中国的蜂蜜出口额就减少11%。杨桂英（2008）利用修正后的引力模型就中国对欧盟主要茶叶进口国的茶叶贸易进行分析，研究结果表明中国茶叶出口欧盟市场贸易额受到欧盟2000年重新制定的对进口茶叶农药残留限量的标准数量限制的影响非常显著。李伟（2006）采用引力模型分析了欧盟的绿色壁垒对中国水产品出口的影响，结果显示氯霉素残留限量的系数为0.07，显著性水平达到1%，说明进口国家和地区的氯霉素含量标准对中国水产品的出口有明显的抑制作用，壁垒作用相当明显。残留限量每提高一个百分点，中国的出口额将降低0.07个百分点。王秋芳（2008）运用引力模型和面板数据，对日本、欧盟、美国、韩国等国绿色贸易壁垒对中国水产品的出口增长率和出口竞争力产生的影响进行分析，结果显示：绿色壁垒在出口量、出口额、出口增长率、出口竞争力方面具有负影响，但普遍提高绿色养殖观念、加强质量管理、提高检验检疫技术水平、加强抵抗市场风险的能力等指标对中国水产品的出口产生正效应。李爽等（2008）运用引力模型对日本、欧盟、美国与中国的2003~2006年的蔬菜贸易相关数据进行实证分析，研究结果表明：三个国家的蔬菜农药残留标准会制约中国蔬菜出口贸易，其中日本的要求对中国蔬菜出口制约作用最大，欧盟最小。刘朋飞等（2010）采用引力模型，研究具有代表性的美国、德国和日本技术壁垒对中国蜂蜜出口的影响。在变量的选取上，以2000年和2003年为节点设置技术性贸易壁垒虚拟变量。

国内学者杜凯（2009）、鲍晓华（2006）、杨长湧（2009）、许德友（2010）、王咏梅（2011）、李昭华（2009）、王菁（2009）等大量学者研究了技术性贸易壁垒对中国农产品贸易的影响，其研究结论与国外学者大体类似，得到的贸易效应多数为负。其中秦臻和祁春节（2008）对中国园艺产品出口遭遇技术性贸易壁垒的影响建立面板数据模型进行分析，结果发现TBT的贸易效应为负，SPS为正。但是，国内使用高度分解数据来研究技术性贸易壁垒边界效应引力模型的文献仍显匮乏。已有关于技术性贸易壁垒的研究，在对技术性贸易壁垒指标选择上，主要有两类：一是以技术标准项数作为衡量技术性贸易壁垒的指标，二是以实施技术性贸易壁垒的特定年作为界点，设置虚拟变量。但问题在于，技术性贸易壁垒具有很大的隐蔽性，而且形式广泛，仅仅以技术标准项数度量，结果难以全面准确。此外虽然虚拟变量法简单明了、可操作性强且易于引入模型展开研究，但是虚拟变量设置的时间界点的选择标准的确定以及该标准的可靠性问题都值得商榷。

除了采用引力模型外，有些学者也采用其他研究方法。孙东升（2007）运用成本方程模型对欧盟农药最大残留限量对中国茶叶出口的经济影响进行了估算，结果表明：欧盟农药最大残留限量新标准的出台，引起茶叶出口企业用药成本的增加，另外，对中国茶叶出口欧盟产生数量控制效应，出口量减幅为0.006%~1.009%。董银果（2006）采用局部均衡模型中的价格差值法对技术贸易措施影响农产品贸易的情况进行了分析，认为使用技术贸易措施不能为进口国带来关税收益，进口国的社会净福利是小于关税产生的净福利。山丽杰（2008）采用这一方法对“肯定列表制度”对中国蔬菜出口的影响进行量化分析。王平（2003）从农产品技术性贸易壁垒对贸易流量的影响出发，运用GTAP模型，模拟了农产品贸易技术壁垒对中国农产品出口的影响。王丽丽（2009）实证研究的结果发现：国外有关茶叶和水产品的药物残留标准对浙江农产品出口有负面影响。张鸿燕（2008）分别以蔬菜和茶叶出口欧盟和日本为例进行比较分析，研究结果显示，欧盟的绿色壁垒对中国蔬菜和茶叶的影响均大于日本，欧盟的绿色壁垒对两者都产生抑制作用，日本的绿色壁垒对前者产生抑制作用，但小于欧盟，对后者产生的是促进作用。秦臻（2008）采用面板数据和基于广义最小二乘法的固定效应模型来分析它们对中国园艺产品出口的中长期影响，从计量分析结果来看，国外的技术性壁垒对中国园艺产品的出口贸易影响不仅存在促进作用，还存在阻碍作用。远期来看，促进作用大于阻碍作用，但短期内技术性贸易壁垒的阻碍作用更大。赛妍妍（2008）从较短时期的视角具体分析日本和美国两个市场以及2006年中国出口遭遇壁垒的总体情况，又从长时期角度对11年来中国农产品出口进行计量分析，重点论证技术性贸易壁垒对农产品出口的长短期负面影响。宋霜（2008）采用多元回归模型对美国和欧盟实施的技术性贸易壁垒影响中国农产品出口的情况进行分析，结果显示实施技术性贸易壁垒会产生显著的负面效应，严重阻碍了中国的农产品出口贸易。冯金丽（2011）采用面板数据的变系数模型，对中国农产品的主要出口市场实施技术性贸易壁垒如何影响中国农产品的出口这一问题进行了研究，研究结果表明：TBT措施对中国农产品的出口增长产生消极影响，而SPS措施对中国农产品出口增长产生积极效应。潘士远（2008）、胡宗义（2010）、蒋建业（2010）采用可计算的一般均衡模型对技术性贸易壁垒的贸易效应及福利效应进行了研究。但他们的结论比较宏观，没有对人均收入、工资水平进行深入分析。

3.3.4 技术性贸易壁垒的应对方法与措施

中国农产品出口应该如何跨越技术性贸易壁垒，实现稳定持续的出口增长这一问题，研究者提出了种种途径，大多从政府层面、行业层面、企业层面来展开（康晓玲，2006；刘云，2008；盛国勇，2009；孙芳，2009；张晓燕，2009；庄佩芬，2009）具体包括以下几种。①作为政府应该在倡导绿色理念、制定法律法规、设立技术标准、调解贸易摩擦、提供政策支持等方面来应对国外技术性贸易壁垒（张永安和吴清峰，2003；侯云先等，2004；杨励，2008；

王恒，2009；杨晓东和祁玉龙，2010）。②李一等（2011）认为政府各部门之间相互配合，加强合作，从产业链角度出发的从上至下的引导是应对技术性贸易壁垒的关键。③行业协会是政府和企业沟通的桥梁，也是应对技术性贸易壁垒的一支重要力量。④制定行业标准，提高产品质量安全；监督企业行为，实施有效监管；实现资源共享，创立预警机制；保持与国内外政府的对话，创造良好的外部环境。

企业如何冲破国外技术性贸易壁垒的桎梏，也是当前研究的热点问题之一。于慧芳（2005）及梁启峰和王家庭（2010）认为农业标准化是突破农产品技术性贸易壁垒的重要手段。吴媛媛（2009）认为技术创新、预警机制、标准化生产、倚重行业协会是跨越农产品技术性贸易壁垒的有效途径。赵华（2009）从国际法层面和国内法层面探讨了中国农产品应对技术性贸易壁垒的法律手段。王绍媛（2010）认为出口企业提高认识，勇于承担社会责任也是突破国外技术性贸易壁垒的重要努力方向。刘瑶、王荣艳（2010）将各国企业生产成本的差异假设加入质量竞争模型中，结果发现：发达国家设置技术性贸易壁垒后，如果发展中国家的低技术企业可以通过研发和投资或是政府补贴达到质量标准而继续出口，则两国企业的产品质量都会提高，发达国家的高科技企业的利润将会下降。模型结论表明：中国企业面对技术性贸易壁垒可以通过增加研发或政府扶持而实现整体的产业及贸易结构升级。

3.3.5 关于技术性贸易壁垒与中国农产品贸易的研究

赵平、吴彬（2000）阐述了技术性贸易壁垒对中国农业的不利影响，指出其加重了中国农产品出口企业发展国外市场的难度。张小蒂、李晓钟（2004）从正反两方面论证了技术性贸易壁垒对中国农产品出口的影响，指出壁垒的“倒逼机制”会促使农业生产、出口企业改进生产管理，提高其市场竞争力。朱玉春等（2007）对中国农产品遭遇技术性贸易壁垒的原因进行了量化研究，指出人均 GNP、农业 GDP 比重、农业人均 GDP、农业人口比重等因素具有重要影响。余佶（2009）从转基因农产品安全隐患与标签制度角度对其中存在的技术性贸易壁垒问题作出详细分析。

孙东升（2005）运用引力模型分析了日本的毒死蜱残留限量标准对中国出口日本蔬菜的影响，结论是日本的毒死蜱残留限量标准每提高 10%，中国对日蔬菜出口将下降 3.55%。2007 年孙东升（2007）还运用成本方程模型对欧盟农药残留限量标准对中国茶叶出口欧盟的经济影响进行了分析。李爽（2009）通过重力模型对蔬菜农药残留标准对贸易的影响进行了实证分析，得到的结论是日本、美国、欧盟的蔬菜农药残留标准对中国蔬菜出口均存在负面影响，其中尤以日本标准影响为大，而中国的蔬菜农药残留标准对中国蔬菜出口有比较明显的促进作用。江涛等（2010）通过关税等价法度量得到2005年2月~2007年12月，中日绿茶贸易中的技术性贸易壁垒的贸易成本是普通关税的7~20倍，相应的技术性贸易壁垒税率为153%~360%。董银果（2011）以孔雀石绿标准对鳗鱼出口影响为例度量了日本、美国、欧盟SPS措施对中国水产品出口的影响程度，结论是孔雀石绿标准每严格1ppb，中国鳗鱼出口额减少8.8%。此外，程国强（2005）、王平（2004）、黄冠胜（2007）、肖渡林（2010）、王绍媛（2010）、刘汉成（2010）、彭静（2010）等众多学者都对农产品技术性贸易壁垒的特点以及对中国农产品进出口贸易的影响进行了分析，并提出应对的政策选择。

第4章 中国农产品出口因技术性贸易壁垒受阻现状分析

4.1 中国农产品出口贸易格局

中国是农产品出口大国。农产品国际贸易的利润往往高出国内贸易几倍甚至几十倍，这对于增加农民收入、振兴农业经济、创造农业及相关加工制造业就业机会发挥着重要作用。有研究表明，每1万美元农产品、食品出口，能直接和间接创造19.88个就业岗位，蔬菜等产品出口带动就业则更明显，达30个就业岗位，因此促进农产品出口具有重要的现实意义。

4.1.1 农产品出口的基本情况

2000年以来，除2005年和2009年等少数年份以外，中国农产品进出口规模呈现快速扩大态势，农产品进出口额年均增速超过15%。2013年，中国农产品进出口额1866.9亿美元，同比增长6.2%。其中，出口678.3亿美元，同比增长7.2%（表4-1）；进口1188.7亿美元，同比增长5.7%；贸易逆差510.4亿美元，同比增长3.7%。2013年中国农产品进出口规模进一步扩大，但是农产品进出口总额及其贸易逆差增长速度明显放缓，农业外向程度出现了下降，表明中国农产品进出口格局将进入新的调整期。但是，总的来说中国农产品出口贸易发展势头良好、外部环境相对平稳，出口增长具有较大的潜力。

表4-1 中国农产品出口概况 单位：亿美元

年份	出口额	比上年同期增长/%
2000	156.2	16.6
2001	159.8	6.5

续表

年份	出口额	比上年同期增长/%
2002	180.2	12.1
2003	212.4	18.9
2004	230.9	9.1
2005	271.8	17.9
2006	310.3	14.1
2007	365.9	17.9
2008	401.9	9.8
2009	391.9	-2.48
2010	488.7	24.67
2011	601.0	23.0
2012	632.9	4.2
2013	678.3	7.2

资料来源：根据 WTO 网站与中国商务部统计数据整理

改革开放以来，中国农产品出口贸易有了显著的发展。农产品出口总额由 1980 年的 437 亿美元增长到 2013 年的 678.3 亿美元。总体上中国农产品出口呈稳定增长趋势。但随着中国经济的高速增长以及产业结构和出口结构的升级，农产品出口在对外贸易中的份额呈下降趋势。表 4-2 显示，由 2000 年 6.27% 降至 2013 年的 3.07%。这些都表明，随着中国经济发展和外部环境变化，虽然中国产业结构不断优化，但是农产品的国际竞争力仍有待提高。

表 4-2 中国农产品出口比例 单位：亿美元

年份	农产品出口额	出口总额	农产品出口占出口总额比例/%
2013	678.3	22 095.1	3.07
2012	632.9	20 487.1	3.09
2011	601	18 983.8	3.17
2010	488.7	15 777.5	3.1
2009	391.9	12 016.1	3.26
2008	401.9	14 306.9	2.81
2007	365.9	12 200.6	3
2006	310.3	9 689.8	3.2
2005	271.8	7 619.5	3.57
2004	230.9	5 933.3	3.89

续表

年份	农产品出口额	出口总额	农产品出口占出口总额比例/%
2003	212.4	4 382.3	4.85
2002	180.2	3 256	5.53
2001	159.8	2 661	6.01
2000	156.2	2 492	6.27

资料来源：根据 WTO 网站与中国商务部统计数据整理

4.1.2 农产品出口的主要市场

4.1.2.1 基本情况

虽然实体贸易中的工业品比例持续上升，农产品贸易在全球贸易中的比例持续下降。但考虑到世界人口的不断增长，食品消费需求的升级等因素，农产品贸易在世界贸易中依然占据重要的地位。自进入 21 世纪以来，中国农产品出口的主要市场分布广，遍布全球大多数国家和地区，主要集中在亚洲、欧洲和北美地区。表 4-3 显示，2003～2013 年，中国农产品出口洲别市场份额可划分为两个时期，第一时期为 2003～2008 年，农产品出口在亚洲的市场份额不断下降，从 2003 年的 69.31% 下降到 2008 年的 56.01%，在欧洲和北美洲的市场份额不断上升，从 2003 年的 14.25%、10.73% 上升到 20.63%、14.36%。第二时期为 2009～2013 年，农产品出口在亚洲的市场份额逐渐回升，从 2009 年的 59.3% 回升至 2013 年的 62.25%，在欧洲和北美洲的市场份额逐渐回落，从 2009 年的 17.98%、13.46% 回落至 2013 年的 15.88%、12.28%。可见，亚洲仍为中国农产品第一大出口洲别市场。需要指出的是，中国对南美洲及非洲的农产品出口份额分别表现出稳步上升和波动性上升的态势。

表 4-3 中国农产品出口洲别分布 单位：百万美元

年度	亚洲出口总值及比例/%		欧洲出口总值及比例/%		北美洲出口总值及比例/%		南美洲出口总值及比例/%		非洲出口总值及比例/%		大洋洲出口总值及比例/%	
2013	41 764.5	62.25	10 657.5	15.88	8 241.4	12.28	2 386.5	3.56	2 798.4	4.17	1 247.9	1.86
2012	38 726.7	61.9	9 969.3	15.93	8 182.7	13.08	2 062.4	3.3	2 479.6	3.96	1 145.4	1.83
2011	36 307.4	60.4	10 538.4	17.53	7 611.7	12.66	2 101	3.5	2 430.2	4.04	1 119.6	1.86
2010	29 236.3	59.81	8 790.6	17.98	6 580.8	13.46	1 626.4	3.33	1 787.9	3.66	861.3	1.76
2009	23 254.8	59.30	7 240.1	18.46	5 363	13.68	1 076.7	2.75	1 577.1	4.02	702	1.79
2008	22 528.5	56.01	8 299.4	20.63	5 775.7	14.36	1 314.1	3.27	1 548	3.85	757	1.88

续表

年度	亚洲出口总值及比例/%		欧洲出口总值及比例/%		北美洲出口总值及比例/%		南美洲出口总值及比例/%		非洲出口总值及比例/%		大洋洲出口总值及比例/%	
2007	22 036.6	60.18	7 013.5	19.15	4 941.2	13.49	892.9	2.44	1 136.6	3.1	598.7	1.63
2006	19 100.2	61.56	5 525	17.81	4 227.2	13.62	808.3	2.61	888.3	2.86	476.9	1.54
2005	17 945.6	66.02	4 496.8	16.54	3 220.9	11.85	521.6	1.92	660.5	2.43	338.6	1.25
2004	15 788.1	68.5	3 381	14.67	2 624.8	11.39	402.9	1.75	595.8	2.59	255.3	1.11
2003	14 753.7	69.31	3 033.4	14.25	2 283.2	10.73	268.3	1.26	649.4	3.05	297.4	1.4

资料来源：根据 WTO 网站与中国商务部统计数据整理

4.1.2.2 中国对日本、美国、欧盟等主要市场的农产品出口情况

日本、美国和欧盟是中国农产品的传统出口市场。表 4-4 和表 4-5 显示，除中国香港地区外，中国对这三个国家或地区的农产品出口占中国农产品出口总额比例很大，但所占比例呈下降趋势，这充分反映了这三个发达国家或地区对中国农产品出口实施的技术性贸易壁垒所产生的实质性影响。而且，近来中国对东盟出口农产品金额及比例均大幅提高，其出口额及比例在 2009 年超过美国，2010 年超过欧盟 27 国，2013 年超过日本。

表 4-4 部分国家（地区）中国农产品出口额 单位：亿美元

年份	中国香港地区	日本	韩国	美国	东盟	中东	欧盟 15	欧盟 25	欧盟 27	独联体
2013	76.8	112.4	43.9	72.9	118.9	25.7	—	—	80.5	28.6
2012	64.2	119.8	41.6	71.8	101.0	23.7	—	—	75.5	26.3
2011	56.4	109.9	41.7	67.0	98.6	24.9	74.0	79.4	81.0	25.9
2010	42.8	91.5	35.3	57.8	74.6	22.2	62.6	67.3	68.6	20.9
2009	35.6	76.9	28.3	47.0	53.4	17.5	52.6	56.4	57.6	16.5
2008	34.4	77.0	31.7	51.2	45.7	18.4	57.6	62.6	64.4	20.2
2007	30.5	83.5	36.0	43.8	39.3	14.7	49.6	53.7	54.8	17.2
2006	26.7	82.1	28.9	37.8	30.5	11.1	40.4	43.4	44.2	12.2
2005	26.4	79.3	28.5	28.4	24.2	10.1	31.9	34.6	—	10.4
2004	26.0	73.9	21.2	23.2	21.2	7.5	23.2	25.9	—	7.8
2003	22.1	60.4	25.6	20.5	23.5	8.2	20.1	23.1	—	7.1

注：欧盟 15 指欧盟 15 国，包括法国、德国、意大利、荷兰、比利时、卢森堡、丹麦、爱尔兰、英国、希腊、西班牙、葡萄牙、奥地利、芬兰和瑞典。欧盟 25 指欧盟 25 国，成立于 2003 年 4 月，指原欧盟 15 国加上捷克、塞浦路斯、爱沙尼亚、匈牙利、拉脱维亚、立陶宛、马耳他、波兰、斯洛伐克和斯洛文尼亚 10 个国家。欧盟 27 指欧盟 27 国，2007 年 1 月，罗马尼亚和保加利亚加入后，欧盟成员扩大为 27 个

资料来源：根据 WTO 网站与中国商务部统计数据整理

表 4-5　部分国家（地区）中国农产品出口比例　　单位：%

年份	中国香港地区	日本	韩国	美国	东盟	中东	欧盟 15	欧盟 25	欧盟 27	独联体国家
2013	11. 32	16. 56	6. 47	10. 74	17. 53	3. 79	—	—	11. 87	4. 22
2012	10. 15	18. 93	6. 57	11. 34	15. 96	3. 75	—	—	11. 93	4. 16
2011	9. 39	18. 29	6. 95	11. 15	16. 41	4. 15	12. 32	13. 20	13. 48	4. 31
2010	8. 75	18. 72	7. 22	11. 83	15. 26	4. 54	12. 82	13. 77	14. 03	4. 28
2009	9. 07	19. 61	7. 22	11. 99	13. 64	4. 47	13. 42	14. 40	14. 69	4. 20
2008	8. 57	19. 16	7. 89	12. 73	11. 37	4. 57	14. 34	15. 58	16. 02	5. 03
2007	8. 34	22. 82	9. 84	11. 98	10. 75	4. 01	13. 57	14. 68	14. 97	4. 71
2006	8. 60	26. 47	9. 32	12. 17	9. 84	3. 57	13. 01	13. 98	14. 24	3. 95
2005	9. 73	29. 16	10. 48	10. 44	8. 91	3. 72	11. 75	12. 75	—	3. 83
2004	11. 28	32. 02	9. 19	10. 04	9. 17	3. 27	10. 06	11. 24	—	3. 37
2003	10. 41	28. 46	12. 07	9. 66	11. 06	3. 86	9. 47	10. 86	—	3. 34

注：欧盟 15 指欧盟 15 国，包括法国、德国、意大利、荷兰、比利时、卢森堡、丹麦、爱尔兰、英国、希腊、西班牙、葡萄牙、奥地利、芬兰和瑞典。欧盟 25 指欧盟 25 国，成立于 2003 年 4 月，指原欧盟 15 国加上捷克、塞浦路斯、爱沙尼亚、匈牙利、拉脱维亚、立陶宛、马耳他、波兰、斯洛伐克和斯洛文尼亚 10 个国家。欧盟 27 指欧盟 27 国，2007 年 1 月，罗马尼亚和保加利亚加入后，欧盟成员扩大为 27 个

资料来源：根据 WTO 网站与中国商务部统计数据整理

4.1.3　农产品出口的商品结构

目前中国农产品出口主要集中于具有竞争优势的水产品、蔬菜、水果、肉类制品和加工品。表 4-6 显示，自 2001 年以来，我农产品出口出现明显的变化其商品结构呈现以下特点：

1）水、海产品保持增长。2003 年中国水、海产品出口额 33. 4 亿美元，占总额比例 15. 70%。2008 年增加至 51. 9 亿美元，占总额比例 12. 89%。2013 年上升至 125. 3 亿美元，占总额比例 18. 67%。水、海产品出口的位次一直居于第 1 位。水产品制品也同步增长，但上升幅度略低于水、海产品，其位次从 2003 年的第 5 位上升至 2013 年的第 4 位。

2）蔬菜出口保持增长。2003 年中国食用蔬菜出口额 21. 8 亿美元，占总额比例 10. 26%。2008 年增加至 42. 2 亿美元，占总额比例 10. 5%。2013 年上升至 78. 7 亿美元，占总额比例 11. 73%。食用蔬菜出口的位次从 2003 年的第 3 位上升至 2013 年的第 2 位。

3）水果出口快速增长。中国食用水果及坚果出口位次从2003年的第10位上升至2013年的第5位，2003年出口价值仅7.5亿美元，占总额比例3.54%。2008年增加至21.1美元，占总额比例5.23%。2013年上升至41.7亿美元，占总额比例6.22%。2003年中国蔬菜、水果、坚果等制品出口额21.7亿美元，占总额比例10.20%。2008年增加至58.4美元，占总额比例14.53%。2013年上升至78.5亿美元，占总额比例11.71%。其位次从2003年的第4位上升至2013年的第3位。

4）饲料出口快速增长。中国食品工业的残渣、废料，配制的动物饲料出口位次从2003年的第18位迅速上升至2013年的第9位。2003年出口额3.8亿美元，占总额比例1.80%。2008年增加至16.2亿美元，占总额比例4.02%。2013年上升至27.3亿美元，占总额比例4.08%。2003年中国油料、工业用或药用植物、稻草、秸秆及饲料出口额11.3亿美元，占总额比例约5.30%。2008年增加至20.4亿美元，占总额比例5.08%。2013年上升至29.2亿美元，占总额比例4.36%。油料、工业用或药用植物、稻草、秸秆及饲料出口的位次在2003年与2013年均保持在第8位。

5）咖啡、茶等产品出口保持增长。2003年中国咖啡、茶等产品出口额6.2亿美元，占总额比例2.94%。2008年增加至13.1亿美元，占总额比例3.27%。2013年上升至22.5亿美元，占总额比例3.35%。咖啡、茶等产品出口的位次从2003年的第13位上升至2013年的第11位。

6）肉类产品出口比例及位次有所下降。全部畜类产品出口比例从2003年的6.74%下降为2013年的4.63%。全部禽类产品出口比例从2003年5.39%下降为2013年4.58%。2003年中国肉类产品出口额7.5亿美元，占总额比例3.54%。2013年为20.5亿美元，但占总额比例降为3.06%。肉类制品出口位次从2003年的第9位下降至2013年的第13位。其他动物产品出口比例从2003年的3.49%下降为3.28%，位次从11位下降至12位。

总体来看，中国水产品和园艺产品保持增长，一直占据主要地位，饲料出口近年来有显著提升。但是，禽类及畜类等肉产品虽然出口金额上升，但比例及位次有较大幅度下降。说明技术性贸易壁垒对生产工艺较高的肉类产品有明显的阻碍作用。

表4-6　中国农产品分类出口额及占总额比例　　单位：亿美元

农产品类别	2013年出口			2008年出口			2003年出口		
	位次	金额	及比例/%	位次	金额	及比例/%	位次	金额	及比例/%
水、海产品	1	125.3	18.67	2	51.9	12.89	1	33.4	15.70

续表

农产品类别	2013 年出口 位次金额及比例/%			2008 年出口 位次金额及比例/%			2003 年出口 位次金额及比例/%		
食用蔬菜	2	78.7	11.73	4	42.2	10.50	3	21.8	10.26
蔬菜、水果、坚果等制品	3	78.5	11.71	1	58.4	14.53	4	21.7	10.20
水产品制品	4	69.3	10.32	3	49.3	12.26	5	19.3	9.07
食用水果及坚果	5	41.7	6.22	6	21.1	5.23	10	7.5	3.54
油料、工业用或药用植物、稻草、秸秆及饲料	8	29.2	4.36	7	20.4	5.08	8	11.3	5.30
食品工业的残渣、废料，配制的动物饲料	9	27.3	4.08	8	16.2	4.02	18	3.8	1.80
杂项食品	10	24.6	3.67	13	12.4	3.08	15	5.4	2.56
咖啡、茶、马黛茶及调味香料	11	22.5	3.35	12	13.1	3.27	13	6.2	2.94
其他动物产品	12	22.0	3.28	11	13.7	3.40	11	7.4	3.49
肉类制品	13	20.5	3.06	14	11.0	2.75	9	7.5	3.54
其他农产品	14	17.3	2.57	10	13.8	3.43	14	6.0	2.80
谷物、粮食粉、淀粉制品，糕点	15	14.5	2.17	15	9.9	2.47	16	5.3	2.48
糖及糖食	16	14.5	2.16	18	6.8	1.69	23	2.0	0.92
饮料、酒及醋	17	13.4	2.00	16	8.6	2.14	12	6.3	2.94
烟草及其制品	18	13.2	1.97	17	7.4	1.85	17	4.9	2.32
植物液、汁	19	11.5	1.72	25	4.4	1.10	26	0.7	0.34
乳品、蛋品、蜂蜜及其他食用动物产品	20	6.2	0.93	20	6.2	1.55	22	2.2	1.04
制粉工业产品	21	6.1	0.91	22	5.4	1.34	24	1.4	0.67
动植物油脂及其分解产品	22	6.1	0.90	21	6.0	1.48	25	1.3	0.60
活动物	23	5.8	0.87	23	5.1	1.26	19	3.3	1.54
禽肉及杂碎	24	5.2	0.77	26	3.2	0.81	21	3.2	1.50
谷物	25	5.1	0.77	19	6.7	1.67	2	25.9	12.19
畜肉及杂碎	26	4.7	0.71	24	4.7	1.18	20	3.3	1.54
可可及其制品	27	3.9	0.58	27	2.0	0.50	27	0.5	0.26
活植物及花卉	28	2.8	0.41	28	1.5	0.37	28	0.5	0.23
编结用植物材料	29	0.9	0.13	29	0.7	0.16	29	0.5	0.22
禽类产品		30.7	4.58		14.2	3.54		11.5	5.39
畜类产品		31.0	4.63		26.7	6.64		14.3	6.74

注：禽类产品及畜类产品为专项统计，不能包含在总额和位次中

资料来源：WTO 网站与中国商务部网站整理

从2003年至2013年大宗农产品来看，其出口结构变化十分明显。表4-7显示，虾产品、墨鱼及鱿鱼、中药材、柑橘、苹果、苹果汁及番茄酱罐头等水产品及园艺产品出口额、出口量及位次大幅上升。而玉米、大米、花生仁果等传统出口农产品出口量、出口额及位次下降。2013年出口额超过5亿美元的产品从大到小依次为虾产品、大蒜、墨鱼及鱿鱼、茶叶、中药材、鸡肉制品、柑橘、苹果、羽毛羽绒、番茄酱、肠衣、苹果汁、烤鳗、烟草、豆粕、蘑菇罐头。2013年出口单价前十名的大宗农产品依次为：烤鳗、羽毛羽绒、纸烟、猪鬃、肠衣、虾产品、中药材、墨鱼及鱿鱼、猪肉、鸡肉制品。2003年出口金额前十名的大宗农产品依次为玉米、大蒜、大米、烤鳗、鸡肉制品、虾产品、肠衣、茶叶、花生仁果、鸡肉。2003年出口单价前十名的大宗农产品依次为纸烟、烤鳗、羽毛羽绒、肠衣、猪鬃、虾产品、鸡肉制品、墨鱼及鱿鱼、茶叶、中药材。

表4-7 中国大宗农产品出口数量、金额与单价

产品名称	2013年						2003年					
	出口额/亿美元		出口量/千吨		单价/（千美元/吨）		出口额/亿美元		出口量/千吨		单价/（千美元/吨）	
	位次	金额	位次	数量	位次	价格	位次	金额	位次	数量	位次	价格
虾产品	1	28.74	9	299.64	6	9.6	6	4.34	18	118.8	6	3.7
大蒜	2	17.82	1	1 785.56	24	1.0	2	5.72	4	1 450.6	23	0.4
墨鱼及鱿鱼	3	14.61	11	270.72	8	5.4	22	1.47	25	68.7	8	2.1
茶叶	4	12.47	8	325.77	11	3.8	8	3.67	12	259.9	9	1.4
中药材	5	11.85	14	196.67	7	6.0	18	2.19	16	161.9	10	1.4
鸡肉制品	6	11.78	12	266.92	10	4.4	5	4.47	17	153.0	7	2.9
柑橘	7	11.56	3	1 041.42	22	1.1	27	0.76	10	292.0	26	0.3
苹果	8	10.30	4	994.66	23	1.0	19	2.10	6	609.0	24	0.3
羽毛羽绒	9	10.03	25	38.68	2	25.9	16	2.35	28	36.7	3	6.4
番茄酱	10	9.69	5	980.99	25	1.0	20	2.06	9	403.7	22	0.5
肠衣	11	9.62	20	79.46	5	12.1	7	3.98	26	64.7	4	6.1
苹果汁	12	9.07	6	601.49	20	1.5	14	2.54	8	418.3	21	0.6
烤鳗	13	8.36	26	28.62	1	29.2	4	4.68	27	53.7	2	8.7
烟草	14	6.44	13	199.46	12	3.2	17	2.30	15	183.4	12	1.3
豆粕	15	6.31	2	1 070.11	28	0.6	21	1.72	5	770.6	27	0.2
蘑菇罐头	16	5.27	10	275.02	18	1.9	11	2.83	11	262.4	17	1.1

产品名称	2013年						2003年					
	出口额/亿美元		出口量/千吨		单价/（千美元/吨）		出口额/亿美元		出口量/千吨		单价/（千美元/吨）	
	位次	金额	位次	数量	位次	价格	位次	金额	位次	数量	位次	价格
纸烟	17	4.89	27	25.89	3	18.9	15	2.37	29	18.5	1	12.8
大米	18	4.17	7	478.40	26	0.9	3	4.95	2	2 601.1	28	0.2
鸡肉	19	3.95	16	153.09	14	2.6	10	2.89	13	234.9	13	1.2
猪肉	20	3.25	22	73.39	9	4.4	12	2.69	14	213.5	11	1.3
植物油	21	2.52	18	127.38	16	2.0	26	0.88	24	81.2	16	1.1
蜂蜜	22	2.47	19	124.90	17	2.0	24	1.03	23	84.1	14	1.2
水煮笋	23	2.46	15	163.17	21	1.5	28	0.74	21	97.0	19	0.8
花生仁果	24	2.19	17	134.74	19	1.6	9	3.18	7	490.2	20	0.6
芦笋罐头	25	1.53	23	54.32	13	2.8	25	1.00	20	103.8	18	1.0
猪鬃	26	0.89	28	7.34	4	12.1	29	0.63	30	10.9	5	5.8
食糖	27	0.37	24	43.21	27	0.8	30	0.25	22	92.3	25	0.3
玉米	28	0.33	21	77.63	29	0.4	1	17.67	1	16 389.5	30	0.1
棉花	29	0.15	29	6.73	15	2.3	23	1.33	19	112.4	15	1.2
小麦	30	0.01	30	2.52	30	0.4	13	2.65	3	2 237.5	29	0.1

资料来源：根据 WTO 网站与中国商务部统计数据整理

4.1.4 中国农产品出口企业情况

表4-8显示，2013年农产品私营企业出口3 652 737.4万美元，比例从2003年的12.24%上升至54.44%。2013年农产品外商投资企业出口2135920.9万美元，比例从2003年的38.37%下降至31.83%。2013年农产品国有企业出口697265.1万美元，比例从2003年的43.62%下降至10.39%。

表4-8 中国农产品分企业性质出口情况

企业性质	2013年		2008年		2003年	
	出口额/万美元	比例/%	出口额/万美元	比例/%	出口额/万美元	比例/%
国有企业	697 265.1	10.39	707 471.2	17.59	926 545.3	43.62
外商投资企业	2 135 920.9	31.83	1 712 681.4	42.58	815 194.8	38.37
中外合作企业	101 291.0	1.51	88 980.2	2.21	71 128.2	3.35
中外合资企业	1 005 161.3	14.98	884 459.1	21.99	437 176.8	20.58

续表

企业性质	2013 年		2008 年		2003 年	
	出口额/万美元	比例/%	出口额/万美元	比例/%	出口额/万美元	比例/%
外商独资企业	1 029 468.7	15.34	739 242.0	18.38	306 889.8	14.45
集体企业	219 442.9	3.27	149 154.2	3.71	122 495.6	5.77
私营企业	3 652 737.4	54.44	1 449 476.6	36.04	260 036.8	12.24
个体工商户	3 978.3	0.06	3 261.2	0.08	—	—
其他	264.8	0.004	221.9	0.006	67.0	0.003

"—"表示数据缺失

资料来源：根据 WTO 网站与中国商务部统计数据整理

随着农业企业改革步伐的加快，中国农业私营企业超过了外商投资企业和国有企业，成为农产品出口的中流砥柱，质量保证体系完善的大企业出口竞争力进一步加强，出口额在 1 000 万美元以上的龙头企业大幅增加，对农产品出口总体增长拉动作用明显。

4.1.5 中国农产品的贸易方式

表 4-9 显示：2013 年农产品一般贸易出口 5 501 249.1 万美元，比例从 2003 年的 78.42% 上升至 81.99%。而且至 2008 年以后，增长速度明显提升。2013 年农产品加工贸易出口 951 925.1 万美元，比例从 2003 年的 17.56% 下降至 14.19%。2003 年农产品易货贸易出口 1 336.8 万美元，2013 年下降至 2.9 万美元。其他贸易基本持平。

表 4-9　中国农产品按贸易方式出口情况

项目	2013 年		2008 年		2003 年	
	金额/万美元	比例/%	金额/万美元	比例/%	金额/万美元	比例/%
一般贸易	5 501 249.1	81.99	3 108 443.8	77.28	1 665 458.2	78.42
加工贸易	951 925.1	14.19	770 424.9	19.15	372 884.9	17.56
来料加工装配贸易	191 989.3	2.86	166 538.4	4.14	89 672.5	4.22
进料加工贸易	759 935.9	11.33	603 886.6	15.01	283 212.4	13.34
边境小额贸易	146 201.7	2.18	86 703.1	2.16	46 285.3	2.18
易货贸易	2.9	0.00	1 346.5	0.03	1 336.8	0.06
其他贸易	110 230.6	1.64	55 348.1	1.38	37 803.7	1.78

资料来源：根据 WTO 网站与中国商务部统计数据整理

综上所述，中国农产品出口具有以下特点：

1）中国农产品出口结构充分体现了中国农业资源的比较优势特征，主要集中在具有竞争优势的劳动密集型农产品，如水产品、蔬菜水果、饲料类产品及加工品等。

2）中国农产品出口的整体竞争力较弱，处于低竞争水平的劣势。部分农产品，如虾产品、墨鱼及鱿鱼、中药材、柑橘、苹果、苹果汁、番茄酱罐头以及蔬菜制品等劳动密集型农产品具有比较优势，而小麦、玉米、油菜籽和大豆等土地密集型农产品缺乏国际竞争力。

3）农产品出口的经营主体结构变化显著。①国有企业在中国农产品出口中的主导地位已被私营企业和外商投资企业取代，且呈现负增长的趋势。在农产品出口不断增加的情况下，国有企业的出口停滞不前，甚至已出现负增长趋势。这表明中国农产品贸易的国家垄断程度不断降低，市场化程度在不断提高。②私营企业出口农产品的地位逐步上升，已居于主导地位。

4）生产成本上涨增加了企业出口成本。2003 年以来受原材料价格、劳动力成本和能源、运输费用普遍上涨，检验检疫费用涨幅较大，人民币波动性及升值趋势导致换汇成本增加等因素影响，农产品出口的综合成本上升。虽然出口价格有所上升，但出口企业的整体效益均有不同程度的下降，生猪、柑橘罐头、部分蔬菜以及初级加工农产品的单价及利润下滑明显。

5）技术性贸易壁垒有制度化趋势。随着中国农产品出口规模扩大，可能引发发达国家更多的贸易限制措施。发达国家利用消费者对食品安全的关注，不断提高农产品的市场准入门槛，日本“肯定列表制度”标志着发达国家的技术壁垒已趋向制度化、法律化，对中国农产品出口的负面影响将在今后一个时期存在。中国农产品出口虽实现较快增长，但国际方面对中国农产品出口的体制性、机制性问题尚未得到完全解决，同时又出现了新的不利因素，这些都制约了中国农产品出口更好、更快地发展。

6）农产品出口促进政策尚未形成长效机制。近年来，各部门为积极扩大农产品出口，相继出台一系列支农、惠农政策。但由于国家对支持农产品出口的长效机制尚未形成，在支持和促进农产品出口的政策措施方面仍存在较大的不确定性，影响了农产品企业的出口积极性。

4.2　农产品出口遭遇技术性贸易壁垒受阻现状

4.2.1　总体情况分析

2012 年，共收集到美国、日本、欧盟、韩国和加拿大相关机构扣留/召回中国出口不合格农食产品类1787批次，较2011年的1628批次增加了159批次。其中，美国食品和药品管理局扣留中国不合格农食产品类最多，达756批次，较2011年的620批次增长了136批次；其次为欧盟食品和饲料委员会，召回333批次，基本上与2011年的332批次持平；韩国农林部国立兽医科学检疫院扣留270批次，较2011年的307批次减少了37批次；日本厚生劳动省扣留196批次，较2011年的213批次减少了17批次；加拿大食品检验署召回57批次，较2011年的85批次减少了28批次；韩国食品药物管理局扣留175批次，较2011年的71批次增加了104批次。

2013年第1季度，共收集到美国、日本、欧盟、韩国和加拿大相关机构扣留/召回中国出口不合格农食产品类525批次，其中，美国食品和药品管理局扣留中国不合格农食产品类最多，达270批次；其次为欧盟食品和饲料委员会召回82批次；韩国农林部国立兽医科学检疫院扣留68批次；日本厚生劳动省扣留43批次；韩国食品药物管理局扣留37批次；加拿大食品检验署召回25批次（表4-10）。

表4-10 2011年、2012年和2013年第1季度中国出口农食产品类被扣留/召回情况

单位：批次

发布国家/地区	发布机构	2011年	2012年	2013年第1季度
美国	美国食品和药品管理局	620	756	270
欧盟	欧盟食品和饲料委员会	332	333	82
韩国	韩国农林部国立兽医科学检疫院	307	270	68
日本	日本厚生劳动省	213	196	43
加拿大	加拿大食品检验署	85	57	25
韩国	韩国食品药物管理局	71	175	37
总计		1628	1787	525

资料来源：WTO网站与中国商务部网站整理

4.2.1.1 产品类别分析

2012年，美国、日本、欧盟、韩国和加拿大相关机构扣留/召回中国出口不合格农食产品类1787批次，其中位列前三位的产品为：水产及制品类347批次，较2011年的433批次减少了86批次；蔬菜及制品类255批次，较2011年的211批次增加了44批次；肉类224批次，较2011年的239批次减少了15批次。

2013年第1季度，美国、日本、欧盟、韩国和加拿大相关机构扣留/召回中国出口不合格农食产品类525批次，其中位列前三位的产品为：糕点饼干类

91 批次，占总批次的 17.33%；水产及制品类 66 批次，占总批次的 12.57%；粮谷及制品类 64 批次，占总批次的 12.19%。表 4-11 为 2011 年、2012 年和 2013 年第 1 季度中国出口农食产品类被扣留/召回情况。

表 4-11　2011 年、2012 年和 2013 年第 1 季度中国出口农食产品类被扣留/召回情况

单位：批次

产品种类	2011 年		2012 年		2013 年第 1 季	
	批次	比例/%	批次	比例/%	批次	比例/%
水产及制品类	433	26.6	347	19.42	66	12.57
肉类	239	14.68	224	12.53	53	10.1
蔬菜及制品类	211	12.96	255	14.27	53	10.1
粮谷及制品类	139	8.54	139	7.78	64	12.19
干坚果类	119	7.31	124	6.94	26	4.95
油脂及油料类	62	3.81	53	2.97	3	0.57
动物产品	45	2.76	27	1.51	21	4
糕点饼干类	44	2.7	104	5.82	91	17.33
糖类	34	2.09	56	3.13	2	0.38
其他加工食品类	33	2.03	106	5.93	32	6.1
蜂产品类	30	1.84	22	1.23	1	0.19
中药材类	29	1.78	57	3.19	19	3.62
饲料类	29	1.78	23	1.29	7	1.33
罐头类	29	1.78	71	3.97	15	2.86
调味品类	28	1.72	29	1.62	14	2.67
植物性调料类	25	1.54	31	1.73	14	2.67
植物产品	25	1.54	17	0.95	11	2.1
乳制品类	16	0.98	14	0.78	5	0.95
茶叶类	16	0.98	40	2.24	12	2.29
特殊食品类	15	0.92	2	0.11	3	0.57
蜜饯类	12	0.74	5	0.28	1	0.19
其他植物	6	0.37	4	0.22	1	0.19
蛋及制品类	5	0.31	34	1.9	3	0.57
其他动物	1	0.06	1	0.06	2	0.38
酒类	0	0	2	0.11	6	1.14
总计	1628	100.00	1787	100.00	525	100.00

资料来源：WTO 网站与中国商务部网站整理

4.2.1.2 质量问题分析

2012 年，美国、日本、欧盟、韩国和加拿大相关机构扣留/召回中国出口不合格农食产品类 1787 批次，扣留/召回原因位列前三位的是：品质不合格 306 批次，较 2011 年的 296 批次增加了 10 批次；农药及兽药残留不合格 268 批次，较 2011 年的 261 批次增加了 7 批次；不符合动物检疫规定 168 批次，较 2011 年的 193 批次减少了 25 批次。

2013 年第 1 季度，美国、日本、欧盟、韩国和加拿大相关机构扣留/召回中国出口不合格农食产品类 525 批次，扣留/召回原因位列前三位的是：非食用添加物 133 批次，占总批次的 25.33%；农药及兽药残留不合格 101 批次，占总批次的 19.24%；品质不合格 85 批次，占总批次的 16.19%（表 4-12）。

表 4-12 2011 年、2012 年和 2013 年第 1 季度中国出口农食产品类被扣留/召回原因

原因	2011 年		2012 年		2013 年第 1 季	
	批次	比例/%	批次	比例/%	批次	比例/%
品质不合格	296	18.18	306	17.12	85	16.19
农药及兽药残留	261	16.03	268	15	101	19.24
不符合动物检疫规定	193	11.86	168	9.4	39	7.43
食品添加剂超标	154	9.46	67	3.75	6	1.14
微生物	149	9.15	147	8.23	20	3.81
证书不合格	147	9.03	157	8.79	43	8.19
标签不合格	105	6.45	151	8.45	18	3.43
生物毒素污染	95	5.84	98	5.48	31	5.9
非食用添加物	72	4.42	248	13.88	133	25.33
污染物	53	3.26	80	4.48	11	2.1
其他不合格项目	37	2.27	0	0	0	0
转基因成分	29	1.78	40	2.24	18	3.43
非法贸易	13	0.8	6	0.34	1	0.19
辐照	9	0.55	15	0.84	5	0.95
包装不合格	6	0.37	10	0.56	14	2.67
有害生物	6	0.37	6	0.34	0	0
人类受到危害	2	0.12	4	0.22	0	0
化学性能方面	1	0.06	1	0.06	0	0
不符合储运规定	0	0	14	0.78	0	0
致敏源	0	0	1	0.06	0	0
总计	1628	100.00	1787	100.00	525	100.00

资料来源：WTO 网站与中国商务部网站整理

通过对2012年中国出口不合格农食产品类被扣留/召回原因分析表明：水产品及其制品被扣留/召回的主要原因是品质不合格、微生物污染和农药及兽药残留不合格，其中由于品质不合格被扣留/召回的产品111批次，较2011年的170批次减少了59批次；由于微生物污染被扣留/召回的产品64批次，较2011年的68批次减少了4批次；由于农药及兽药残留不合格被扣留/召回的产品46批次，较2011年的123批次减少了77批次；由于含有非食用添加物被扣留/召回的产品38批次，较2011年的2批次增加了36批次。蔬菜及制品类被扣留/召回的主要原因是农药及兽药残留不合格、品质不合格、微生物污染和食品添加剂超标，其中由于农药及兽药残留不合格被扣留/召回的产品81批次，较2011年的71批次增加了10批次；由于品质不合格被扣留/召回的产品70批次，较2011年的26批次增加了44批次；由于微生物污染被扣留/召回的产品35批次，较2011年的24批次增加了11批次；由于食品添加剂超标被扣留/召回的产品21批次，较2011年的43批次减少了22批次。

通过对出口不合格农食产品类被扣留/召回原因分析表明糕点饼干类被扣留/召回的主要原因是含有非食用添加物；水产及制品类被扣留/召回的主要原因是农药及兽药残留不合格；粮谷及制品类被扣留/召回的主要原因是含有非食用添加物。

4.2.2 中国农产品遭遇技术性贸易壁垒的特点

与其他贸易限制措施不同，技术性贸易壁垒最大的特点就是具有隐蔽性，一旦出现限制，影响巨大，而且损失很难避免。具体而言，技术性贸易壁垒对中国农产品出口的影响有如下特点：

第一，技术性贸易壁垒影响的范围越来越广。2002年，欧盟以中国动物源性产品抗生素残留超标为由，全面禁止中国蜂蜜出口；欧洲发生疯牛病事件后，中国牛肉进军欧洲的梦想破灭；2004年5月12日，日本农林水产省以从中国进口的鸡肉中检出禽流感病毒为由，禁止从中国进口禽肉及其制品，已经到达港口但尚未通关的产品也只能全部被运回。全国上千家肉鸡企业也因此蒙受巨额损失。

据商务部调查，中国目前约有90%的农业及食品出口企业受国外贸易技术壁垒影响，造成每年损失近百亿美元。目前，食品土特产和畜牧产品出口行业有89.7%的受调查企业称受到贸易技术壁垒的影响，有82%的企业称减少了市场份额，而35%的企业则被挤出市场。中国出口受阻的产品从蔬菜、水果、茶叶到蜂蜜、畜产品和水产品，其中欧盟国家对中国出口冻虾、水产品、茶叶、禽肉、果汁等产品设限，美国对禽肉、水产品、蜂蜜等产品设限，日本对中国出口蔬菜、蜂蜜、贝类产品等设限。

第二，技术性贸易壁垒的要求指标越来越严格。为了削弱中国农产品的竞争力，一些发达国家不仅设置了技术性贸易壁垒，而且它们的指标也越来越高，甚至达到了苛刻的程度，对中国农产品出口构成的阻力也相应增大。例如，欧盟自 2000 年 7 月 1 日起实施茶叶农药残留新标准，部分新指标比原指标提高了 100 ~200 倍。欧盟对氯霉素残留量的标准规定为 0. 1 ~0. 3ppb，远远超过美国标准（4 ~5ppb），以至于欧盟国家自己的产品也常常达不到这一标准。

第三，技术性贸易壁垒从只限定最终产品标准延伸到了产品生命周期的全过程控制。美国食品和药品管理局对进入其市场的农产品有非常繁琐的产品标准，规定了最终产品应该达到的要求。但这还远远不能符合美国的规定，他们要求整个生产过程是可控制的，这样产品质量才有保证，于是对中国向其出口的水产品、肉类和乳制品的企业提出了必须符合获得美国的危害分析和关键控制的认证，这就是 HACCP 认证的要求。2001 年，其又对中国水果、蔬菜汁的出口企业强制实施 HACCP 认证，中国输美蘑菇罐头至今被美国 FDA 自动扣留也是这种情况。美国声称要全面解决这一问题，必须按美国的程序运作。只有在确认中国有低酸罐头管理条例并对有关企业进行了注册等全程管理之后，FDA 才可能答复美国国会由自动扣留到被解除扣留的质询，才有可能取消这一措施。

第四，技术性贸易壁垒歧视性严重。为了削弱中国农产品竞争力，一些发达国家不仅设置了技术壁垒，而且技术要求也越来越高，甚至达到了苛刻的程度，对中国农产品出口构成的阻力也相应增大。例如，日本在农药及兽药残留方面对中国肉鸡产品实施歧视，检测克球粉时，要求中国产品达到 0. 01ppm，而对美国等其他国家的产品只要求达到世界卫生组织 0. 05ppm 的标准。

第五，使用频率高，实施速度快，周期长、损失大。技术性贸易壁垒扩散效应显著。一个发达国家或几个发达国家对中国实施技术性贸易壁垒，往往会引起其他一些国家对中国也实行技术性贸易壁垒。2002 年 1 月，欧盟宣布全面禁止中国动物源性产品进口后，瑞士、日本、韩国等国家相继采取措施，加强对中国动物源性产品的检测，德国、荷兰等国提出更高、更严的要求，沙特暂停了对中国此类产品的进口。2002 年 1 月，日本实施“中国蔬菜检测强化月”，对中国出口蔬菜实行每批检测，这些技术性贸易壁垒措施对中国农产品出口造成极大的不利影响。美国则始终保持着较高的技术性贸易壁垒，使中国农产品出口美国市场十分困难。

第六，技术性贸易壁垒从单一领域获得利益演变成多个领域获得利益。技术壁垒的合理目标是国家安全、人类安全和健康，动植物安全和健康，环境安全等。事实上，发达国家设置技术壁垒的真正目的往往不仅是这些，实施一项技术壁垒客观上可能产生的效果也是多方面的。这种效果既能保护本国的产业，同时也促进了本国相关产业的发展。例如，欧盟对茶叶提出的许多禁用农药，日本要求中国蔬菜禁用的农药，许多品种都是德国、日本率先发明、生产，并大规模使用的。由于其科技的发展水平高，相继开发了更加低毒高效的新型农药，将原有的技术和生产线转移到发展中国家。本国的新型农药已经规模化生产，可以完全取代原有农药品种时，就会出台禁止使用原有农药的规定。发展中国家要想使自己的产品再次进入发达国家的市场，就必须购买发达国家的替代产品或引进技术和生产线。因此，发达国家实施此类技术壁垒，不仅得到了更加安全的食品，同时使其他领域获得了利益。

4.3 主要出口市场受阻现状分析

4.3.1 美国市场

4.3.1.1 基本情况

中美农产品贸易一直是中美经贸关系的重要组成部分。长期以来，双方形成了优势互补的贸易格局。2012 年美国食品和药品管理局扣留中国出口不合格农食产品 756 批次，较 2011 年的 620 批次增加了 136 批次。其中，位列前三位的产品为：水产及制品类 181 批次，较 2011 年的 258 批次减少了 77 批次；蔬菜及制品类 123 批次，较 2011 年的 104 批次增加了 19 批次；糕点饼干类 99 批次，较 2011 年的 39 批次增加了 60 批次。2013 年第一季度美国食品和药品管理局扣留中国出口不合格农食产品 270 批次。其中，位列前三位的产品为：糕点饼干类 86 批次，占总批次的 31.9%；水产及制品类 44 批次，占总批次的 16.3%；粮谷及制品类 38 批次，占总批次的 14.1%。

4.3.1.2 受阻原因

2012 年美国食品和药品管理局扣留中国出口不合格农食产品 756 批次，其中，扣留原因位列前三位的是：品质不合格 207 批次，较 2011 年的 194 批次增加了 13 批次；农药及兽药残留不合格 121 批次，较 2011 年的 152 批次减少了 31 批次；标签不合格 147 批次，较 2011 年的 75 批次增加了 72 批次。

2013 年第 1 季度美国食品和药品管理局扣留中国出口不合格农食产品 270 批次，其中，由于含有非食用添加物被扣留的产品 106 批次，占总批次的 39.3%；由于品质不合格被扣留的产品 62 批次，占总批次的 23.0%；由于农药及兽药残留不合格被扣留的产品 61 批次，占总批次的 22.6%。

通过对 2012 年美国食品和药品管理局扣留中国出口不合格农食产品原因分析表明：水产品及其制品被扣留的主要原因是品质不合格、含有非食用添加物和标签不合格，其中，由于品质不合格被扣留的产品有 70 批次，较 2011 年的 120 批次减少了 50 批次；由于含有非食用添加物被扣留的产品 32 批次，较 2011 年的 0 批次增加了 32 批次；由于标签不合格被扣留的产品 25 批次，较 2011 年的 5 批次增加了 20 批次。蔬菜及制品类被扣留的主要原因是品质不合格、农药及兽药残留不合格和标签不合格，其中，由于品质不合格被扣留的产品 55 批次，较 2011 年的 24 批次增加了 31 批次；由于农药及兽药残留不合格被扣留的产品 37 批次，较 2011 年的 25 批次增加了 12 批次；由于标签不合格被扣留的产品 17 批次，较 2011 年的 11 批次增加了 6 批次。糕点饼干类被扣留的主要原因是标签不合格、含有非食用添加物和品质不合格，其中，由于标签不合格被扣留的产品 48 批次，较 2011 年的 14 批次增加了 34 批次；由于含有非食用添加物被扣留的产品 39 批次，较 2011 年的 16 批次增加了 23 批次；由于品质不合格被扣留的产品 12 批次，较 2011 年的 1 批次增加了 11 批次。

2012 年中国出口水产品及其制品中被扣留批次最多的产品为鱼产品，被扣留的主要原因是品质不合格；蔬菜及制品类被扣留批次最多的产品为蔬菜及制品，被扣留的主要原因是品质不合格；糕点饼干类被扣留批次最多的产品为糕点饼干，被扣留的主要原因是标签不合格。2013 年第一季度美国食品和药品管理局扣留中国出口不合格糕点饼干类的主要原因是含有非食用添加物；水产及制品类被扣留的主要原因是农药及兽药残留不合格；粮谷及制品类被扣留的主要原因是含有非食用添加物。

4.3.1.3 近来趋势

自 2011 年以后，美国食品和药品管理局扣留中国部分出口不合格农食产品批次变化比较明显，需要特别注意的是：

1）水产及制品类被扣留 181 批次，较 2011 年的 258 批次下降 77 批次，其中，由于品质不合格和农药及兽药残留不合格被扣留的产品明显下降，由于含有非食用添加物和标签不合格被扣留的批次明显增加。

2）蔬菜及制品类由于品质不合格、农药及兽药残留不合格和标签不合格被扣留的批次明显增加。

3）糕点饼干类被扣留 99 批次，较 2011 年的 39 批次增加了 60 批次，其中，由于标签不合格、含有非食用添加物和品质不合格被扣留的批次明显增加，由于品质不合格被扣留的批次明显减少。

4）干坚果类由于含有非食用添加物和农药及兽药残留不合格被扣留的批次明显增加。

5）罐头类被扣留 62 批次，较 2011 年的 15 批次增加了 47 批次，其中，由于证书不合格和农药及兽药残留不合格被扣留的批次明显增加。

6）糖类 51 批次，较 2011 年的 25 批次增加了 26 批次，其中，由于含有非食用添加物和标签不合格被扣留的批次明显增加。

4.3.2 日本市场

4.3.2.1 基本情况

2012 年日本厚生劳动省扣留中国出口不合格农食产品 196 批次，较 2011 年的 213 批次减少了 17 批次。其中，位列前两位的产品为：水产及制品类 68 批次，较 2011 年的 63 批次增加了 5 批次；蔬菜及制品类 53 批次，较 2011 年的 67 批次减少了 14 批次。2013 年第一季度日本厚生劳动省扣留中国出口不合格农食产品 43 批次。其中，位列前三位的产品为：蔬菜及制品类和水产及制品类各 9 批次，均占总批次的 20.9%；干坚果类 7 批次，占总批次的 16.3%。

4.3.2.2 受阻原因

2012 年日本厚生劳动省扣留中国出口不合格农食产品 196 批次，其中，扣留原因位列前三位的是：微生物污染 66 批次，较 2011 年的 75 批次减少了 9 批次；农药及兽药残留不合格 57 批次，较 2011 年的 73 批次减少了 16 批次；生物毒素污染 28 批次，较 2011 年的 19 批次增加了 9 批次。

通过对 2012 年日本厚生劳动省扣留中国出口不合格农食产品类原因分析表明：水产品及其制品被扣留的主要原因是微生物污染和农药及兽药残留不合格，其中，由于微生物污染被扣留的产品 40 批次，与 2011 年持平；由于农药及兽药残留不合格被扣留的产品 20 批次，较 2011 年的 10 批次增加了 10 批次。蔬菜及制品类被扣留的主要原因是农药及兽药残留不合格和微生物污染，其中，由于农药及兽药残留不合格被扣留的产品 26 批次，较 2011 年的 36 批次减少了 10 批次；由于微生物污染被扣留的产品 13 批次，较 2011 年的 15 批次减少了 2 批次。2013 年第 1 季度日本厚生劳动省扣留中国出口不合格蔬菜及制品类的主要原因是农药及兽药残留不合格；扣留水产及制品类的主要原因是微生物污染；扣留干坚果类的主要原因是生物毒素污染。

2012 年中国出口水产品及其制品中被扣留批次最多的产品为其他水产品，被扣留的主要原因是农药及兽药残留不合格；蔬菜及制品类被扣留批次最多的产品为蔬菜及制品，被扣留的主要原因是农药及兽药残留不合格。

4.3.2.3 近来趋势

1）水产及制品类由于农药及兽药残留不合格被扣留的产品明显增加。

2）蔬菜及制品类由于农药及兽药残留不合格被扣留的批次明显减少。

3）肉类由于农药及兽药残留不合格被扣留的批次明显减少。

4）干坚果类由于生物毒素污染被扣留的批次明显增加。

4.3.3 欧盟市场

4.3.3.1 基本情况

2012 年，欧盟食品和饲料委员会召回中国出口不合格农食产品 333 批次，基本上与 2011 年的 332 批次持平。其中，位列前三位的产品为：粮谷及制品类 68 批次，较 2011 年的 76 批次减少了 8 批次；干坚果类 48 批次，较 2011 年的 63 批次减少了 15 批次；油脂及油料类 29 批次，较 2011 年的 45 批次减少了 16 批次。2013 年第 1 季度，欧盟食品和饲料委员会召回中国出口不合格农食产品 82 批次。其中，位列前三位的产品为：粮谷及制品类 21 批次，占总批次的 25.6%；其他加工食品类 14 批次，占总批次的 17.1%；植物产品 11 批次，分别占总批次的 13.4%。

4.3.3.2 受阻原因

2012 年欧盟食品和饲料委员会召回中国出口不合格农食产品 333 批次，其中，召回原因位列前三位的是：生物毒素污染 68 批次，较 2011 年的 71 批次减少了 3 批次；农药及兽药残留不合格 66 批次，较 2011 年的 25 批次增加了 41 批次；污染物超标 36 批次，较 2011 年的 49 批次减少了 13 批次。2013 年第 1 季度欧盟食品和饲料委员会召回中国出口不合格农食产品 82 批次，其中，由于农药及兽药残留不合格被召回的产品 19 批次，占总批次的 23.2%；由于含有转基因成分被召回的产品 16 批次，占总批次的 19.5%；由于生物毒素污染被召回的产品 14 批次，占总批次的 17.1%。

通过对2012年欧盟食品和饲料委员会召回中国出口不合格农食产品类原因分析表明：粮谷及制品类被召回的主要原因是含有转基因成分和污染物超标，其中，由于含有转基因成分被召回的产品33批次，较2011年的27批次增加了6批次；由于污染物超标被召回的产品22批次，较2011年的34批次减少了12批次。干坚果类被召回的主要原因是生物毒素污染和品质不合格，其中，由于生物毒素污染被召回的产品39批次，较2011年的23批次增加了16批次；由于品质不合格被召回的产品5批次，较2011年的28批次减少了23批次。油脂及油料类被召回的主要原因是生物毒素污染，由于生物毒素污染被召回的产品25批次，较2011年的39批次减少了14批次。

2012年中国出口粮谷及制品类中被召回批次最多的产品为粮食制品，被召回的主要原因是转基因成分和污染物超标；干坚果类被召回批次最多的产品为干果，被召回的主要原因是生物毒素污染。2013年第1季度欧盟食品和饲料委员会召回中国出口不合格粮谷及制品类的主要原因是含有转基因成分；召回其他加工食品类的主要原因是含有非食用添加物；召回植物产品的主要原因是农药及兽药残留不合格。

4.3.3.3 近来趋势

1）粮谷及制品类由于含有转基因成分被召回的批次有所增加，由于污染物超标被召回的批次显著减少。

2）干坚果类被召回48批次，较2011年的63批次下降15批次，其中，由于生物毒素污染被召回的批次明显增加，由于品质不合格被召回的批次明显减少。

3）油脂及油料类被召回29批次，较2011年的45批次下降16批次，其中，由于生物毒素污染被召回的批次明显减少。

4）水产及制品类由于不符合储运规定被召回的批次明显增加。

5）茶叶类被召回35批次，较2011年的5批次增加30批次，其中，由于农药及兽药残留不合格被召回的批次明显增加。

第5章
新形势下主要区域贸易协定内技术性贸易壁垒分析

5.1 区域贸易协定内技术性贸易壁垒的现状分析

尽管WTO在削减工业品关税和消除自愿出口限制等部分非关税壁垒方面取得了极大的成功，但是，在削减初级产品关税和消除技术性贸易壁垒等非关税壁垒方面并未取得实质性的进展。这样，全球的贸易自由化就是最惠国待遇与大量歧视性待遇并存的自由化。当全球经济充斥着保护主义壁垒时，从区域贸易安排（regional trade agreement，RTA）中获得较大的福利好处是可行的。例如，区域内各国的关税和非关税壁垒的同时削减会扩大成员国企业经营的规模经济、专业化、产品多样化等好处。

当前，RTA发展迅速，越来越多的国家参与到谈判中来，其涉及的内容越来越广泛。由于TBT在当前国际贸易中的重要性，众多的RTA谈判都把它作为一个重要的条款。在近期向WTO通报的RTA中，大多数都涉及TBT条款。由于成员的经济发展水平和区域一体化程度的不同，导致RTA的TBT条款也有所差异。本章在分析当前RTA和TBT发展的基础上，选择了有代表性的RTA来分析其中的TBT条款，并对其作出相应的评价。

5.1.1 区域贸易协定的发展趋势

区域经济合作迅速发展，已成为当今世界经济发展的重要趋势。而通过缔结RTA来推动国家的经济贸易增长，也已成为了一国发展经济贸易合作的重要形式。世界上许多国家通过与有重要贸易利害关系的伙伴相互开放市场，在多边贸易体制发展受阻的情况下推进局部的贸易自由化，先期获取自由化带来的贸易利益。其内容在反映多边贸易框架原则和谈判主题的同时，更加密切关注双方或区域内的关切议题。目前已签署的RTA与多边框架所体现的贸易原则基本一致，但具有更大选择性和灵活性，可以更加灵活地开放市场并推进自由化发展，可以使国家和地区集团得以协商讨论尚不具备多边谈判条件的事项，并形成相应的规则和承诺。从这个角度说，RTA是多边贸易自由化的先导和尝试。实际上，从全球已形成的RTA看，其涵盖范围越来越多地加入了新的内容，从最初单一地取消关税，发展到投资、环境、劳工、政府采购、知识产权、竞争政策等新领域。目前，RTA发展趋势呈现出以下特点。

5.1.1.1 RTA覆盖的国家越来越广

世界各国，包括那些传统上信赖多边贸易自由化的国家，正越来越把区域经济合作放在其贸易政策的核心地位。根据WTO官方统计，在1948～1994年，关贸总协定收到124个RTA的通报（主要是货物贸易），而自1995年以来，WTO成员共通报了近300个货物贸易或者经济一体化协议，而且发展趋势强劲。这些协定包含不同区域、不同类型、不同发展水平的国家。早在2008年年底，有213个国家和单独关税区签订了1个以上的RTA，其中WTO的153个成员除了蒙古国外，全部国家都参加了1个以上RTA，有30多个国家参加了20个以上的协定，欧盟签订的RTA涉及的国家或地区已达到84个。没有参加RTA的国家与地区已经寥寥无几。据笔者从WTO区域贸易协定数据库查询数据显示，至2013年，向WTO通报并正式生效（in force）的RTA有260个，其中，和欧盟有关的35个，和美国有关的有12个。

最初，选择缔结RTA成员时往往以地理位置接近、经济发展阶段相似、经济结构互补等为基准，在自己所在的地区与相邻国家或地区建立RTA，如澳大利亚与新西兰、北美自由贸易区、东盟和南方共同市场等。然而最近的RTA表现出跨区域的特征。目前，1/3正在谈判的自由贸易协定是在属于不同地理区域的国家间进行的。所有主要国家都参与了跨地区的自由贸易协定。跨区域的双边RTA如：日本与墨西哥、中国和秘鲁签署的双边RTA，多边的如新西兰、新加坡、智利和文莱四国签署了“跨太平洋战略经济伙伴关系协定”，欧洲自由贸易联盟与南部非洲关税同盟签订的自由贸易协定等，在诸多跨区域的RTA中，大国与小国之间的协定是主要的类型。跨区域RTA数量的不断提高意味着以往RTA浪潮的核心，即相邻国家进行“区域经济一体化”的传统思想正在冲破地域限制，向由战略性政治和经济合作区域的优惠货币关系发生转变。

5.1.1.2 RTA呈现出交叉重叠的复合网络结构

由于RTA的数量的不断增加，众多RTA相互交织在一起，呈现出一个交叉重叠错综复杂的网状结构，表现为一个国家或区域经济合作组织与多个国家或区域经济合作组织分别缔结 RTA 的现象。具体来说：第一，一个国家或者地区与不同的国家在签署多边 RTA 的同时，也签署双边 RTA；第二，一个国家或地区签署的协定中，既有自由贸易协定，又有关税同盟、服务贸易一体化协定各种类型；第三，来自两个不同 RTA 的成员相互签订新 RTA。以欧盟为例，欧盟的 27 个成员为经济货币同盟，与土耳其、安道尔为关税同盟，与欧盟自由贸易联盟、墨西哥、智利是包括服务贸易一体化的自由贸易协定，与地中海国家为纯粹的自由贸易协定，还与一些国家实行优惠贸易安排。墨西哥是北美自由贸易协定成员，并与欧盟和其他许多国家缔结了自由贸易协定。新加坡是东盟自由贸易区（AF TA）成员，并与澳大利亚、欧洲自由贸易联盟（EF TA）、日本、新西兰和美国之间缔结了双边自由贸易协定。有的国家则在编织 RTA 网络过程中根据一体化程度和贸易关系形成了以本国为原点的 RTA 核心圈、紧密圈、普通圈、松散圈，如美国、智利、新加坡等。目前，区域贸易协定正朝着结构日益多样、形式更加复杂的交错方向发展。由于每个 RTA 都倾向于发展自身的贸易区域，出现一个国家在不同的 RTA 中将有着不同贸易制度的现象。出口商为了满足多种贸易制度的要求，将导致贸易成本的增加从而对贸易产生阻碍。原因是成员国必须满足不同的贸易制度，包括不同的产品标准、技术法规和合格评定程序，增加了成员国之间制度和程序的不协调的风险，造成了新的市场分割效应。现在许多国家纷纷在区域内开展制度的合作和双边程序，以避免这种情况出现。

5.1.1.3 RTA 内容不断深入而广泛

RTA 的传统含义是缔结国之间相互取消货物贸易关税和非关税贸易壁垒，主要偏重于货物贸易的自由化。随着多边贸易体制主导的世界贸易自由化范围的扩大与程度的加深，各区域内部经济贸易政策的调整，以及各国与地区经济结构的变化，RTA 合作领域和层次也在逐步扩大和深入。

首先，协定涵盖的范围即自由化和便利化的领域越来越宽广。最近达成的 RTA 采取了许多不同形式，很多形式超出了传统的取消关税壁垒和配额的形式，涉及更多的内容，如标准和合格评定程序、海关程序、政府采购等非关税壁垒，服务贸易的规定、知识产权等。一些协定还触及了 WTO 规则未涉及或涉及形式不同的政策领域，如资本流动、竞争、环境标准以及投资和劳工标准。例如，日本与新加坡的协定涉及资本流动、统一规章、无纸贸易合作、金融服务、传媒广播服务、专业人员流动和人力资源开发等内容广泛的经济问题。美国与约旦的协定包括劳工和环境标准的承诺。美国与新加坡之间预计达成的协定以及美国与智利之间正在谈判的协定将涵盖对劳工和环境条款。这些RTA在不同的区域超过了多边贸易体制的贸易自由化进程，并且还在继续向更广的领域扩展。

其次，协定的内容即自由化的程度越来越深，扩大服务贸易的领域和市场准入；许多国家放弃或基于原有的单项或数项产品的优惠安排而成立了自由贸易区或关税同盟，有的从关税同盟发展成为共同市场。例如，欧盟的27个成员组成了经济货币同盟，与土耳其、安道尔结成关税同盟，与欧洲自由贸易联盟、墨西哥、智利是包括服务贸易一体化的自由贸易协定，与地中海国家为纯粹的自由贸易协定，还有与一些国家达成优惠贸易的安排。中国在最近也在与东盟、巴基斯坦等货物贸易协议的基础上签署了服务贸易协议。

最后，从范围到内容同时扩大和深化，无论是货物贸易或者服务贸易的承诺都超过其在WTO中的承诺。表5-1以RTA中的TBT条款为例：多数RTA中的TBT条款都重申了在WTO/TBT指导下的缔约国的权利和义务，一些TBT条款甚至超过了WTO的规定来追求更深层次的合作。例如，接受关于技术法规等效化和双边互认程序上的问题上，缔约国需要对拒绝接收作出合理的解释；在一些协议中，还涉及对缔约国国内合格评定机构的注册和监管；在中国—智利协定中，提出用地区规定亚太经济合作组织（APEC）方式来指导建立合格评定程序；在中国—新西兰协定中，还特别涉及食品的安全合格评定程序。这些条款被认为是符合多边贸易体制实现便利贸易的目标，符合透明度和非歧视原则要求的，并且还是对这些目标和要求的进一步深化。

表5-1 RTA主要条款的变化比较

区域贸易协定传统条款	区域贸易协定新条款
关税、农业、反倾销、反补贴、数量限制；争端解决、原产地规则、其他非关税措施；卫生与动植物检疫检	投资、服务、能源、竞争政策、知识产权；政府采购、劳动标准、电子商务；环境问题、安全措施、海关程序、劳动力流动；交通与通信、经济技术合作；标准和一体化、技术性贸易壁垒

5.1.1.4 RTA的差异性突出

由于参与区域经济合作的国家之间自身条件和追求目标的差异，导致各个RTA的目标、结构、形式、规模，以及对全球贸易的影响各不相同，差异性日益突出。区域贸易协定在结构上有诸如APEC的松散协定，也有深入一体化的欧洲联盟；既可以采取开放区域主义原则，也存在封闭的区域主义原则；RTA可以采取强迫或者友好的方式进行，可以是一致同意的或者垂直的机构，可以是限制商品的自由贸易和强调经济一体化或者政治和战略联系，可以是市场力量的长期作用结果，也可以是国家有意识的行为结果。可以说，RTA 之间的差异是比较大的，每一个这样的协定都有自身的特性。

发达国家和发展中国家之间的 RTA 在内容和形式上都具有多样性。尽管消除内部关税是这些 RTA 的共同特征，但是，这些 RTA 在数量限制、原产地规则、对外的关税、自由化的时间表、服务贸易、资本和劳动的流动、促进工业化、促进贸易目标和国际收支安排等方面都存在较大的差别。发达国家之间的区域协定一般对争端解决程序表示关注，并采取了不同的方法。这些争端解决涉及反倾销和反补贴税、与环境相关的贸易条款等。有的学者把 RTA 进一步分为单极垂直或者多极分散的区域协定。单极垂直的区域协定是几个较小的经济实体与一个较大的经济实体签订区域协定，多极分散的区域协定是几个较小的经济实体与几个较大的经济实体签订区域协定。一些区域协定在纺织和服装、汽车等领域实行了复杂的部门安排。例如，欧盟在农业、环境等问题上都有广泛的部门安排。

由于众多协定交织在一起以及对问题不同处理方法的存在，政府越来越需要在相同的政策领域内应付不同的规定。这就存在一种风险，即一些规定是彼此不一致的，而且有可能阻碍贸易。总之，贸易体制的复杂性增加了进行贸易的交易成本，并增加了彼此不一致的规定对适用的规则造成不确定性的可能。

5.1.2 技术性贸易壁垒的发展趋势

由于 TBT 在国际贸易中被广泛使用，与之有关的贸易争端不断增加，TBT 已成为影响国际贸易发展的重要因素，成为 WTO 和 RTA 谈判的重要内容，因此有必要了解其发展的趋势，对未来国际贸易的发展方向有一定的认识和把握。总体来说，当前 TBT 的发展趋势主要表现在以下几个方面。

5.1.2.1 TBT 对国际贸易的影响日益增加

随着金融危机的不断蔓延和深化，全球贸易保护主义重新抬头，各国纷纷出台各种贸易保护措施来限制进口。作为保护贸易最重要的政策工具之一的 TBT 近期呈现出扩大化趋势。据世界银行统计，自金融危机爆发以来，20 国集团中有 17 个国家一共推出约 78 项贸易保护主义措施，其中 47 项已经付诸实施。而这其中很大一部分属于 TBT。

5.1.2.2 区域化特征越来越明显

全球区域一体化的迅猛发展，世界越来越呈现区域化的特征，地区性或双边自由贸易协定正成为新的贸易保护方式，它使贸易保护从国家保护转向力量更加强大的集体保护，地区性自由贸易区对区域外国家的歧视形成了事实上的贸易壁垒。在这种背景下，TBT 呈现出明显的区域化特征。这种特征在传统的区域贸易协定，如欧盟、北美自由贸易区域和东盟等表现尤为明显。以欧盟为例，欧盟理事会于 1985 年 5 月 7 日批准了《关于技术协调与标准的新方法》（简称“新方法”）的决议。“新方法”首次提出了采用欧洲标准支持技术法规的思想。为了促进欧洲在非政府管制行业领域各项产品认证的相互认可，以及使得新方法更加有效的实施，1988 年 6 月，欧共体在布鲁塞尔举行的会议上提出建立欧共体认证 CE 标志的设想。1993 年 7 月 22 日，欧盟理事会通过了有关“CE”标志的文件，规定在通常情况下，所有新方法指令都规定加贴“CE”标志。1989 年 12 月，欧洲理事会通过了《全球认证和测试方法》决议，该决议指出：“对于欧共体各国政府法令管制的产品，欧共体将通过与有关政府授权单位签订相互认可检测和认证协议来积极推进其国际间的贸易；而对于欧共体与区域外国家测试与合格认证的承认，则要根据它与该区域外国家之间是否有相互认可协议来确定”。为加快欧洲技术标准化的一体化，欧盟委员会在 1990 年 10 月 16 日发布了《欧洲标准化发展的绿皮书》，要求各成员国将主要精力和资金投入欧洲技术标准化，将其作为欧洲单一市场成败的一个关键问题来进行研讨。确立了欧洲标准化在欧洲单一市场建设过程中的地位和作用。1992 年 6 月 18 日，理事会发布了《关于欧洲标准化在欧洲经济中作用的决议》，其中的第 17 条认为应进一步鼓励欧洲标准作为欧洲市场中经济和产业一体化的工具以及支持立法的技术基础。欧盟的上述做法一方面推进了促进了区域内技术性贸易壁垒的消除，另一方面却在国际贸易体系中将不可避免地形成割据式的地区集团。

RTA 的重叠现象对 TBT 也造成了影响。RTA 的飞速发展，重叠现象越来越多。许多国家参与了多个不同的 RTA。可能会导致以下问题：第一，不同的 RTA，可能存在着不同的区域协调标准和互认程序，出口国仍旧要面对不同的标准和法规的限制；第二，管理机构的繁多，也造成了成本的提高。这些都进一步造成了区域内 TBT 贸易效应的复杂化。分析 RTA 的 TBT 的消除政策对多边贸易体制的影响，是作为垫脚石还是绊脚石是目前讨论最热的话题。

5.1.2.3 TBT 呈现出扩散化、体系化特征

作为当前各国贸易保护最主要的政策工具，TBT 已成为影响当前国际贸易的重要因素，其数量在逐年增加的同时，也呈现出扩散化、体系化的特征。TBT 的扩散性表现为产品（产业）之间和国家（区域）之间的扩散。产品（产业）之间的扩散表现在一项 TBT 针对某种产品而提出，最后对许多同一产业的其他产品、所属的整个产业乃至相关产业产生限制作用。例如，欧盟的生态纺织品服装指令原只有几种纺织品和服装，现在扩大到人造纤维、棉和天然纤维素，几乎囊括了所有纺织品和服装。国家或区域间的扩散表现在一个国家或区域设置某项新的 TBT 后，其他国家或区域往往竞相仿效，以致相关出口产品可能将在许多国家或区域遭遇类似的 TBT。例如，2002 年 1 月，欧盟委员会以浙江舟山出口的冻虾仁氯霉素超标为由，宣布全面禁止进口中国的动物源性食品。受禁的产品涉及禽产品、畜产品和水产品，共计 100 多种。随后，瑞士、日本、韩国、美国、墨西哥、俄罗斯、沙特、阿联酋、匈牙利等国纷纷仿效欧盟。结果，当年中国的动物源性产品出口锐减，其中禽肉产品、畜产品、蜂蜜的出口量分别下降 32.9%、4.1% 和 16.7%；对欧盟的动物源性产品出口降幅尤为突出，达 46.2%。

体系化特征主要是指发达国家对 TBT 从微观技术化的层面向宏观制度化的层面升级。在某些情况下，一项 TBT 不再是包含一个或几个指标、针对一种或一类产品，而是包含着大量（甚至数以万计）指标，实际上成为一个 TBT 体系，一旦被实施就可以约束所属产业的全部产品、上下游产业的全部相关产品。例如，欧盟管理化学品的指令和法规原来有 40 多项，经整合、修订现在只有 REACH 法规（《关于化学品注册、评估、授权与限制的法规》）1 项，而后者对相关产业影响的广度和深度超过原来的 40 多项。REACH 法规不仅直接影响石油和化工产业的发展，还导致石化产业下游产品的成本出现连锁性增长，进而影响化肥、农药等农业生产资料贸易的发展。REACH 法规的实施对国际化学品贸易及相关产品的贸易产生严重阻碍作用。中国化肥、农药、生物质化学品的进口成本、出口成本分别增加 6%、5%，部分农药产品被迫退出欧盟市场，造成的年出口额损失超过 7000 万美元。

5.1.2.4 消除技术性贸易壁垒的趋势不断加强

由于技术和经济水平的不同，各国制定和实施 TBT 的差别很大。TBT 是非关税壁垒的主要形式，具有合理性和隐蔽性的特点，容易被贸易保护主义所利用，形成不合理的贸易壁垒。欧共体成员较早认识到技术性壁垒对成员国间

贸易产生的不利影响，于1969年制定了《消除商品贸易中技术性壁垒的一般性纲领》，首次提出了在国际贸易中限制技术性壁垒的贸易规则。1979年关贸总协定"东京回合"制定了《技术性贸易壁垒协定》，而后，"乌拉圭回合"对该协定进行了修改、补充和完善，同时签署了《实施卫生与植物卫生措施协定》（SPS）。为了使技术性贸易措施成为不合理的贸易壁垒，WTO制定了《良好行为规范》，建议各国采取国际技术标准。此外，国际标准化组织、食品法典委员会、世界动物卫生组织等国际组织的作用越来越大，越来越多的成员参与国际标准的制定，越来越多的国际标准和合格评定程序被各成员采用，而且国际标准已日益成为解决争端的重要依据。例如，国际标准化组织制定的ISO9000质量体系标准和ISO14000环境管理体系已经成为进入国际市场的通行证。而目前签署的区域贸易协定，均采取多种措施用以消除区域内的技术性贸易壁垒。

总之，随着全球区域经济一体化的发展，TBT的设置由国家层次向区域层次转变，而由于各国之间经济联系越来越紧密，TBT的扩散化速度将加速，伴随着全球金融危机的推动，世界贸易保护主义的抬头，使得贸易中的技术贸易壁垒问题将更加复杂。

5.2 主要区域贸易协定内的技术性贸易壁垒条款分析

为了达到消除TBT，促进区域内贸易自由化的目的，RTA内设立了众多条款来消除区域内的TBT，以期在保障公众利益的前提下最大限度地降低其对区域内贸易的影响。本节将选择不同类型的RTA内的TBT条款进行比较分析。

5.2.1 区域贸易协定内技术性贸易壁垒条款的分析框架

对于TBT在多边贸易领域的正式认可是在GATT的东京回合谈判，这是一个自愿、多边的协定，适用于签字的成员国。该协议的目标是确保技术法规、标准和合格评定程序不会对国际贸易壁垒造成不必要的障碍，促进更加自由的贸易，贯彻WTO非歧视原则，作为多边贸易体系的法律文件，WTO/TBT就各成员方政府机构在拟订、采用和应用可能构成贸易壁垒的技术法规、标准及合格评定程序的问题上制定规则及建立纪律。

在最初的RTA中并不存在TBT条款，随着关税和其他非关税壁垒的减少，作为各国对外贸易中保护主义的重要武器之一，TBT在RTA中出现得越来越频繁，成为RTA谈判中的一个重要筹码。Pieroartini和Budetta（2007）通过对有代表性的70个FTA的TBT条款进行调研，发现58个包括TBT条款，特别是，所有影响较大的RTA内，如北美自由贸易协议（NAFTA）和欧洲联盟（EU），均有TBT条款。而最近兴起的双边RTA内，几乎都包括了TBT条款。对于多边区域贸易协定中的TBT条款，由于这些区域组织很早就对这个问题的进行关注，所以相关规定都是散落在成员国之间签署的多个协定之中，导致其中的TBT内容问题比较复杂；而随着对TBT认识的深化，最近达成的双边RTA中，TBT条款逐步体现出一定的共性，表5-2以WTO/TBT协定作为参照的标准，对其中的TBT进行分析。

表5-2 WTO/TBT协议分析

范围	问题
参考WTO/TBT协定	这些协定是否参考WTO协定（如目标、原则或者条款）这些协定中的TBT条款是否制定
协调	这些协定是否促使成员以国际标准、区域标准为基础来制定本国的国家法规、标准和合格评定程序； 这些协定是否促使成员以国际标准、区域标准为基础来制定本国的国家法规、标准和合格评定程序
技术法规等效化	这些协定是否要求或者鼓励成员国接受另一成员国的国家法规或标准等效化； 这些协定是否要求成员国在不能接受另一成员的国家法规或标准等效化时提出理由
合格评定程序的互认	这些协定是否要求合格评定程序的互认； 这些协定是否要求成员国提出不能互认的理由； 这些协定是否伴随着一个合格评定互认的达成还是促进了这一互认的达成
透明度	这些协定是否包含透明度条款； 这些协定是否要求成员国在国内法规和程序实行前，在双边和区域层次上同其他成员协商和通告； 这些协定是否为其他成员的意见反馈设置了一定的时间，是否长于60天； 这些协定是否要求建立一个单独的或者区域的咨询点
争端解决机制	这些协定是否要求建立和参加一个TBT机构，用以监管和评析TBT的义务实施和进程； 这些协定是否包括一些详细条款用以解决区域TBT争端； 这些协定是否在一个区域的层面上对解决争端的协商，建议或者建立一个正式的机制进行展望

5.2.2 多边区域贸易协定内技术性贸易壁垒条款

这一节选择了三个有代表性的多边 RTA：欧盟、北美自由贸易区和东盟。其中，欧盟代表的是发达国家之间的北北型 RTA；北美自由贸易区代表的是发达国家和发展中国家的南北型 RTA，东盟代表的是发展中国家之间的南南型 RTA。由于成员国的经济发展水平不同，其相应的 TBT 条款也表现出差异。这一类 RTA，由于发展的时间长，涉及的国家多，其 TBT 的内容分散在多个协议之中，本节对三个多边区域组织的 TBT 条款作了相应的归纳和整理。

5.2.2.1 欧盟签署协议中涉及的 TBT 内容

（1）欧盟区域内协议

欧盟是一个逐步发展与深化的庞大的条约与法律、政策体系。通常，欧盟在推进下一个阶段的一体化进程时，通过谈判签署一个框架条约，然后制定统一的法律、条例、指令、指导性意见，各成员国转化为本国法律，以此促进内部的一体化。欧盟已经实现了货物、服务、人员和资本的自由流动，并在许多经济社会领域制定和实施了共同的政策和制度。由于欧盟发展的逐步性，导致关于 TBT 的规定散落在众多协议中，并没有在一个协议中作出统一的规定。

首先，欧盟早就认识到 TBT 的存在，在 20 世纪 60 年代，便开始对 TBT 进行约束和消除。《欧洲经济共同体条约》第 110 条中明确指出：欧盟贸易协定的对外政策的基本目标为成员国之间为着共同的利益而建立关税同盟，旨在使世界贸易协调发展，旨在降低关税壁垒，逐步减少国际贸易障碍。

在法规和标准协调方面，欧盟主要通过两种方法：新方法和旧方法。1968 年 3 月，欧盟初步尝试对成员国的药品法规进行协调。1969 年 5 月 28 日，欧共体颁布了《消除成员国间由于法律、法规或行政行为差异而导致的 TBT 的总纲要》，对区域内标准实行内部协调。由于过分强调一致性和立法的技术性、复杂性和一致表决原则的局限性，旧方法的成效不大，技术协调的速度缓慢，指令实施的情况欠佳。最终被新方法所代替。1985 年欧盟为了协调各成员国的技术标准，加快经济一体化的进程，于 1985 年发布了《关于技术协调和标准化的新办法》。根据新办法，欧委会对涉及卫生与安全内容的产品发布指令，内容仅限于基本的卫生与安全要求，具体的技术标准则由企业根据市场自行决定，可以采纳国际标准，也可以采纳欧洲协调标准。其他产品则由各成员国自主地在其境内制定技术标准和法规予以消除。从 1987 年起，欧盟在其新标准和统一标准的基础上先后通过了 20 多项有关产品技术标准的指令，主要涉及卫生、安全、劳保、环保等领域。

欧盟还采取一系列措施，推进区域内标准化的进程。1999 年，欧盟通过了欧洲理事会决议“欧盟标准化的作用”战略决议，战略的核心是建立强大的欧洲标准化体系，对国际标准化产生更大的影响，并努力将欧洲标准推荐为国际标准，力争国际贸易的主动权。欧盟标准化的战略要点是：第一，建立强大的欧洲标准化体系，进一步扩大标准化体系的参与国。第二，继续为欧洲标准化活动提供财政支持。第三，欧盟各国在国际标准化组织中的标准化提案要协调一致。1998 年 10 月，欧盟标准委员会和欧洲电工标准委员会也制定了相应的标准化发展战略，进一步强调了在国际标准化活动中形成欧洲统一地位的目标。

在互认方面。欧委会于 1989 年 6 月 15 日向理事会发布了《关于工业产品的认证和检验——质量措施的全球方法》的通告；同年 7 月 24 日欧委会的通告中阐述了全球方法的重要性。12 月 21 日，欧共体理事会批准了《关于合格评定的全球方法的决定》（简称“全球方法”），对 1985 年的决议也作出补充，声明可用更多的方法证明产品符合指令的基本要求，即如果制造商选择了其他生产准则，则可通过合格评定形式证明产品符合指令的基本要求，但必须由第三方进行测试或认证。该决定提出了合格评定的综合政策和基本框架，以期消除由合格评定程序引起的 TBT。目前，欧盟要求不论是区域内部企业生产的产品，还是区域外国家的产品，要想在欧盟各国市场上流通，都必须符合欧盟指令、欧盟标准、欧洲合格评定程序、加贴 CE 标志。

在争端解决机制方面。1995 年 1 月，欧盟实施《贸易壁垒规则》（*Trade Barrier: Regulations*），即关于在共同商业政策领域建立确保欧共体形式的国际贸易规则，尤其是世界贸易组织规则下的共同体贸易壁垒规则，并将其作为执行乌拉圭回合协定立法的组成部分。涉及范围从货物贸易到服务贸易和知识产权领域，建立起较完善的贸易壁垒调查制度，具有很强的可操作性。该规则主要针对第三国设置包括 TBT 在内的贸易障碍，从而影响到欧盟产业和企业进出其市场或者影响欧盟统一大市场的建设时，可依据该规则建立起的机制，要求欧委会对相关不公平贸易进行调查。欧委会通过施压、协商或者引入国际争端解决机制的方法强制第三国取消贸易壁垒，这个规则自实施以来，逐渐被证实是一个解决市场进入问题的有效的工具，许多欧盟产业利用这一工具为进一步打开欧盟的出口市场扫清障碍。

此外，为了维护公民在安全、健康、环境和消费者保护等方面的利益，欧盟规定各成员国有权制定新的国家技术法规。因此，欧盟内部不仅有统一的技术法规，还存在由各成员国国内的法律条例、行政管理条款构成的各国技术法规，为了防止这些国家的技术法规成为欧盟内部市场的贸易壁垒，欧盟规定了各成员国有通知的义务。

（2）区域外协议

欧盟自从建立之后，建立了众多的 RTA，表 5-3 显示，欧盟在 2010 年以前向 WTO 通报且还生效的主要有 27 个，其中 FTA 占 2/3。另外，进入 2000 年之后，FTA 的数明显增多，约占已签署 RTA 的 50%。

表 5-3 欧盟区外自由贸易协定

名称	涉及范围	类型	生效时间
EC-OCTs	货物贸易（含农产品）	FTA	1971. 1. 1
EC-瑞士和列支敦士登	货物贸易（含农产品）	FTA	1973. 1. 1
EC-冰岛	货物贸易（含农产品）	FTA	1973. 4. 1
EC-挪威	货物贸易（含农产品）	FTA	1973. 6. 1
EC-阿尔及利亚	货物贸易（含农产品）	FTA	1976. 7. 1
EC-叙利亚	货物贸易（含农产品）	FTA	1977. 7. 1
EC-埃及	货物贸易（含农产品）	FTA	1977. 7. 1
EC-安道尔	货物贸易（含农产品）	CU	1991. 7. 1
EC-土耳其	货物贸易（含农产品）	CU	1996. 7. 1
EC-巴勒斯坦	货物贸易（含农产品）	FTA	1997. 7. 1
EC-法罗群岛	货物贸易（含农产品）	FTA	1997. 7. 1
EC-突尼斯	货物贸易（含农产品）	FTA	1998. 3. 1
EC-南非	货物和服务贸易（含农产品）	FTA&EIA	2000. 1. 1
EC-摩洛哥	货物贸易（含农产品）	FTA	2000. 3. 1
EC-以色列	货物贸易（含农产品）	FTA	2000. 6. 1
EC-墨西哥	货物和服务贸易（含农产品）	FTA&EIA	2000. 7. 1
EC-约旦	货物贸易（含农产品）	FTA	2002. 5. 1
EC-黎巴嫩	货物贸易（含农产品）	FTA	2003. 3. 1
EC-马其顿	货物和服务贸易（含农产品）	FTA&EIA	2004. 4. 1
EC-克罗地亚	货物和服务贸易（含农产品）	FTA&EIA	2005. 2. 1
EC-智利	货物和服务贸易（含农产品）	FTA&EIA	2005. 3. 1
EC-黑山共和国	货物贸易（含农产品）	FTA	2008. 1. 1
EC-波黑	货物贸易（含农产品）	FTA	2008. 7. 1
EC-加勒比论坛	货物和服务贸易（含农产品）	FTA&EIA	2008. 11. 1
EC-利·特迪瓦	货物贸易（含农产品）	FTA	2009. 1. 1
EC-阿尔巴尼亚	货物和服务贸易（含农产品）	FTA&EIA	2009. 4. 1
EC-喀麦隆	货物贸易	FTA	2009. 8. 1

注：EC-OCTs Overseas Countries and Territories 欧共体与欧共体成员国有特殊关系的国家或地区

资料来源：WTO 区域贸易协定数据库

欧盟签署的区域外协议，对于与欧盟临近的国家（如东南欧国家）来说，为了实现政治和经济上更深层次的一体化，欧盟积极推进以“欧盟模式”为基础的技术法规、标准和合格评定程序的协调。以欧盟摩洛哥协定为例，这是一个标准的欧盟模式的协定。协定的目标是消除与标准和合格评定相关的贸易壁垒，要求区域内成员采取适当措施促进欧盟法规和标准在工业、农业和合格评定程序中的使用。摩洛哥以国际标准和欧盟标准为基础建立了一套合格评定程序。2003 年 6 月，双方一致同意在技术法规、标准和合格评定程序领域采取相近的立法，主要包括确认优先发展部门、建立或者改革机构、建立必要的认证和评定机构、确认技术援助。此外，欧盟还同准备加入本组织的国家签订《欧洲关于工业品的合格评定和接受的协议》（简称 PECA 协定）建立以欧盟法规、标准为基础的双边互认。

对于比较偏远的跨区域协定，欧盟倾向于采用国家标准，如欧盟-智利自由贸易协定中规定运用以国际标准为基础的技术法规和合格评定程序，除非这些标准被判断为不能达到目标。智利和欧盟同意就彼此技术法规、标准和合格评定程序的等效性进行协商。双方还协商建立一个 TBT 委员会，用以双方进行 TBT 事务的磋商和争端的解决。此外，技术援助也在协议中作出规定。

5.2.2.2 北美自由贸易区签署的协议中涉及 TBT 的内容

北美自由贸易区由美国、加拿大和墨西哥组成，三国于 1992 年 8 月 12 日就《北美自由贸易协定》达成一致意见，并于同年 12 月 17 日由三国领导人分别在各自国家正式签署。1994 年 1 月 1 日，协定正式生效，北美自由贸易区宣布成立。协定的宗旨是，取消贸易壁垒；创造公平的条件，增加投资机会；保护知识产权；建立执行协定和解决贸易争端的有效机制，促进三边和多边合作。其中与 TBT 相关的内容如下：

第一，与 TBT 相关的内容主要是在协议第 9 章，该章包括设定标准的相关措施，如对国家标准的使用、标准的兼容和等效化、标准委员会的建立等；风险评估：TBT 咨询点的建立；技术合作以及信息交换等条款。

第二，对 WTO/TBT 参考。首先，协定重申了 WTO/TBT 对成员权利和义务的规定，禁止成员国利用标准和技术规定设置贸易障碍。规定有关标准方面的措施必须以非歧视的方式平等对待国内产品和进口产品。

第三，技术标准的协调。协议要求各成员国应以国际标准或其相关部分作为制定国内技术法规和相关合格评定程序的基础。除非“这些国际标准或其相关部分对于成员国实现合法目标来说是无效的或不合适的”。

第四，允许美国公司和其他有兴趣参与者本着与加拿大和墨西哥国内公司享有同样待遇的原则直接参加在这些国家的新标准开发。

第五，将继续保持美国的高安全标准。在美国使用的所有运输工具都必须遵照美国标准。

第六，鼓励墨西哥将其安全和技术标准提高到北美的高水准，无论在州一级或是在联邦一级。但技术标准被强制实施仅仅是为了安全和预防对设备的损害，决不应作为新的组织外国公司进入的壁垒。

第七，技术法规和合格评定的兼容和等效化。协议鼓励成员国之间进行技术法规和合格评定程序在存在差异的时候进行兼容。即使对方的技术法规不同于本国的技术法规，只要一方认为这些法规足以实现本国法规的目标，则应积极考虑将对方的技术法规作为等效法规加以接受，如果不接受，应对方要求，应解释其作出决定的原因。协议还规定美国试验性实验室可以与墨西哥和加拿大国内实验室以平等的地位申请合格鉴定。

第八，透明度。协议要求三个国家的标准开发程序都必须是公开透明的；在新的技术犯规生效前，要给予其他成员通知，使受到影响的其他成员国的公司以充分的时间作出评定，这个时间一般不低于 60 天。对于其他成员国提出的评论意见，另一方应积极考虑，如不能采纳，则应及时解释理由。此外，成员国之间还应加强 TBT 咨询点的合作，包括共享可获得的 TBT 通报的翻译文本，开展 TBT 通报方面的经验和信息交流活动。

第九，技术合作。协定中明确规定，应另一方成员国的要求，一方成员国有义务提供技术性的建议、信息及援助，以提高另一方成员国标准、技术法规和合格评定程序以及相关活动、程序和体系的水平。这就意味着，墨西哥可以要求美国和加拿大对技术法规和合格评定程序的制定和改进方面，以及与 TBT 相关的基础设施建设等方面进行技术援助。

5.2.2.3 东盟签署的协议中涉及 TBT 的内容

（1）东盟区域内协议

东盟自由贸易区形成后，一直没有对 TBT 内容作出完整的规定，更多的是散落在达成的众多协议中，直到 2009 年 2 月 26 日，东盟达成了《东盟货物贸易协定》（ATIGA），协定第七章对 TBT 有了一个比较完整的规定。

对 WTO/TBT 的重申。协定重申了对 WTO/TBT 规定的成员国的权利和义务的遵守，并指出其目标是在成员国合法目标实现的前提下，确保技术法规、标准和合格评定程序不会阻碍东盟统一市场的形成的障碍，这与 WTO/TBT 的目标是统一的。为了实现这一目标，成员国需要采取以下措施来减少或者消除不必要的 TBT：第一，以国际标准为基础对国内标准进行协调；第二，促进成员国之间对合格评定结果的互认；第三，促进部门间的互认协议（mutual recogonition agreement，MRA）和相关产业的协调；第四，鼓励国家间认证机构和计量机构的合作，以促进 MRA 在不同产业间的发展。

技术法规和标准协调。成员国在制定新的国内技术法规和标准或者修改现存技术法规和标准时，应该首选相关的国际标准。具体做法应以 150/IEC 的第 21 条“采用国际标准作为区域或国家标准”指导原则为基础。当国际标准不适用的时候，应该参照区域内成员国的技术法规和标准。当对相关国际标准的内容或结构作出必要的修改时，成员国需要为相关的修改作出合理的解释，并且确保修改的内容没有造成不必要的 TBT。此外，条款还鼓励成员国积极参与国际标准的制定，特别是东盟内部有贸易潜力的部门。条款还要求国内技术法规和标准制定应该“以最低的成本实现最高的收益”，以及便利部门 MRA 的执行。

合格评定的互认。对于合格评定程序，协议要求成员国的合格评定程序必须同国际标准和做法相适应。条款进一步强调了成员国之间对合格评定结果的互认，积极推行优先部门的 MRA 协议。东盟较早就开展了区域内成员国之间在某些部门的互认，目前已经达成了多个 MRA 协议。

透明度原则。对于新技术法规的实施，一方应给予另一方至少 60 天的评议期，在另一方的要求下，该成员国有义务提供新技术法规的草案以及在技术法规中被引用或被用来判定符合这些技术法规的相关合格评定程序。除非紧急情况，成员国在新技术法规通告和生效的时间差不能低于 6 个月，以便其他成员国调整其产品或者生产方法来满足进口成员国的要求。

机制的建设。协议中的亮点在于建立后市场监督机制（post market surveillance system），用来保障东盟部门间 MRA 和区域内协调制度或指令的实施。以此为基础，成员国之间预警机制也将建立。

（2）东盟区域外协议

东盟在推进区域经济一体化的同时，还积极发展与区域外国家的经济贸易合作。先后与日本、中国、美国、韩国、印度、澳大利亚、新西兰、欧盟等着手商谈建立 RTA，形成了以东盟为核心的亚太地区经济合作新浪潮。表 5-4 为东盟区外自由贸易协定汇总。

表 5-4 东盟区外自由贸易协定

名称	涉及范围	类型	通报/签署时间
东盟-加拿大	货物贸易	FTA	1982. 6. 1
东盟-中国	货物贸易和服务贸易	FTA，EIA	2008. 6. 26

续表

名称	涉及范围	类型	通报/签署时间
东盟-日本	货物贸易	FTA	2009. 11. 29
东盟-CER	货物贸易和服务贸易	FTA, EIA	2009. 2. 27
东盟-印度	货物贸易	FTA	2008. 8
东盟-日本	货物贸易和服务贸易	FTA, EIA	2008. 8
东盟-中国	货物贸易和服务贸易	FTA, EIA	2010. 1
东盟-韩国	货物贸易和服务贸易	FTA, EIA	2010. 1

注：EC-OCTs Overseas Countries and Territories 欧共体与欧共体成员国有特殊关系的国家或地区

资料来源：WTO 区域贸易协定数据库

根据中国-东盟自由贸易协议，中国与东盟国家逐步取消非关税壁垒（措施），简化和协调关税程序，但仍保留各自对非成员国的贸易保护政策。非关税措施（壁垒）包括但不限于对任何产品的进口或者对任何产品的出口或出口销售采取的数量限制或禁止，缺乏科学依据的动植物卫生检疫措施以及技术性贸易壁垒。而且，须在技术性贸易壁垒、卫生和动植物卫生措施方面开展标准互认，加强互利合作，严格限制技术壁垒的使用。

5.3 区域贸易协定内技术性贸易壁垒条款评析

随着区域经济一体化的发展，RTA 内 TBT 条款也逐步得到完善。这些条款通过消除贸易壁垒来达到区域内的贸易自由化的同时，也对多边贸易体制的发展带来影响。

5.3.1 区域贸易协定内技术性贸易壁垒条款的主要特点

随着区域经济一体化的发展，越来越多的国家参与到 RTA 的谈判中来，涉及 TBT 方面的内容也逐渐完善和深入，目前已经初步形成了比较完整的框架。虽然当前 RTA 内的 TBT 条款由于参与成员的经济发展程度和一体化程度不同而显示出多样化特点，但是，从上一节对代表性的 RTA 分析来看，也能找出一些共同的特征。

5.3.1.1 多数 RTA 中都会涉及 TBT 方面的内容

传统的 RTA 中的 TBT 内容并没有统一的规定，都是散落在协议之中，如在目标、货物贸易等条款中，或者是在纺织品、农产品、机电产品、投资等具体章节中出现。而近几年 RTA 内的 TBT 内容则逐渐规范和系统，都会单独列出几章内容大篇幅地说明 TBT 方面的协议。Piermartini 和 Budetta（2009）通过对世界上有代表性的 70 个 RTA 进行调研，发现 58 个包括 TBT 条款，这一比例约占总体的 80%。而近几年签署的自由贸易协定，几乎全都涵盖了 TBT。例如，2009 年 6 月至 9 月，向 WTO 通报的 10 个 RTA 内，全部涉及 TBT 条款。

5.3.1.2 内容上基本遵循国际上已被广泛接受的准则和协议

所有的 RTA 内 TBT 条款部分一般都要求遵守世贸组织的 TBT 协议，强调了 TBT 的目标是保护人类安全、健康和环境，并尽可能避免 TBT 对贸易造成阻碍；重申了 TBT 协议框架下成员国的权利和义务；在制定标准和法规的时候，要求按照 TBT 协议的规定参照国际标准等。诸如此类规定表明 RTA 内对 TBT 的规定在一定程度上是与 WTO/TBT 的规定是相一致的，RTA 组织与全球一体化贸易组织（如 WTO）在一定程度上是互相影响和互相借鉴的。

5.3.1.3 内容逐渐明确和模式化

从上文中对主要 RTA 内 TBT 内容的分析可以发现，其中具体章节的具体条款设置大同小异，基本上符合一定的模式。以中国-智利自由贸易区为例，TBT 在协议的第八章作出详细规定，主要涉及的内容有：目标、领域和范围、TBT 协定的重申、国际标准、贸易便利化、技术法规的等效性、合格评定、透明度、技术合作、TBT 委员会等。此外，通过不同层次 RTA 的比较，可以看出：北北型的 RTA 更多的是加强技术之间的合作，而南北型的 RTA 都有技术援助的内容在内，如中国-新西兰自由贸易协定，欧盟-摩洛哥自由贸易协定。对于南南型 RTA，更多的是涉及关税壁垒的消除，而对于非关税壁垒，尤其是 TBT 的规定并没有系统化，主要是分散在协定的各个章节中间。例如，东盟，直到 2009 年在达成的《东盟货物贸易协定》（ATIGA）中，才对 TBT 有了一个比较完整的规定。此外，非洲的大多数 RTA 中，并没有出现专门的 TBT 条款章节。造成这种现象的原因主要是区域内成员国经济发展水平低。

5.3.1.4 RTA 对待 TBT 的整体态度比较明显

RTA 内 TBT 条款的基本原则都是禁止利用标准和技术规定等贸易措施设置贸易障碍，坚持以非歧视的方式平等对待国内产品和进口产品。但不反对旨在保护生态环境、人类、动植物的生命或健康、国家安全的卫生与检疫措施和环境的规定。要求成员尽量参照国际标准制定国内标准和进行区域内标准协调，积极开展互认等，但不强迫各国接受所有来自其他成员各国的技术法规和标准，给每个成员各国留有一定的自我保护空间。

5.3.2 区域贸易协定内技术性贸易壁垒条款的总体评价

RTA内对TBT采取的相关措施，在一定程度上有效地消除了区域内成员之间由于标准、法规和合格评定程序不同而造成的市场分割效应，促进了市场一体化进程。但是，随着各国越来越多地参与RTA，又会产生出由于区域间贸易制度不同而导致的新问题。

5.3.2.1 区域贸易协定内技术性贸易壁垒条款与开放的区域主义

总的来看，大多双边、多边RTA内确立的TBT规则在一定程度上促进了开放的区域主义，有利于多边贸易体制的发展。首先，RTA在追求区域经济一体化目标下所制定的TBT相关措施，比WTO/TBT所规定的还要深入，显示出WTO的特征，这是对WTO/TBT的强化和有益补充。如果协议能够有效执行，这将使得区域内成员国之间取得比多边贸易体制在TBT方面更紧密、更便利的合作。其次，区域内标准的协调和透明度的提高，将使得区域外第三方更容易进入区域内成员国的市场。因为他们只需要采取一种标准措施就可以进入整个区域内所有成员国的市场，透明度的规定也使得他们可以更好地了解到区域内关于TBT条款的信息。再次，RTA的有效执行可以提高区域内成员国关于TBT的机构合作和基础设施的建设，强化他们在国际论坛上的联合。最后，区域内TBT的消除和信息的共享，潜在地促进了区域外的第三方参与RTA的积极性，这也有利于RTA向多边贸易体制发展。总之，这些措施的有效实施不但会促进区域内TBT的消除，从世界的角度来看，也可以促进多边贸易体制的进一步自由化。

5.3.2.2 区域贸易协定内技术性贸易壁垒条款与潜在的歧视性

一般来说RTA中的TBT条款的主要动机是通过消除贸易壁垒来达到更深层次的一体化，并没有歧视第三方的意图。但是由于RTA的相关政策本身就具有歧视性的特点，在一定程度上，阻碍了多边贸易体制的发展。

RTA要求成员进行标准和和合格评定程序的协调或者开展成员国之间的双边互认，存在着歧视的风险。一方面，标准的完全协调降低了市场上产品的差异程度将阻碍贸易。RTA通过协调的方式对贸易壁垒的消除有可能会对贸易有负效应。另一方面，发展中国家缺乏必要的技术能力来满足这些标准，也会形成歧视。MRA更容易在经济发展水平相似的国家之间，如欧盟的发达的成员国之间的MRA、东南亚国家联盟（ASEAN）中发展成员国之间的MRA。原因是建立MRA需要成员国彼此对对方的技术机构的完整性、行政资源的充裕和执行的能力方面的互信，因此发达国家一般不愿意同发展中国家达成MRA协议。

5.3.2.3 区域贸易协定内技术性贸易壁垒条款今后的发展方向

由于参与成员经济发展水平以及RTA所追求的一体化目标不同，各个区域RTA中的TBT条款存在着一些差异，而这些差异有可能对区域外一些国家乃至世界贸易造成一定的影响，因此需要采取措施对TBT条款进行修改和完善。

首先，借鉴发达国家的成功经验，促进区域内技术法规、标准和合格评定程序的协调、互认和等效化。根据欧盟的新方法，当成员国确定协调之间的标准和合格评定程序，最好对基本的健康和安全标准采用协调方式，而对其他领域采用双边互认和等效化的方式。第一，尽可能地使用国际标准可以更好地促进市场一体化和便于第三方进入市场。第二，RTA应该全面承诺，针对区域层面为基础的合格评定程序和技术法规，当第三方的技术法规与其等效化时，该RTA应承认第三方技术法规的有效性。第三，在协调过程中，如存在落后成员，则需要采用技术援助和能力建设措施。当技术法规和合格评定程序不能被协调时，RTA需要尽量避免对同一个产品进行双重或多种措施或者检验。这对于最不发达国家是非常有必要的，因为低收入国家不能够负担为满足不同法规和检测的高成本。MRA是一个非常重要的工具，但是需要采用开放的区域主义原则。

其次，考虑对低收入国家提供有效援助。支持其参与区域相关标准的制定。鼓励成员国在低收入国家需要的时候，训练其政府和产业机构相关人员。提高其对区域层面上TBT相关事项的认识水平，提升其对降低TBT不同政策成本和收益的评估能力。此外，对于TBT委员会，区域协商和监管机制是需要加强的。最后，与TBT相关的基础设施和机构应该加强，以便于增加发达国家对发展中国家程序和机构的认可，便于在区域和多边层次上消除TBT。

再次，提高对消除区域TBT所做努力的透明度和公众知情权。RTA成员国应该及时通告对RTA规则的协调，如公开通告区域内成员国之间运用的法规和标准措施；鼓励咨询点对任何双边和区域达成的TBT相关措施。如可以通过一个网站，及时发布相关信息等。

最后，建立RTA内TBT的模式条款，来确保RTA政策的可持续性和与多边贸易体制的协调。APEC在双边和多边RTA内积极推进TBT的自由化和便利化，WTO 的相关专家也在对技术法规、标准和合格评定程序在国家、区域和国际层面上展开研究，都是为了确保 RTA 与多边贸易体制的一致性。

5.4　区域贸易协定内消除技术性贸易壁垒的路径

根据 OECD 和 WTO 的研究，无论从实证上还是理论上都一致认为技术法规、标准和合格评定程序对国际贸易有正负两方面的影响，它们在确保消费者安全，提高产品透明度的同时，也提高了产品的交易成本。国外政府通过制定复杂标准或者苛刻的产品检测要求，使得国外的实际或者潜在的厂商进入市场变得困难，从而限制了商品和服务的正常流动，导致了产品价格上涨而损害了消费者的利益。而 RTA 内 TBT 条款实际上是成员国间制定的、用来消除区域内 TBT 的一系列协议，其目的是通过对 TBT 的消除来促进区域内贸易的自由化。从这个角度看，对 RTA 内 TBT 的研究，主要是围绕区域内如何采取各种政策工具去实现 TBT 自由化的过程。本章在分析国际社会和主要区域贸易组织实践的基础上，提出了 RTA 内消除 TBT 的合理途径，并针对发展中国家当前面临的处境提出了相应对策。

5.4.1　技术性贸易壁垒自由化的一般途径

TBT 的消除是主要通过市场行为和政府行为两种力量来进行。市场行为主要是针对网络产品的标准协调，标准的设定主要依靠私人部门的推动，通过制定自愿标准来传送市场的信息。符合标准的产品被市场接受，不符合标准的产品将被驱除，除非这种不符合标准的产品能够控制市场。在各国产业被卷入国际分工的今天，市场将创造国际标准。在过去几十年中，私人部门如 ISO、IEC 等已经引导和制定众多的标准。而对于强制性的健康安全和环境标准，政府行为是必需的，即通过政府间的协商谈判，采取相应的措施实现 TBT 自由化。

由于健康和安全的标准在很大程度上依靠单个国家的发展程度，经济发展水平的差异导致了标准差异的客观存在，因此当前并不能确定一套统一的标准为所有 WTO 成员方接受，所以，WTO 对 TBT 的规定相当模糊：“各成员须保证技术法规的制定、批准或实施在目的或效果上均不会给国际贸易制造不必要的障碍。因此，技术法规除为实现正当目标所必需的条款外，不得有额外限制贸易的条款。考虑到正当目标未能实现可能导致的后果，技术法规应包括为实现正当目标所必需的条款。”而且，WTO/TBT 协定还设定了透明度条款，用

以防止某些政府以合法目标为借口来隐藏 意图的行为。虽然
WTO/TBT作出了相关规定，但也存在不足之 即使有些政府法规是合法的，也会造成一定程度的贸易扭曲。另 BT 更多考虑的是政府标准，虽然协议也为产业和政府在标准的制定 壁垒方面进行指导和建议，但是这种指导和建议是非约束性的。

TBT 的产生主要是由于各国技术性措施之间存 致生产企业出口成本相应增加，这种差异包括技术性措施本身的差异 进口产品与本国技术要求是否一致的各种检验、检疫或认证程序之间 因此，相应地，针对 TBT 自由化，可从消除各国技术性措施或降低合格 两方面入手。针对 TBT 自由化，政策制定者和机构制定的相应主要政 下：

第一，技术法规、标准和合格评定程序的协调。与标 协调情况主要包括：单方面采用其他成员国的标准；协商使用一套标 际的或者区域的）；采用与现存国际、区域标准比较相近的标准。在以 种和第三种情况中，协调意味着加入国际或者区域标准化机构。法规和 协调可以是全面的协调，也可以是仅对基本特性进行有限的协调。兼容 要是针对新设立的标准和法规进行协调。在协调下，企业只需要面对一套 标准和合格评定程序，而且，协调还促进了进口品和国内产品的兼容， 协调促进了国际贸易。

第二，技术法规、标准的互认或等效化。当某一成员认为另一 品虽然在技术规格上有所不同，但是其基本的目标是相通的时，就可以对 员的法规、标准和合格评定程序互认或者等效化。双边互认使得产品只要满 其成员的基本法规就可以无限制的进入其他成员的市场。互认条件下，企业 要满足一套技术法规、标准就可以进入所有的成员国市场。

第三，合格评定程序的双边互认。成员国法规机构认可其他成员国合格评定机构签署的检验报告或鉴定证书。建立一个涵盖广泛的机制用于便利化对他成员国合格评定结果的接受，包括供给者声明的确认、成员国之间合格评定程序的自愿联合、互相接受合格评定程序的协定、对合格评定机构资质的鉴定、政府对合格评定机构的任命。此时企业无需多次检验，只需要在出口前进行检验和评定便可直接进入其他成员的市场。

第四，透明度。主要包括：调整技术法规、标准和合格评定程序前进行通告（允许其他成员国或出口商进行评议）；对调整技术法规、标准和合格评定程序进行文字确定；建立国家或者区域的咨询点，便于贸易商咨询。要求对不能采用国际标准的情况给成员国以解释；允许其他成员国的法人对法规和标准的细节进行参与。此时企业在进入其他成员国市场之前，可以获知其需要面对

度上，还可以参与其法规和标准的制
的法规、标准和合格评定程序
定，提出相关的意见和建议主要以欧盟为代表，主要有两种方法，
通过协调方式来实现用于 1985 年前，通过繁杂的指令和冗长
即旧方法和新方法，其中实是一种完全协调。由于技术性要求高阻
的立法进行产品到产品的985 年之后旧方法就被新方法所取代。新方
碍了欧洲单一市场的实基本的安全要求规定进行协调，但是产品可
法主要是指仅对产品的标准和自愿标准，标准不符合法规的需要用其
以自由设计，产品需一种部分协调。这种协调方式首先用于 EU，然
他方法来证明协调，欧盟在最近签署的双边 RTA 内，积极推动区域内参
后被用于 AFTA 和调，而 AFTA 和 APEC 两个组织则规定参考国际标准
照欧盟标准进行标中，还有一种是标准的兼容，但仅是正针对新制定的
进行协调。另外用于 NAFTA。
技术标准的协调互认和合格评定结果的互认。前者的应用仅限于欧盟，原
互认包括的执行机制来保证互认协议的执行。合格评定程序的互认
因是需要一个对彼此国内合格评定程序的结果予以认可。这些类型的协定
指的是成员国较缓和，他们不要求成员国改变国内法规，仅要求出口国产品
相对协调来不对标准有诸如安全、健康等严格的要求。从这一点来看，
符合其要求准协调的第一步，成为贸易便利化的一个重要工具。通过 MRA
MRA 是进品只需在国内被认可的检测机构检测一次，便可进入伙伴国市场，
协议，出国之间的双重检测的成本。
节约了

5.4 区域贸易协定消除技术性贸易壁垒现状的评价

RTA 内为消除 TBT 所采取的方式多种多样，但其目的都是通过消除区域内贸易壁垒，实现贸易自由化。

首先，主要 RTA 消除 TBT 的方式具有多样化。在欧盟以及其同其他国家或组织签署的 RTA 中，积极推行参考欧盟标准对区域内的标准和评定程序进行协调。作为交换，欧盟在技术和资金上对发展中伙伴国在协调方面提供支持。这种支持也有一些协定的约束，如欧盟–智利 RTA，要求区域内即可参考欧盟标准，也可参考国家标准。以东盟和 APEC 为代表的亚洲区域组织和美国参与的 RTA 中，采用了与欧盟不同的自由化方式，他们更多的是在区域内促进互认协定的达成和法规的等效化。美国签署的 RTA 中还包括建立一个委员会，对新制定的法规和标准进行管理，防止形成新的贸易壁垒。此外，一些

RTA 里还设立争端解决机制来使条款可以得到有效执行，尽量通过协商来解决贸易争端。

其次，消除 TBT 的方式不是孤立采用的，而是组合使用的。以欧盟为例，目前存在三种方式来消除区域内的 TBT。第一种方式是按照旧法规。在农产品及食品领域仍在使用的原因是这些产品的自愿标准被认为是不妥当的，因为这些产品对公共健康和环境可能会带来潜在危险。第二种方式是按照新方法指令。新方法指令主要制定了相关产品的基本要求和合格评定的程序。它们由协调标准支持，根据这些标准生产的产品被认定是合格的，但指令中还有其他合格评定的途径，如最容易达到的和主要生产商偏好选择的途径，因此标准不具有强制性。第三种方式是按照无欧盟层次的法规。在那些不需欧共体立法干预的领域，适用作为新方法基石之一的相互承认原则以保证产品的自由流动。这些产品在欧盟层面没有统一的法规，但产品受各成员国的法规制约。根据欧洲法院的判决，成员国必须承认这些产品，也就是在一个成员国被接受就意味着在所有的成员国均被接受，除非有健康、安全或环境方面的限制，这就是相互承认原则。

再次，消除 TBT 的方式受经济发展水平影响。经济发展水平相近的国家更多地采用标准协调的方式，而经济发展水平有差异的国家之间更多地采用标准互认或者等效化的方法。但是，由于经济发展水平的差异，更多的双边互认协议在经济发展水平相近的发达国家之间签署，东盟内经济发展水平较高的成员之间也签署了相关协议。

最后，在 RTA 消除 TBT 的过程中，发达国家要比发展中国家实施得更为彻底。Nico Meyer 等 2009 年对非洲 8 个有代表性的 RTA 中的 TBT 问题进行研究，发现 TBT 在协议中并不是一个重要的条款，大多数 RTA 只是简单地提及防止标准和合格评定程序影响成员国之间市场准入和贸易自由化的实现。

5.4.3 区域贸易协定消除技术性贸易壁垒的路径选择

越来越多的国家之所以追求区域贸易自由化，根据“次优”理论，在存在根据政策实施的贸易壁垒的世界中，很难将其全部消除，为了国家和全球福利选择性地取消这些壁垒仍然是有意义的。一国实行自由化的意愿不应取决于其他国家是否将这样做，因为无论如何实行自由化的国家都会从额外贸易中获得收益。这就是为什么要在非歧视基础上进行单边自由化。但是对等的自由化行动会比单边自由化产生更高的收益，而且如果单边自由化得到对等自由化的补充，那么这种收益会增加。政府寻求区域贸易自由化的另一个原因是，其可以从不在国际上进行竞争的产品的贸易中获得利益。换言之，RTA 可以排除来自更有效供应商的第三方竞争，这种动机对于世界贸易体制而言无疑具有负面影响。在上述第一个例子中，歧视性贸易自由化并不一定妨碍与之同时存在的非歧视多边自由化的情况，但是在第二个例子中，排他性的歧视性动机意味着，区域主义的扩展将成为多边议程的障碍而不是补充。

从 RTA 的 TBT 自由化来说，一方面，通过区域内 TBT 的相互消除，可以有效地促进区域内贸易的增长，同时，对区域外的第三方也是有利的。首先，由于区域内实行 TBT 自由化，使得第三方进入区域内市场只需要满足一套技术法规、标准和合格评定程序，大大节约了出口贸易成本；其次，由于区域内部 TBT 相关的信息透明度提高，使得国外厂商可以更好、更快地了解区域内市场，从而信息收集成本下降，同时可以更好地满足区域内市场的需求；再次，由于区域内普遍采取参照 WTO 制定的原则，即参考国际标准来制定国内和区域内的标准，这在一定程度上促进了标准在世界上的统一，有益于国际贸易的开展。另一方面，区域内实行 TBT 自由化也存在着潜在的歧视性，如原产地规则问题。如果 RTA 内实行原产地规则的话，技术性贸易自由化的收益只能由区域内成员享有，造成对区域外第三方的歧视；另外，出于对发展中国家的技术设施机构和技术能力的不信任，发达国家可能更倾向于与同等发展水平的国家进行 TBT 自由化，导致发展中国家的利益受损等。从以上分析来看，RTA 内推行 TBT 自由化，其具体的经济效应比较复杂，因此应该合理选择合适路径，以最低的成本达到最高的收益。

5.4.3.1 标准的协调和互认的选择

产品标准的协调与标准的互认均能促进贸易，因为它们能够消除由于标准造成的市场分割效应，创造规模经济，允许更为有效的资源配置。在这方面，标准的协调对贸易的促进作用大于标准的互认。这是由于标准的协调要求各国都采用统一的标准，这意味着在不同国家制造的产品比在标准互认情形下投放市场的产品更为相似、更加同质。另外，采用相同的标准将提高进口国的消费者对国外生产产品质量的信任度，从而促进国际贸易。

但是标准的协调对区域经济一体化程度要求较高，且需要有一个强有力的执行机制和协调机制。例如，欧盟内部标准协调比欧盟对外签署 RTA 的标准协调更为容易，原因在于欧盟对外签署 RTA 缺乏强有力的执行监督机制。另外，标准的协调对贸易有着潜在的负面影响，如标准的协调可导致产品种类的减少。而对外国商品的需求是通过对商品多样性的喜好而驱动的，在这方面标准的协调又将会降低国际贸易量。此外，就一些国家而言对一项具体标准的协调可能意味着较高的成本。对于不同国家标准的协调就可能产生不对称的执行费用。总之，标准的协调对不同国家的生产企业所产生的影响取决于满足协调新标准的成本与从规模经济中所获得的利润相比较的结果。

产品标准的互认与协调相比，其主要优势在于承认并尊重了各国根据自己的经济条件和资源基础自行制定标准的权利。国家间通过合作达成某种信任机制，能够解决长期以来困扰国际贸易的重复测试、检验和认证问题，大大降低了贸易成本，促进国际贸易活动，具体表现为：能够直接将产品从产地运往最终销售点，不仅节省了高额离岸认证费用，而且降低了出口产品的成本；实现一种产品，一次认证，化简了贸易手续，减少了贸易障碍；加快产品投放市场的速度。

协调和互认一直是政府消除 TBT，实现 TBT 自由化的两大工具，究竟使用协调还是互认方式，这需要政府进行权衡。从区域福利的角度看，协调方式与互认方式相比，可以更好地实现区域福利最大化。另外，互认的有效运作需要比较严格地现实约束，如签订互认协议的国家必须具有一定相似性的公共利益目标。因此，协调方式要优于互认方式。但在经济一体化进程中，各成员国尚在经济、技术、文化方面存在一定的差异，要在这个阶段完全协调国家之间的各个技术领域是不现实的，此时，互认措施就可以作为协调的替代方式，来降低 TBT，对与成员国经济发展程度相差较大的区域一体化组织来说，实施标准协调的难度更大，因此正确认识互认与协调，选择恰当的措施更为重要。

5.4.3.2 完全协调和部分协调的选择

欧盟的旧方法对技术法规、标准和合格评定程序的协调的内容非常具体，不仅涉及具体产品，而且还涉及产品各个部件，在协调各国技术法规、标准的过程中，过多地强调个别产品的技术细节，这种协调可以称为完全协调。新方法对标准的协调仅限于投放市场的产品必须满足的“基本要求”，对于产品具体技术细节的要求，一般由欧洲标准化主管机构完成，也称为部分协调。

与完全协调相比，部分协调能克服旧方法指令中过于具体、过分严格并且很难实施的技术消除及合格评定程序的不足，从而避免了形成新的 TBT。由于技术消除无须重复批准，而技术细节方面的问题已授权欧洲标准化组织解决，欧委会和理事会都可节约大量时间；并且面对技术标准指令通报程序和向欧洲标准化组织付款的压力，标准化进程将被提速。

部分协调重新强调相互承认原则的重要性，但仅对涉及健康和安全等方面的基本要求进行协调。对每一个产品都制定具体的、高度技术性的要求的调控和协调立法在旧方法阶段已被证明是一项不可能的工作。新方法是针对产品族

（如机器设备、煤气用具、低压设备、玩具和建筑产品）的或诸如欧盟的电磁兼容性指令，而不是旧方法中的以单一产品为基础的技术协调。

从实践经验来看，欧盟的经验已经证明全面协调由于比较细致而又对技术水平要求高，导致其不可行性；关于标准的双边互认，或者是技术法规和标准的等效化，在成员国之间很难协商一致。而对于检测结果的互认比较简便，原因是它仅要求一些主要因素符合要求，而各成员国可以保持彼此之间的技术法规和标准的差异。欧共体的新方法尝试建立起技术协调和标准的新体系，这不仅具有革命性，而且是史无前例的。早在 20 世纪末，欧洲单一市场基本建成。为消除技术障碍而出台的技术协调和标准的新方法，促进了欧洲的技术标准化，它不仅是完成单一市场的保障，也是欧洲单一市场政策获得的一大成功。

5.4.3.3 谈判协调与权威协调的选择

当前的标准协调可以分为谈判协调和权威协调两种方法。谈判协调是指各国通过谈判形成一套共同的纪律来实现协调。权威协调则指其他国家共同采纳一个权威的消除，采纳国际标准是其中一个方面，即各国共同采纳国际标准，如 ISO 9000 系列等作为国际贸易的共同语言，权威协调也可能涉及一国单边采纳另一国的标准。

由于 TBT 的形成是一国内部政治和经济力量相互作用与平衡的过程，其形成过程容易为一国内部的利益集团通过游说或“院外行动”所施加的政治影响所俘获，而政府本身作为一个特殊的“经济人”又有其自身利益，这就使得政策的形成及其调整极其复杂，受到一国内部各种力量的制约与影响，最终 TBT 政策的形成是在各种利益相互平衡的基础上实现的某种均衡，所以谈判协调所面临的困难往往是时间的无限推迟。

目前在国际贸易中普遍存在的是基于现实贸易利益基础上的权威协调。一国与其他国家标准的单边协调经常由市场规模不均衡所驱动，许多严重依赖于贸易伙伴的国家放弃了自己对技术标准的选择权。至于采纳国际标准，这是目前 WTO 有关协议鼓励的方向。但由于目前的国际标准中大部分都是由发达国家负责制定的，因此，采纳国际标准实质上也具有一国单边采纳另一国技术标准的性质。总之，谈判协调无效，权威协调仍将是未来削减 TBT 的方法之一，它将因贸易小国参照大国的技术标准进行单边协调而增强。

5.4.3.4 合格评定程序的互认

国家之间签订双边或多边互认相互承认对方合格评定程序的结论，而不论对方所依据的技术法规或标准是否与本国相同，这种做法解决了长期以来困扰国际贸易的重复测试、检验和认证问题，便利了贸易开展。互认与协调相比，它符合标准内生决定这一基本原理，承认各国根据各自经济发展水平和资源条件制定标准的权利。同时，放弃重复测试、检验与认证，并不意味着放松管制，互认通过对不同测试机构及其操作程序的认可来保证目标的实现，同时又减少了不必要的成本。由于互认这种基于现实的理性与优点，它最早被欧共体用于推进内部贸易自由化，后来为其他国家与一些区域经济一体化组织所采纳，目前已成为 TBT 自由化的重要路径。

现实中主要发达国家已经通过双边、区域层面上的合作和协调机制，建立标准制度互认机制，实现了贸易便利化。这些区域组织有着相似的社会的偏好和约束，主要方法有：对于合格评定程序壁垒来说，主要包括 MRA，国内外合格评定机构在自愿部门的合作安排；质量合格评定机构的鉴定；政府任命，对国外合格评定结果的单方面认可；制造商或供给者声明等。美国与欧盟达成的《相互认可协议》是这方面的典型代表。1998 年美国与欧盟达成双边互认协定以避免重复管理，提高合格评定程序的透明度，加快产品投放市场的速度。该协议涉及通信设备、电磁兼容性、娱乐器械、电器安全、药品制造和医疗设备等领域。在此之后，美国与欧盟还不断努力扩大其相互认可的范围，并签署了《兽医等效性协议》。据估计，美国与欧盟间双边互认协定的履行能够节省约 2 亿欧元的费用，进而使美国与欧盟生产者、进出口商及消费者受益。

由于技术水平接近，发达国家之间比较容易达成标准制度互认协议。截至 2001 年，在 WTO 成员通报的 35 件相互认可协议及其他相互认可谅解备忘录中，发达国家占有绝对的比重。虽然发展中国家与发达国家之间存在较大的技术差距，双方建立互认机制具有现实障碍，但是近年来，发展中国家在这方面也取得了一定的进展。一些发展中国家，如泰国、列支敦士登、冰岛等，通过双边与区域合作机制，分别与澳大利亚、挪威、加拿大达成了相互认可协议。因此发展中国家完全可以利用自身的产业和贸易政策，发展和形成自己的产业技术标准，为最终建立标准制度互认机制创造条件。

总之，在推动区域经济一体化的工作中，除了以削减关税、配额、许可证等非关税措施促进区域内贸易经济的合作之外，还应该注意推动区域内标准和法规的协调与合作，以统一的标准和技术法规扩大商品流动。在消除 TBT、促进区域内 TBT 自由化的过程中，官方机构必须要权衡各种实现自由化方式的运用，选择正确的形式和方法以适应不同领域和不同经济发展阶段的需要。

第6章 中国区域贸易协定内农产品技术性贸易壁垒现状

中国自20世纪90年代以来，便积极参与区域经济合作，开展了双边、区域及多边的贸易谈判。目前已经正式签订了多个RTA，其中大多数协议中都涉及TBT条款；另外，作为一个发展中的贸易大国，中国当前也面临来自RTA内TBT的限制。本章从中国已签署的RTA出发，分析协议内TBT条款的内容，然后针对在RTA内TBT发展中存在的问题，从政府和企业两个层面分析了中国应对RTA内TBT的策略。

6.1 中国参与的区域贸易协定

在成为WTO正式成员后，中国不但积极参与和推动全球多边贸易体制，同时也开展了多方面、多层次的区域经济合作。特别是进入21世纪以来，中国在参与区域经济合作方面的态度越来越积极和主动。

6.1.1 中国参与区域贸易协定概述

中国自20世纪90年代以来，便积极参与区域经济合作，开展了双边、区域及多边的贸易谈判。自中国于1989年成为APEC这一区域贸易组织的一员开始，中国陆续与东盟、智利、巴基斯坦、新西兰、新加坡、秘鲁、哥斯达黎加签订了自贸协定；并正在与澳大利亚、海湾合作委员会（包括沙特阿拉伯、科威特、阿联酋、阿曼、卡塔尔和巴林6国）、冰岛、挪威、南部非洲关税同盟等国家和地区进行自贸区谈判。不仅如此，RTA谈判内容涉及的领域和问题越来越广泛，涵盖了货物贸易、原产地规则及操作程序、海关程序与合作、贸易救济、卫生与植物卫生措施、TBT、服务贸易、自然人移动、投资、知识产权、透明度、合作、管理与机制条款、争端解决等多个方面。

中国目前实施了全球性的区域合作战略，开展了全方位、多层次的 RTA 谈判，目的是用来消除当前面临的贸易壁垒，促进本国劳动密集型产品的出口，因为这些产品在国际贸易中面临的问题相对比较严重。另外，同智利、澳大利亚等国签署协定的目的是为了保证资源的供给。还有些 RTA，则更偏重于国家安全或者提高自身在世界经济中的影响力的政治目的。这些 RTA，不会形成阻碍全球贸易自由化的“绊脚石”，而是会形成促进多边贸易体制的贸易自由化目标的“垫脚石”。许多同中国签署了贸易协定的国家发现，在向其他发展中国家进行贸易的时候，只需要作出微小的调整就可以进入其市场。此外中国参与众多的 RTA，也不会出现“轮轴—辐条”体系的问题，即中国作为轴心国可以独享多个国家优惠贸易安排的利益，而其他的辐条国由于缺乏相互间的联系导致利益的损失。事实是，中国在积极推进区域贸易谈判的时候，也间接促进了其他国家对 RTA 的积极性（或者是一种压力，迫使其他国家参与到 RTA 的谈判中来，如中国-东盟自贸区建立后，韩国和日本也开始与东盟商榷建自贸区）。但是，这种行为的后果是会导致多个 RTA 的重叠，产生“意大利面条”现象，由于多个贸易协定导致的原产地规则，多重标准和法规以及多重管理机构，将会违背其实现自由贸易的初衷。

6.1.2 中国参与区域贸易协定的特点

近年来，中国已经充分认识到参与区域经济合作的重要意义，对开展 RTA 谈判持积极参与的态度。中国参与区域经济合作的实践在整体上呈现出以下特点。

6.1.2.1 区域合作的深度和广度逐渐加大

多年来，中国参加区域经济合作的主要特点为起步比较晚，发展程度相对比较低，并且主要侧重周边相邻国家。但近几年来，中国积极参与世界上的多边贸易合作，在合作形式、内容和层次方面不断取得突破，已经初步形成了多方位、多层次、多区域、多形式的区域经济合作网络。

目前，中国参与的 RTA 相互重叠，呈现出“大圈套小圈”的特点。例如，在东南亚地区，中国既参与小范围的中国东盟自由贸易区这样的“小圈”，又参与 APEC 这个“大圈”；既与印度磋商签署双边 RTA，又参与了由韩国、印度等国家组成的亚太贸易协定。呈现出多层次、多类型的区域合作格局。

此外，在合作领域深度方面，中国参加的区域经济一体化合作虽然起步晚，但无论是中国-东盟自由贸易区协议、还是《关于建立更紧密经贸关系的安排》（*Closer Economic Partnership Arrangement*，CEPA）都不仅限于有形商品的贸易自由化，还扩展到投资、服务贸易等领域。《中国-东盟全面经济合作框架协议》规定，中国-东盟自贸区的目标是实现货物和服务贸易自由化，创造透明、自由和便利的投资环境，拓展经济合作领域。中国-东盟自由贸易区成立前中国与东盟相续签订了货物贸易协议、争端解决机制协议、服务贸易协议、投资协议等。CEPA 协议不仅包括货物贸易的自由化，还涵盖了服务贸易、投资等领域，使港、澳在内地服务、投资领域的开放进程中获得先机，占据市场的优势。

6.1.2.2 中国参与区域合作有着由近及远、先易后难、循序渐进的特点

在 WTO 的框架下，尽管中国将扩展同以北美、欧盟为代表的发达国家之间的贸易往来，按照 WTO 规则所安排的进程逐步融入经济全球化。但从现实基础出发，特别是在 21 世纪初期，中国能够展开广泛而深入的经济合作的地区则主要是亚太区域。近年来，中国积极同亚太各国及地区展开区域集团化合作，在 WTO 框架下建立各种类型的区域经济全球化组织，有效推动了亚太区域经济一体化的发展。

中国之所以首先选择东盟、巴基斯坦和中国香港、澳门特区作为缔结自由贸易的对象，就是遵循这样一个方针。这与中国把推动区域合作作为周边外交政策的一个重要组成部分是分不开的。中国参与和推动区域合作，既有经济方面的考虑，也有政治方面的考虑。两者都是为了更好地实现国家利益。近年来，中国在长期实行的睦邻外交政策基础上，进一步明确提出了“睦邻、安邻、福邻”的政策目标，其目的是营造一个和平稳定的周边环境，解除后顾之忧，专心致力于经济建设。要实现这一目标，除了继续加强与各邻国的双边友好关系外，还应顺应历史潮流，积极推动周边地区的区域合作，与周边国家分享地区发展利益，实现共赢。

6.1.2.3 在 WTO 协议的范围内，或在相关国际组织的指导下参与区域经济

中国开展区域经济合作取得实质进展基本上是在加入世界贸易组织之后，作为世贸组织的正式成员，中国必须遵守《GATT1994》及其《关于解释 GATT1994 第 24 条的谅解》的相关规定，将中国签订的 RTA 向世贸组织相关机构通报并接受审查。

《GATT1994》第 24 条规定，自由贸易区若非立即成立，则应在规定的期间内完成，这个规定的期间一般最多是 10 年。根据该项规定，中国-东盟自由贸易区自启动到建成的时间计划为 8 年（2002 ~ 2010 年）。根据世贸组织的透

明度原则，RTA 及相应的国内法律法规作为影响贸易的重要举措应予公布，GATT 第 10 条和 GATS 第 5 条都对 RTA 的成员方规定了通知的义务。中国政府依此规定将中国东盟自由贸易区、CEPA 等区域合作的协定、文件在商务部网站、政府网站等符合要求的场合予以公布和通报。

由于中国参与区域经济合作起步晚，而相关国际组织已在协调世界经济方面发挥着极其重要的作用，因而中国参与区域经济合作的进程必须遵守国际条约、协定的规定和要求，并接受相关国际组织的指导。中国参与区域经济合作，尤其是次区域经济合作项目大多得到相关国际机构的支持和协助。例如，《曼谷协定》就是在联合国亚太经济社会委员会主持下，在发展中国家之间达成的一项优惠贸易安排。

6.1.2.4 开放的姿态参加区域经济一体化合作

2005 年 12 月，在由东盟 10 国、中国、澳大利亚、新西兰、日本、韩国和印度的国家元首或政府首脑参加的首届东亚峰会上，中国主张区域合作进程中要坚持开放的思维，倡导开放的地区主义。中国的立场是大力推进由本地区国家参加、具有本地区特色、符合本地区要求的区域合作，继续支持东盟在东亚合作进程中发挥主导作用，欢迎美国、欧盟等其他区域外国家和组织与东亚合作建立联系。

中国参与区域经济一体化合作是以开放的而不是以排他的姿态进行的，主要以承担自身的义务为合作方式。开放性可以打消许多国家对中国崛起的疑虑，在中国参与亚洲的区域经济一体化合作中，中国一直坚持只作为积极的倡导者和参与者，并不谋求主导的地位。自 20 世纪 90 年代以来，许多区域合作倡议、设想都是由东盟首先提出，因此，中国一向支持东盟在区域经济合作中发挥重要作用。中国在中国-东盟自由贸易区建设的过程中作出了一定让步，同时还积极参与“10+3”等更为广泛的地区经济合作的探索。在参加与东盟的经济合作的同时，中国不仅与智利、新西兰、巴基斯坦签订了自由贸易协定，还与澳大利亚、印度等国家进行自由贸易的谈判。

6.1.3 中国涉及农产品双边检验检疫协定分析

在多哈困局的背景下，农产品双边检验检疫协定迅速发展起来，下面以柑橘为例来考察双边检验检疫协定的现状。由于数据资料庞杂，且难以获取。下面根据联合国粮农组织（FAO）的不完全统计数据对全球柑橘双边检验检疫协定现状进行分析。

6.1.3.1 中国参与的协定

（1）澳大利亚与中国

澳大利亚政府与中国政府之间就澳大利亚柑橘产品进入中国签署了一项正式的检疫议定书。这份协议经过了双方5年的谈判。它涵盖了所有澳大利亚柑橘产区的主要商业柑橘品种，具体包括橙、橘、柠檬和柚。进口协议商定需要入境或过境冷灭菌的所有水果温度在1摄氏度。

（2）西班牙与中国

西班牙已经和中国初步达成一项为促进西班牙柑橘出口到中国的协议。初步的协议就经历了超过6年的谈判，在中方检查了西班牙出口柑橘的产区以后，两个国家签署了双边协议。该协议对允许西班牙的采取更为灵活的冷处理方法来储运柑橘，极大地便利了西班牙柠檬向中国的出口。

（3）秘鲁、阿根廷与中国

其他柑橘生产国家正在积极谈判并准备进入中国市场。据业内人士透露，中国与秘鲁的双边谈判已进入柑橘类。秘鲁希望柑橘谈判能依照已签署的芒果检验检疫双边协议的时间表，尽快达成一致。阿根廷已经就橙和柚两类柑橘产品与中国达成双边检验检疫协议，并于2005年开始生效，但阿根廷尚未在柠檬类产品与中国达成双边检验检疫协议，与柠檬检疫相关的市场准入谈判还在继续。另据新闻报道，中国对南非柑橘已经放宽其进口协议，经修订的检验检疫协议类似目前对美国与日本的双边冷灭菌议定书。

6.1.3.2 其他柑橘双边检验检疫协定

（1）秘鲁与美国

在秘鲁相关部门的游说与磋商下，美国农业部（USDA）的动物和植物卫生检疫局修订了其水果和蔬菜检验检疫法规，在一定条件下允许进口秘鲁已经核定领域的新鲜柚子、柠檬、橘子或蜜橘、甜橘子和橘柚。根据检疫局的相关声明，这个双边检验检疫协议的基础是以最近的有害生物风险分析为科学证据的，这些柑橘类产品可以安全地进口到美国，但是必须是来自经过批准的柑橘生产区，并经过冷处理，以确保运输途中不再产生害虫。

（2）智利与美国

美国检疫局发布了一份决定性的法规，修改了其水果和蔬菜法规，允许进口来自智利的克莱门氏小柑橘、柑橘和红橘。但是，美国也对来自智利的柑橘设定了一系列条件，为了确保植物病虫害无法通过这些柑橘产品的进口进入美国，检疫局要求凡源自地中海的水果均要接受相关植物检疫检查，如果水果不符合规定条件，则必须接受被熏蒸的甲基溴处理或冷处理，以确保没有害虫。

（3）美国与韩国

据媒体消息透露，美国农业部对加利福尼亚州柑橘出口到韩国已经达成了一项初步检验检疫协议。此协议旨在解决韩国对美国加利福尼亚州进口的柑橘可能携带枯病真菌的问题。虽然新的制度比过去更加严格，一方面表现在韩国对来自加利福尼亚州的柑橘检疫将更加严厉，另一方面表现在加利福尼亚州的种植者将更谨慎地对待出口至韩国的柑橘。但是，新制度更有利于加利福尼亚州柑橘产品对韩国的出口，双方对此项检验检疫协定均感到满意。

6.1.3.3 相关启示

（1）中国应加大与主要柑橘进口国的谈判力度

从上述分析可以看出，中国目前的双边协定多针对柑橘生产国，对于推动本国柑橘产业发展的意义不大，虽然柑橘类农产品的重要性与粮食不可同日而语，但对于提高农业收入，促进农业生产结构均衡发展具有重要的意义。而且，随着人民生活水平的提高，食物消费结构发生了很大的变化，水果和蔬菜占食物消费比例越来越高，柑橘产业发展必须满足国外及国内人民食物结构的高级化和丰富化的趋势。

（2）中国应大力提升自身柑橘类产品质量水平

柑橘类产品主要为农产品及食品，少量产品是工业原料（如柠檬油）。因此，在人类健康、动植物食品卫生、环境保护等非贸易关注的要求下，应高度重视柑橘等农产品及食品的质量安全。首先，应该从柑橘产业链的投入环节入手，通过严格检查，确保肥料、农药、种子的无害性和安全性，建立高效可靠透明的农资、种子市场；其次，应该从柑橘产业链的生产环节入手，通过长效机制确保安全、稳定的种植过程，并制定实用的应急机制应对各种自然灾害，在种植过程中严把质量关；最后，对于柑橘的流通、出口及销售环节也应该执行严格有效的检验检疫政策，通过健全流通、出口及销售环节的检验检疫机制，来保证消费者或进口商不会买到带有质量问题的柑橘。

（3）中国对柑橘类农产品进口应严把检疫关

近年来，伴随我国人均收入的提高，柑橘类产品国内需求日益增加。我国不仅应该重视本国柑橘产业的质量检验监督，更应该重视进口柑橘产品的质量，严防问题柑橘对我国人民身体健康、动植物保护及环境方面造成危害。虽然我国通过互利互惠的双边检验检疫协定给予国外柑橘出口商一定的便利，但这种便利是建立在公平、公正原则之上的，并具有高度透明性的便利。众所周知，进口农产品及食品出现问题的风险并不小，便利的双边检验检疫协定不能代替严格可靠的进口检验检疫制度。因此，我国应秉承区域自由贸易主义的宗旨，在便利双边贸易的同时，更应该依托严格可靠的检疫制度最大限度地降低进口问题农产品及食品的风险。

6.2　中国区域贸易协定内的技术性贸易壁垒现状

6.2.1　中国区域贸易协定内农产品技术性贸易壁垒条款分析

当前 WTO 多边贸易谈判困难重重，区域贸易协定迅速增多，而 TBT 作为当前影响最广的非关税壁垒，已经日益受到各国的重视。目前已签署的区域贸易协定中有将近 80% 都涉及 TBT 条款。中国现在正积极寻求区域经济合作，目前已签署了多个区域贸易协定，因此有必要对其中涉及的 TBT 条款以及其在实践中面临的问题进行分析，以便于在今后区域贸易协定的 TBT 谈判和应对区域内 TBT 的对策方面为中国提供相应的借鉴。

6.2.1.1　中国区域贸易协定内技术性贸易壁垒条款的主要内容

中国无论是在多边、区域还是在双边贸易谈判中，都高度重视对 TBT 的消除。2005 年之前签署的 RTA 中，关于 TBT 的内容就已经在协定中逐渐体现并日益完善。在 2005 年之后已签署的 6 个 RTA 中，有 5 个协定都把 TBT 作为独立一章，这体现出 TBT 条款的重要性（除了中国—新加坡协定，技术性贸易壁垒和卫生与植物卫生措施在一起组成一章）（表 6-1）。而现在正处于谈判阶段或可行性研究阶段的 RTA 中，大部分都涉及 TBT 的内容。本书将选取 6 个 RTA 中的 TBT 条款进行比较研究。这 6 个 RTA 皆为近期签署，且均包含 TBT 条款。下面从对 WTO/TBT 的参考、协调、技术法规等效化、双边互认的合格评定程序、透明度、执行和解决争端、深层次的合作共 7 方面来对所选协议中的 TBT 条款进行比较分析。

表 6-1　中国已签署的 RTA 中的 TBT 条款

序号	协定	签订日期	生效日期	类型	WTO 通告	TBT 条款
1	亚太贸易协定	2004. 4. 30	2006. 9. 1	PTA	是	否
2	中国-东盟	2002. 11. 4	2003. 7. 1	RTA，EIA	是	否
3	中国-香港	2003. 12. 27	2004. 1. 1	FTA，EIA	是	否
4	中国-澳门	2003. 12. 27	2004. 1. 1	FTA，EIA	是	否
5	中国-智利	2005. 6. 20	2006. 8. 1	FTA	是	是

续表

序号	协定	签订日期	生效日期	类型	WTO 通告	TBT 条款
6	中国-巴基斯坦	2008.1.18	2007.7.1	FTA	是	是
7	中国-新西兰	2009.3.21	2008.8.7	FTA，EIA	是	是
8	中国-新加坡	2009.4.2	2009.1.1	FTA，EIA	是	是
9	中国-秘鲁	2009.4.28	2010.3.1	FTA，EIA	是	是
10	中国-哥斯达黎加	2010.4.8	2010.6.8	FTA，EIA	否	是

资料来源：根据 WTO 网站与中国商务部数据整理

6.2.1.2 中国签署区域贸易协定内技术性贸易壁垒条款比较分析

（1）对 WTO/TBT 协定的参考

这五个协定的 TBT 条款都指出了缔约双方的有关技术法规、标准和合格评定的制定和实施将直接参考 WTO/TBT 协定，并且重申了各缔约国在 WTO/TBT 协定下的权利和义务。所有协定都强调了缔约国间应促进和便利双边贸易，确保标准、技术法规和合格评定程序不对贸易造成不必要的障碍，尽可能减少与双方贸易相关的不必要的交易成本。一些协定还积极寻求更深层次的合作来实现 WTO 的目标，这些合作一般都超过 WTO/TBT 的规定：如中国-巴基斯坦强调应优先考虑法规、标准和合格评定程序在具体行业的合作；中国-新西兰协定中提出规章合作内容来实现贸易便利化等。

（2）对国际标准、法规和合格评定程序的协调

所有协定中的 TBT 条款都明确规定“缔约双方应参照 WTO/TBT，以国际标准或者以国际标准的相关部分作为技术法规和相关合格评定程序的基础，只要有关国际标准已经存在或即将拟就，除非这些国际标准或其中的相关部分对实现合法目标无效或不适当”。例如，中国-秘鲁协定指出缔约双方应以国际标准为基础，制定各自的技术法规和合格评定程序。一些协定中还指出，缔约双方可就是否参照国际标准的问题进行双边协商。

大多数 RTA 都鼓励缔约双方的国际标准化机构在区域和国际标准化活动中互相合作，以确保这些组织制定的、可能成为技术法规基础的国际标准，不对国际贸易造成不必要的障碍。有些 RTA 还进一步规定了缔约双方在国际活动研讨关于国际标准和相关议题时，应加强沟通和协调。例如，中国-新加坡协定中规定“在 WTO/TBT 委员会等其他国际论坛讨论国际标准和相关议题时，在适当的情况下，双方应当加强沟通协调”。

（3）技术法规的等效化

关于技术法规的相关规定，主要涉及的是技术法规等效化问题。所有协定

中的 TBT 条款都规定缔约双方应积极考虑彼此将对方的技术法规作为等效法规加以接受，而且大多数协定都要求，一缔约方应对方要求，应予以解释其未将对方技术法规作为等效法规的原因。有些协定还积极推动技术法规其他方面的发展，如中国-秘鲁协定规定“如一缔约方有意制定一项类似的技术法规，双方可以开展关于相关信息的交流”；中国-新西兰协定还进一步指出缔约双方也应该像国际标准条款规定的那样，在 WTO/TBT 委员会等其他国际论坛讨论技术法规的等效性和相关议题时，加强沟通协调。

(4) 合格评定程度

该部分在协定中规定得比较详细，所有协定中的 TBT 条款都明确了在 WTO/TBT 的指导下，积极开展缔约国之间的合格评定程序的互认。具体来说涉及：①对相关机制的认可和信息的交流；②对评定机构的技术信心进行磋商；③缔约方如不接受在另一缔约方境内进行的合格评定程序的结果，应请求该方应解释其拒绝的原因。④如果一方认可或以其他方式承认一个合格评定机构依据某一特定技术法规或标准进行合格评定，而拒绝认可或以其他方式承认另一方的合格评定机构依据该技术法规或标准进行合格评定，应请求解释拒绝的原因。⑤如一缔约方拒绝另一方提出的为便利在其境内承认另一方境内进行的合格评定程序的结果而进行或结束谈判以达成协定的请求，应解释其原因。

此外，一些协定涉及对强制性合格评定程序的安排，主要内容包括合格评定程序的处理时限，产品清单和收取的费用等；中国-智利协定中还明确规定双边互认的程序还应参考区域性的安排，协定指出：“缔约双方同意自本协定生效之日起六个月内启动互认协定（MRA）可行性研究，并在任何可能情况下参考 APEC 框架。”

(5) 透明度

所有的协定中的 TBT 条款都包括透明度条款，首先条款要求各缔约国提供新设立或调整过的技术法规或合格评定程序，当这些法规或合格评定程序不同于国际标准或者对贸易产生影响时，要及时通过双方设立的咨询点通告其他缔约国。其次，一些协定要求“自通报拟议的技术法规和合格评定程序生效之日起，每一方应给予公众和对方至少 60 天的评议期，以便提供书面评议意见”（中国-秘鲁协定），以及应其他缔约方的要求，缔约方须对法规或评定程序的设立或修改作出合理的解释，“在通知中应当说明立法目标和采取措施的合理性……，缔约方应另一缔约方要求，应提供立法目标及合理性等信息。”（中国-秘鲁协定）。最后，一些协定提到要加强双方咨询点的合作以及就涉及的技术法规、标准和合格评定程序的最新信息进行沟通和协调。

（6）深层次的合作

所有协定中的 TBT 条款都涉及在 WTO/TBT 指导下的进一步合作，指出缔约双方应以便利双边贸易为目标在技术法规、合格评定程序领域加强合作。其中，中国-秘鲁协定涉及在计量领域的合作和协调、对计量机构能力的加强和增强人力资源的开发和培训。中国-新西兰协定是中国签署的第一个与发达国家的贸易协定，所以里面还涉及技术援助的问题，在重申了 WTO/TBT 中关于技术援助的权利和义务的前提下，规定了相关的技术援助项目，主要是：①政府官员培训；②技术人员培训，包括但不限于检验检测技术人员和标准化工作人员；③在技术法规和合格评定程序的制定和改进方面提供技术援助；④协助设计与实施项目，从而实质性地提高一方参与国际标准化活动和合格评定国际组织活动的能力；⑤双方共同决定的其他形式的技术援助。

（7）条款的执行和争端解决

几乎所有的 RTA 都要求建立 TBT 委员会，并在 WTO/TBT 的指导下执行和管理 TBT 条款。只有中国-新加坡协定中，建立卫生与植物卫生措施和 TBT 联合工作组来管理和监督 TBT 条款的实施。大多数协定都要求该委员会采取缔约双方认为有助于执行本协定和 WTO/TBT 并便利贸易的措施。首先，在争端机制方面，四个协定都直接要求缔约方通过 TBT 委员会来解决争端，只有在中国-秘鲁协定中规定缔约方可以进行技术磋商，或直接诉诸协定的争端解决机制来解决。其次，除了中国-巴基斯坦协定，其他协定都明确规定了缔约国之间进行标准化、技术法规和合格评定程序领域内的非官方、区域性和多边论坛活动的进展情况，加强信息交流与沟通，最后，各个协定都鼓励缔约国双方加强标准化，技术法规和合格评定程序的合作。有的协定更详细地规定了在具体领域的合作。例如，中国-秘鲁规定了计量领域的便利合作；中国-智利规定了为具体领域的机构合作提供便利；中国-新西兰规定了加强协定规定的优先领域的合作和加强具体行业领域的机构合作；中国-新加坡指出要方便在具体领域的认可与合格评定机构的合作和加强具体部门的合作。还特别规定了“在电子电器设备合格评定互认、区域化、电信设备合格评定互认等效性等方面”的合作。

6.2.1.3 中国区域贸易协定内技术性贸易壁垒条款的总体评价

通过对上述中国签署的 RTA 中的 TBT 条款的比较分析，可得出以下几点。

（1）RTA 中关于 TBT 的规定逐渐完善

从亚太贸易协定到现在的中国-秘鲁协定，内容规定越来越明确和完善。在 2005 年之前的协定，并没有明确地提出 TBT 条款，对法规、标准和合格评定程序的规定只是出现在协议的某些条款当中。例如，中国-东盟协定中，只是在协定的第 2 条、第 7 条、第 10 条中简要地体现。自中国-智利协定之后，TBT 条款才开始在协定中单列一章，主要原因在于中国对 TBT 不断重视，以及智利是南美国家中参与 RTA 最多的国家，其相关的机制已经比较完善，为中国的 TBT 条款的制定起到一定参考作用。另外，随着中国与越来越多的发达国家进行 RTA 的谈判，关于技术援助的内容也补充进来，如在中国-新西兰协定第 101 条，专门就技术援助方面的内容进行了详细的阐述。

（2）TBT 条款中某些规定是 WTO 目标和要求的进一步深化

所有协定的 TBT 条款都重申了在 WTO/TBT 指导下的缔约国的权利和义务，一些 TBT 条款甚至超过了 WTO 的规定来追求更深层次的合作。例如，①接受关于技术法规等效化和双边互认程序上的问题上，缔约国需要对拒绝接收提出合理的解释；②在一些协议中，还涉及对缔约国国内合格评定机构的注册和监管；③在中国-智利协定中，提出用地区规定 APEC 方式来指导建立合格评定程序；④在中国-新西兰协定中，还特别涉及建立电子电器产品及部件的合格评定程序。这些条款被认为是符合多边贸易体制实现便利贸易的目标，符合透明度和非歧视原则要求的，而且还是对这些目标和要求的进一步深化。

（3）RTA 中的 TBT 条款具有较强的关联性

主要表现在：第一，所有的协定都提倡双边互认程序。原因是中国签署的大部分 RTA 中，缔约方的经济发展水平相似或者高于中国，因此，这些国家的合格评定程序和基础设施更容易被中国信任和依靠。第二，大多数协定都有关于透明度的条款。第三，大多协定都提倡技术法规、标准和合格评定程序的合作，积极促进国际标准的协调和技术法规的等效化。

（4）TBT 条款中的有些规定尚待明确和完善

首先，TBT 自由化的途径尚不明确。例如，在技术法规等效化和合格评定程序互认方面，当另一缔约国不接受或不承认时，有的协定规定要解释拒绝的原因，有的却没有；在强制性合格评定程序的参考标准上，既有区域性标准（如中国-智利协定中要参考 APEC 标准），也有国际性标准；有些协定中的 TBT 条款规定得比较笼统，甚至没有把 TBT 条款详细列出。例如，中国-巴基斯坦协定中，对 TBT 自由化的规定只是笼统地在条款中的 39 条合作领域中提出，而中国-东盟协定和亚太贸易协定等前期的协定则根本没有把这一条款列出。其次，在对缔约国之间具体部门或行业的合作方面的规定也不明确，更多运用了“鼓励”或“积极考虑”等字眼来描述，而没有确切地规定具体合作的形式和手段。而在规章制度的合作方面，仅在中国-新西兰协定中提及。最后，由于中国参与的区域经济合作前期主要考虑地缘和政治等因素，后期才逐渐转移到经济因素，因此，TBT 条款规定中对发展中国家技术援助方面涉及的较少。此外，对 TBT 条款的管理机构建设也尚待完善等。

总之，需要对 RTA 中 TBT 条款进行逐渐的明确和完善，以便达到消除 TBT 的目的，更好地服务于缔约国之间贸易的往来，进而促进中国经贸的发展。

6.2.2 中国区域贸易协定内面临技术性贸易壁垒问题

虽然中国近期签署了多个 RTA，对其中的 TBT 条款也已逐步模式化，但是在消除区域内 TBT，实现区域内贸易自由化的问题上，存在着许多问题。

6.2.2.1 技术水平相对落后导致区域内标准协调方面处于不利地位

作为一个发展中国家，中国科技与管理水平远远落后于发达国家，导致中国出口产品的技术含量低，质量水平不高，以及仿冒产品生产严重，这造成中国在 RTA 内的标准协调占据不利地位。

首先，中国的国际专利申请量少，技术标准低。根据 OECD 公布的三方专利家族数据（triadic patent families）的最新资料，2003 年中国国际专利授权量为 177 件，是获得专利最多的一年，但仅占世界总量的 0.34%，而美国、欧盟和日本的专利授权总量为 48 777 件，占总量的 92.3%。从这些数据可以看出，中国的专利授权数量远远落后于发达国家，而这些科技成果的背后就是技术标准。先进的技术水平使得发达国家处于标准制定者的地位。据统计，涉及欧盟市场总体的 TBT 法律法规达 300 多件，统一认证体系有 9 个；详细的技术规定则超过 10 万个。目前日本的认证体系有 25 种，产业标准接近 2 万个；美国有 55 个认证体系，技术法规有 5 万多个，私营机构还制定了 4 万多个标准。发达国家应用的技术标准其中大部分等同于甚至高于国际标准，如英、法等国采用的国际标准已达到了 80%，而中国技术标准中采纳国际和国外先进标准的不到 50%，并且其中有相当部分还不是等同采纳，因而出口产品达不到国外要求，导致在国际贸易中受阻。中国技术标准低的一个重要原因是中国申请的国际专利很少，而许多国际标准和国外先进标准中却含有专利，这也制约了中国对国际标准的采纳。

其次，企业技术开发能力和创新能力不强，出口商品结构以低附加值的劳动密集型和资源密集型产品为主。这些产品在低成本、低价格的国际竞争中，很难承受较高的防伪防劣和质量监控等方面的管理成本。虽然近几年中国高新技术产品出口增长快，但其占中国出口的比例仍然较低，目前不到 30%。

最后，中国大多数出口企业还存在规模小、组织化程度低、信息渠道不畅、反应能力低等问题，这些都严重阻碍了质量控制和标准化的实施。技术标准的落后，一方面影响到中国已达成的 RTA 的收益，另一方面也会使中国产品在向其他 RTA 的出口受到阻碍。

6.2.2.2 同国外达成的相互协议低于国际平均水平

两国之间签署互认协议，相互承认彼此的认证是消除贸易认证带来的 TBT 的通行做法。WTO/TBT 协议第 6 条鼓励各成员方相互承认合格评定结果。如果一国的出口产品如在出口前已按与贸易伙伴国签订的互认协议的规定在国内指定的测试、检验或认证机构通过检验，那么就不需要在进口国重新检验，可以直接投放市场。大大减少了出口商的产品检验成本、时间成本等。由前面对主要 RTA 的签署互认协议的现状可以看出，迄今为止，达成双边或多边相互承认协议的主要是一些发达国家，而且大多数的互认协议都倾向于将发展中国家排除在外。其主要原因是互认协议谈判的前提依赖于构建高效的、有能力的国内标准与合格评定程序和检验程序。由于发展中国家的经济水平落后，与 TBT 相联系的政策和设施并不能满足发达国家的要求。世界银行的调查也表明，发展中国家参与互认的程度非常低。大多数（69%）的企业产品不受互认协议的影响，而只有 23% 的企业是受其影响的。当前中国虽然积极参与区域经济合作谈判，并签署了多个 RTA，但就互认协议而言，现仅与新西兰政府达成一致，这种结果将导致中国产品出口到发达国家需要承担额外的测试与认证成本，对中国产品出口造成了阻碍。

根据区域内消除 TBT 的经济效应结果可以得知：由于协定的签订通常伴随着成员国之间标准的统一，技术水平的趋同，以及成员国之间的互认的产生，因此非成员国往往不容易像其他成员国一样达到成员国对于特定产品的技术标准，从而就会影响到非成员国对成员国的出口量，同时成员国之间的贸易满足了一部分需求，对非成员国的产品也有一定的挤出效应。欧盟的统一对外的 TBT 使非成员国尤其是中国丧失了大片的市场。据联合国有关资料统计，中国六成企业遭遇了欧盟等发达国家的 TBT，影响了中国年出口总额的四分之一，总值达 80 亿美元。欧盟统一对外的 TBT 的实施使中国对欧出口产品的成本大大增加，削弱了该类产品在欧盟市场上的竞争力。

6.2.2.3 区域贸易协定内技术性贸易壁垒条款的执行效果不佳

近期中国虽然签署了多个 RTA，其中的 TBT 条款的规定逐渐成熟。但是，由于签署的时间比较短，其具体执行的效果还没有发挥出来。以中国东盟自由贸易区为例，中国从 2001 年开始中国-东盟自由贸易区谈判，2010 年自由贸易区正式建立。在 TBT 消除方面，进行了相应的谈判，也达成了一些系列协议。例如，在中国-东盟自由贸易区协议中，双方认为应通过更进一步的标准评定、信息交换和加强透明度来进一步促进贸易和投资。其中，商品检验检疫，食品安全和质量以及标准化是合作的首选目标。在 2006 年 3 月，中国国家标准化管理委员会（SAC）和东盟标准与质量协商委员会（ACCSQ）在马里西亚召开第一次会议，会议强调了为了实现全面的经济合作，以及实现 FTA 的进程，应加强双方在标准和合格评定方面的合作。主要讨论了以下议题：建立一个对话渠道，提名一个双方的联络人；确认 10 个双方标准优先合作的区域，其中食品和农产品，以及机械和电子产品包括在内；强化双边在国际和区域标准的合作；官员的培训。此外，中国还建议在两个标准合作的项目：对双方关于标准的法律法规的比较研究。

根据研究，中国-东盟自由贸易区建成后，由于通关程序的简化，中国的出口商品成本可减少 1/4，由此可增加 72 亿美元的效益。如果中国、东盟在产品标准和认证方面建立统一标准，消除 TBT，则可使中国对东盟的出口额增加 686 亿美元。但从目前来看，虽然在消除 TBT 方法方面双方作出了一定的努力，但是实际效果并不像预计得那样明显，主要由东盟成员国的差异所造成。一方面是成员国经济发展水平不同，东盟组织中各国家经济、技术水平发展不平衡，经济基础雄厚、工业化程度高的国家，对于进口产品、设备的要求高；经济基础较差的国家没有能力按照统一的、高水平的技术标准组织生产。虽然一些经济、技术基础较好的东盟国家越来越多地在其国家标准中采用国际标准，但是对相同产品，东盟成员国之间对国际标准的引用和采纳也存在很大差异。此外在产品进口检验中，某些东盟国家规定不接受中国的产品检验报告，从中国进口的产品必须在当地按照东盟成员国当地的技术标准方法进行检验。另一方面是东盟成员国传统习惯不同。某些国家长期沿用英国标准，习惯上使用英制计量单位。由于东南亚国家民族众多，习俗不同，信仰各异，一些习俗以及宗教信仰也不同程度地体现在市场准入的技术标准和技术法规中。此外，长期以来对东盟国家标准和技术法规缺乏研究导致信息空缺，中国与东盟标准化机构也尚未建立正式的官方标准信息通报机制，也使得获取东盟标准信息的渠道相对困难。上述原因直接影响到中国东盟自贸区消除 TBT 的进程。近年来，随着中国与东盟国家贸易往来的日益频繁，越来越需要了解和掌握东盟国家的标准和技术法规，以减少 TBT，扩大与东盟的经贸往来。

第7章
技术性贸易壁垒对中国农产品出口贸易扭曲的定量分析

进口国的各类贸易措施会引起贸易量变动，并可能出现增加、减少或者不变三种情况。因此，贸易措施如何影响贸易流量成为一个重要的实证问题。本章将聚焦目前采用最多的前沿分析方法，对政策工具对国家间贸易流量的影响进行定量分析。

近来，引力模型成为定量测定技术性贸易措施的贸易效应的热点。最早提出贸易引力模型的是 Tinbergen（1962），他首次采用贸易引力的概念来解释国际间的贸易流量，并将贸易方的经济规模及地理距离作为贸易引力模型的主要解释变量。Anderson（1979）是第一位对贸易引力的计量模型构建理论基础的学者，他在常数替代弹性的假设基础上构建了差异化产品的贸易引力理论。随后，Deardorff（1998）将赫克歇尔－俄林的要素禀赋加入贸易引力理论，Helpman（1987）、Bergstrand（1989）、Redding 和 Venables（2004）等又相继建立并完善了垄断竞争的贸易引力理论，Eaton 和 Kortum（2002）将李嘉图劳动价值引入贸易引力模型。

与直接采用贸易价格的模型不同，引力模型只是间接考虑价格因素，因此，引力模型并不能直接测量经济福利，但可以在估计贸易效应后，通过边际效应和弹性来获得关税效应，从而转化为价格效应。因此，大多数学者均采用引力模型测度贸易流量的变动，而且此模型与其他模型相比，虽然不能直接测算福利效应，但在贸易流量变动的估计中更为准确。

通过扩展引力模型，可以对任何形式的关税或非关税壁垒（包括管制措施）的贸易效应进行评估。而且，引力模型比其他模型更适合于非关税壁垒贸易效应的测算。它不仅考虑每个出口国的出口量，也考虑贸易伙伴的数量以及零贸易值的存在，这些都对非关税壁垒的贸易效应精确测算提供了便利。

通常情况下，引力方程被设定为对数形态并采用普通最小二乘法进行估计。但是，这种方法对数据结构敏感度很高，对某些数据结构会产生有偏性和无效性。主要原因如下：第一，贸易由相对贸易壁垒决定。Anderson 和 Wincoop（2003）以及 Baldwin 和 Taglioni（2006）均认为传统引力方程忽略了某些重要的不可观测异质性贸易数据，如多边阻力。这样会引起估计的有偏性。第二，某些产品贸易流量为零，但可能存在潜在的贸易关系。Helpman 等（2008）以及 Silva 和 Tenreyro（2006）均认为，在传统的线性对数引力方程中，取对数会舍弃贸易零值，这样会造成样本选择的偏误。第三，Silva 和 Tenreyro（2008）以及 Helpman 等（2008）均认为传统引力方程忽略了企业层面的贸易数据，如参与贸易的企业数量（贸易广度）及每个企业的贸易数量（贸易深度），也会导致有偏的估计。第四，Silva 和 Tenreyro（2006）以及 Martin 和 Phan（2008）还认为，传统引力方程的同方差假定会导致估计的无效性，这是由面板数据的异方差特性决定的。

7.1 贸易引力模型的理论基础

大量的贸易理论能给引力模型一个结构性解释。本章回顾了引力模型的主要的理论发展情况。考虑一个无摩擦均衡世界，由产品净出口国和其他产品净进口国组成，对所有的消费者商品的价格是一样的，对于产品的原产地消费者是无差异的。这些假设足以建立一个简单的引力结构模型。

$$M_{ij} = \frac{Y_i Y_j}{Y^W} \tag{7-1}$$

该模型由 Deardorff（1998）和 Bergstrand（1989）提出。M_{ij} 表示从出口国 i 至进口国 j 的贸易额。Y_i 是出口国 GDP，Y_j 是进口国 GDP，Y^W 表示世界 GDP。

7.1.1 赫克歇尔-俄林贸易引力模型

Deardorff（1998）对简单引力方程进行了扩展，将其置于 HO 贸易理论的框架下，第一，假设无摩擦贸易如，净贸易小于等于总贸易，在相同价格条件下消费者无差异。第二，模型假设存在贸易限制，即任何两个国家的价格因素不能相等，两个国家之间因为有正的贸易成本，所以商品价格一定不同。Feenstra（2004）认为国家间的较大要素禀赋差异导致产品分工专业化，进而促进要素价格均等化。Deardoff（1998）采用效用最大化模型、柯布-道格拉斯生产函数、常替代弹性（constant elasticity of substitution，CES）、完全竞争性市场等基本假设，得出简单引力方程为

$$M_{ij}^{fob}=\frac{Y_iY_j}{Y^W}\frac{1}{t_{ij}} \tag{7-2}$$

其中，t_{ij} 表示贸易成本，包括运输成本、关税和非关税壁垒，F. O. B. 表示离岸价。此模型的缺点在于贸易成本与贸易成交额不成反比关系，因此 Deardorff（1998）和 Coe（2007）在原贸易引力方程引入距离条件（remoteness term），确保贸易成本升高时贸易额会下降。距离条件如式（7-3）所示，距离条件是出口国 i、进口国 j 及所有其他进口方的相对距离比率。分子是进口贸易方 j 至出口贸易方 i 的相对距离，分母是其他进口方至出口贸易方 i 的平均相对距离。参数 σ 代表贸易品替代弹性。参数 α_i 表示每个进口国对来自国家 i 产品的消费占收入比重。θ_j 表示出口国 i 与所有进口方收入比例。

$$R_j=\frac{\left(\dfrac{t_{ij}}{\left(\sum_i \alpha_i t_{ij}^{1-\sigma}\right)^{\left(\frac{1}{1-\sigma}\right)}}\right)^{1-\sigma}}{\sum_j \theta_j\left(\dfrac{t_{ij}}{\left(\sum_i \alpha_i t_{ij}^{1-\sigma}\right)^{\left(\frac{1}{1-\sigma}\right)}}\right)^{1-\sigma}} \tag{7-3}$$

尽管在贸易引力方程中引入距离条件，仍然无法有效解决贸易零值问题。位似（因为转移支付对总收入并无影响，而需求与收入成比例关系）不变替代弹性效用函数不能用于分析零效用问题，而非位似效用函数可以解决零贸易值问题。Tchamourliyski（2002）认为忽略非位似函数会夸大地理距离对贸易的影响。

7.1.2 李嘉图贸易引力模型

Davis（1995 年）首次将技术差异假设和李嘉图比较优势假设引入贸易引力理论。在贸易引力理论的发展中李嘉图假说并不盛行，但在李嘉图假说条件下，贸易引力方程可以更容易地引入贸易壁垒因素。Eaton 和 Kortum（2002）构造了一个多国李嘉图贸易引力结构方程组系统，其主要假设条件为：完全竞争性市场、规模报酬不变、地理贸易壁垒；专业化决定于地理贸易壁垒及技术差距两大因素；不同国家生产不同商品的生产率是不同的。技术异质性被表达为一个概率函数，$F_j(z)=e^{-T_jz^{-\gamma}}$。其中，$F_j(z)$ 为基于生产率差异的概率分布函数，T_j 表示商品连续统下的绝对优势（绝对成本），γ 表示不同国家间生产率异质性，也可视为商品连续统下的比较优势（比较成本）。较低的 γ 意味着在既定贸易阻力条件下存在较强贸易动力。然后完全竞争市场、常替代弹性效用函

数及国内要素自由流动等假设条件下，得

$$\ln\frac{M'_{ij}}{M'_{jj}}=-\gamma\ln D_{ij}+S_i-S_j \tag{7-4}$$

其中，M 表示出口方 i 与进口方 j 间的贸易额，D 表示贸易阻力，S 表示劳动效率。脚标 i 表示出口方，脚标 j 代表进口方。

7.1.3 阿明顿贸易引力模型

Anderson 和 van Wincoop（2003）在 Deardorff（1998）比较运输成本的思想上，建立了一个新的阿明顿（Armington）贸易引力模型，并首次引入多边贸易阻力概念。该模型中的位似常替代弹性效用函数为

$$U_j=\left(\sum_i a^{(1-\sigma)/\sigma}(x_{ij})^{(o-1)/o}\right)^{o/(o-1)} \tag{7-5}$$

预算消费约束为 $\sum_i p_{ij}x_{ij}=Y_j$，效用函数中共享参数 a_i 为出口国 i 对所有进口国的共同参数。进口国 j 对来自出口国 i 产品的总消费额为 $p_{ij}x_{ij}=M_{ij}$。参数 p_{ij} 是 CIF 价格，可用 $p_{ij}=p_it_{ij}$ 表达，t_{ij} 是 Samuelson 冰山贸易成本（既包括运输成本，也包含技术性贸易壁垒等贸易措施），p_i 则是 FOB 价格。参数 σ 表示所有产品两两间的替代弹性。Y 表示收入。此模型是在一般均衡假设条件下，收入等于消费时的市场出清。然后再引入贸易壁垒，经过公式变换，可得

$$M_{ij}=\frac{Y_iY_j}{Y^w}\left(\frac{t_{ij}}{P_iP_j}\right)^{1-o} \tag{7-6}$$

其中，$P_j=\left(\sum_i P_i^{o-1}t_{ij}^{1-o}\theta_i\right)^{\frac{1}{1-o}}$，$Y^w=\sum_j Y_j$，且 $\theta_j=\frac{Y_j}{Y^w}$。

式（7-6）是一个标准包含多边贸易阻力项的引力方程。其中，t_{ij} 是双边贸易成本，不可观测变量 P_i 和 P_j 分别表示出口方 i 和进口方 j 的与其所有贸易伙伴的平均贸易壁垒。Feenstra（2004）认为，多边价格变量 P_i 和 P_j 既可用复合非线性技术估算，也可用贸易方固定效应技术估算。

7.1.4 垄断竞争贸易引力模型

以 Disdier 等（2008）为代表，近年来有些文献以垄断竞争市场和规模报酬递增为假设条件，来研究技术性贸易壁垒的贸易效应和福利效应。在垄断竞争市场中，存在大量出口企业，且存在规模经济效应。当短期经济利润为正时，市场进入门槛可忽略不计，因此长期均衡时利润为零。Feenstra（2004）

建立了规模经济下垄断竞争贸易引力模型的基本框架。

7.2 贸易引力方程的计量技术

尽管对数线性回归技术似乎能很好地估算贸易引力方程，但贸易引力方程中使用的数据往往具有某些特性（如面板数据、零贸易值等），使得正确估算引力方程仍然需要一些较为复杂的特殊计量方法（如非线性计量、固定效应技术、随机效应技术、选择模型和泊松模型等）。

7.2.1 对数线性回归模型和最小二乘法

在对数线性模型中，简化引力方程形式为

$$\ln M_{ij} = c + \beta_1 \ln Y_i + \beta_2 \ln Y_j \tag{7-7}$$

上式中 $c = -\ln Y^w$。Tinbergen（1962）采用了一个极其简单的回归方程来描述双边贸易，其解释变量仅包含贸易双方的经济规模及地理距离。在回归估计时采用了对数线性式。

$$\ln M_{ij} = \beta_0 + \beta_1 \ln Y_i + \beta_2 \ln Y_j + \beta_2 \ln D_{ij} + u_{ij} \tag{7-8}$$

Tinbergen（1962）采用式（7-8）对 18 个国家在 1958 年的贸易数据进行截面分析。他还在方程中引入表示比利时、荷兰和卢森堡三国关税同盟的虚拟变量，来研究共同关税政策的贸易效应。McCallum（1995）基于对数线性引力方程对加拿大各省与美国各州之间贸易边界效应进行了实证研究。结果发现边界效应十分显著，加拿大内部各省间贸易额是跨界贸易的 22 倍。

由于对数线性引力方程简单易用，所以被经济学家广泛运用于实证分析领域，但对数线性引力方程仍具有四大缺点。首先，Baldwin 和 Taglioni（2006）认为，忽略不可观测的出口国异质性及多边贸易阻力会造成估计偏误。其次，Helpman 等（2008）认为，对零贸易值的忽略会造成样本选择偏误，因此，简单的对数化是不适宜的。再次，Helpman 等（2008）还认为，由于企业层面异质性具有不可观测的特点，所以必须修正简单的贸易引力方程，将某些解释变量（如技术性贸易壁垒）对贸易的影响分解为广度效应和深度效应。最后，Martin 和 Pham（2008）认为，传统贸易引力空间计量方程对异方差的处理存在问题。当贸易流量极小，或远距离贸易伙伴间零贸易值问题会与大贸易流量在估算后得到的残差出现异方差问题。

后期出现的非线性回归模型、固定效应模型和随机效应模型均能解决不可观测贸易方异质性问题。

7.2.2 非线性回归模型

假定市场为垄断竞争，常替代弹性的位似支出系统，Anderson 和 van Wincoop（2003）建立了一个基于非线性技术的贸易引力方程。McCallum（1995）对加拿大各省与美国各州间贸易进行了截面分析。Anderson 和 van Wincoop（2003）在其基本计量方程中引入需要非线性技术估算的多边贸易阻力后，可得

$$\ln\left(\frac{M_{ij}}{Y_i Y_j}\right) = \beta_0 + \beta_1 \ln d_{ij} + \beta_2(1 - \delta) - (1 - \sigma)\ln P_i + (1 - \sigma)\ln P_j + \varepsilon_{ij} \tag{7-9}$$

约束条件 s. t. $P_j^{1-\sigma} = \sum_i P_j^{1-\sigma}\theta_i e^{\beta_1 \ln d_{ij} + \beta_2(1-\delta_{ij})}$ $\forall$ j。

在上式中，$\beta_1 = (1 - \sigma)\rho$，$\beta_2 = (1 - \sigma)\ln b$，$\sigma$ 是替代弹性。δ 是哑变量，等于 1 时表示国际贸易，等于 0 时表示国内州际贸易。$\theta_i = Y_i/Y^w$，ε_{ij} 是服从标准正态分布的随机误差项。Anderson 和 van Wincoop（2003 年）认为，贸易成本因子可被写为公式 $t_{ij} = b_{ij}d_{ij}^{\rho}$，其中 $b - 1$ 关税化美国与加拿大贸易壁垒，Frahan 和 Vancauteren（2006）年将之发展为关税化技术性贸易壁垒。d_{ij} 是贸易双方地理距离。Anderson 和 van Wincoop（2003）认为 P_i 和 P_j 是多边贸易变量，采用非线性最小二乘法进行估计。Anderson 和 van Wincoop（2003）对上式及 McCallum（1995）不考虑多边贸易阻力的非线性计量方程估算结果进行了比较分析，结果发现不考虑多边贸易阻力导致 McCallum（1995）的计量方程有严重偏误。

7.2.3 固定效应模型

在后续研究中，Feenstra（2004）发现一种有效替代 Anderson 和 van Wincoop（2003）非线性计量技术的方法是采用固定效应模型解决多边贸易阻力问题。同时使用两类方法对同一数据进行计算分析后往往得到相同的实证结果。在固定效应贸易引力模型中，若采用截面数据，则既可针对贸易方，也可以针对时间。但在面板数据的应用中，固定效应只能针对贸易方，并采取式（7-10）。

$$m_{ijt} = x'_{ijt}\beta + \alpha_i + \alpha_j + u_{ijt} \tag{7-10}$$

其中，m_{ijt} 和 x_{ijt} 分别表示对数化被解释变量向量和解释变量向量。β 为系数向

量。α_i 和 α_j 表示出口方和进口方相对时间的固定效应常量，固定效应量 α_i 和 α_j 还包含贸易方经济规模和价格效应。同时，α_i 和 α_j 需要严格满足基于固定效应的外生条件，也就是 $E(u_{ijt} | x_{ijt}, \alpha_i, \alpha_j) = 0 \quad \forall \quad t$，固定效应可为解释变量的任意形式函数，但需满足 $E(\alpha_i | x_{ijt}) \neq 0$ 且 $E(\alpha_j | x_{ijt}) \neq 0$。在固定效应贸易引力计量方程的实际估算中，常使用式（7-11）。

$$m_{ijt} - \bar{m}_{ijt} = (x_{ijt} - \bar{x}_{ij})'\beta + (u_{ijt} - \bar{u}_{ij}) \tag{7-11}$$

其中，$\bar{m}_{ijt} = T^{-1} \sum_t m_{ijt}$，而且为了纠正消除面板模型误差项自相关，个体固定效应变量 α_i 和 α_j 在截面中心化处理（demeaning procedure）过程中被剔除。Verbeek（2004）认为模型方程可用普通最小二乘法来估计，估计量是组内估计量。采用组内估计量时，所有非时变参量均从计量方程中剔除。因此，作为相对时间固定的技术性贸易壁垒变量必将被此模型方程剔除，这是固定效应估计技术的重大局限性之一。为解决此问题，需要将技术性贸易壁垒作为哑变量引力固定效应模型。

$$m_{ijt} = \sum_i \alpha_i d_{ij} + x'_{ijt}\beta + u_{ijt} \tag{7-12}$$

在式（7-12）中，当 $i=j$ 时，虚拟变量 $d_{ij}=1$，反之 $d_{ij}=0$，这些虚拟变量可以包括固定效应以及一些非时变参量。

Disdier（2008）对农产品贸易中的技术性贸易壁垒（TBT）和动植物检验检疫措施（SPS）进行了实证研究，其模型是基于垄断竞争和常替代弹性效用条件的固定效应贸易引力方程。由于固定效应贸易引力方程的局限性，其 TBT 和 SPS 措施均是以虚拟变量引入模型的。结果显示，TBT 和 SPS 均对贸易有限制作用，尤其是对发展中国家和最不发达国家的农产品出口有较大的制约作用。而对经合组织（OECD）成员农产品出口贸易不具有显著负面影响。

7.2.4 随机效应模型

正如固定效应模型，随机效应模型也是一种不可观测效应模型。两者区别在于前者的不可观测异质效应与可观测解释变量相关，而后者的不可观测异质效应与可观测解释变量相对独立。随机效应方程和一般式如下所示：

$$m_{ijt} = \mu + x'_{ijt}\beta + \alpha_i + \alpha_j + \varepsilon_{ijt} \tag{7-13}$$

在式（7-13）中，解释变量均作对数化处理。总随机误差项 $u_{ijt} = \alpha_i + \alpha_j + \varepsilon_{ijt}$ 是由出口方、进口方随机抽取量 α_i、α_j 和残差 ε_{ijt} 构成，且均与时间无关。虽然个体间截距不同，但是个体分别是从期望为 μ，标准差为 σ_i 及 σ_j 的分布中随机抽出。De Frahan 和 Vancauteren（2006）建立了一个 Tobit 随机效应模型，并采用加权最大似然法对 1990 ~ 2001 年面板数据进行估算，分析欧盟内部食品规制统一对欧盟内部食品贸易的影响。

7.2.5 样本选择模型

样本选择模型解决了贸易引力方程的第二个问题，即零贸易值问题。而且，经过修正后的样本选择模型还可以解决贸易引力方程的第三个问题，即不可观测的企业异质性问题。

基于高度分解面板数据的贸易引力方程会遇到大量的零贸易值问题。无论是 Heckman 选择模型还是 Tobit 选择模型都能够通过概率选择解决零贸易流量问题。此类模型通常由两个方程构成。

首先，模型的第一步是选择方程，即采用最大似然法 Probit 方程对贸易流量是否为零进行实证分析。

$$\rho_{ij} = \Pr(h_{ij} = 1 \mid x_1) = G(x_1,\ \beta_1) \tag{7-14}$$

ρ_{ij} 表示在成本 x_1 下贸易方 i 向贸易方 j 出口额不为零的条件概率。h_{ij} 是二元变量，当其值为 1 时表示贸易额非零，为 0 时表示贸易没有发生。公式函数为双变对照表累积分布函数。

其次，模型第二步是贸易行为方程。若贸易流量非零，则采用条件预期贸易流量为回归子进行回归分析。

$$E\{m_{ij} \mid h_{ij} = 1\} = x_2\beta_2 + \sigma_{12}\lambda_{ij} \tag{7-15}$$

m_{ij} 是贸易方 i 向贸易方 j 的对数化出口贸易流量观察值。x_2 表示贸易成本向量。如上述选择方程一样，行为方程的随机误差项也被假设为二元正态分布。σ_{12} 则是选择及行为两个方程误差项的协方差。行为方程中的 Lambda 值（λ）可以用选择方程估计值进行测算，然后将估计出的 Lambda 值代入行为方程，最后进行贸易行为方程的估算。

Helpman（2008 年）进一步完善了 Heckman 方程在贸易引力模型中的应用，主要是在贸易模型中引入了出口商异质性假设。出口商异质性的主要思想在于不同出口商的效率是不同的，因此对于相同的贸易壁垒，差异效率出口商会面临完全不同的结果。Helpman 采用附加控制变量来表示出口商异质性。

$$E\{m_{ij} \mid h_{ij} = 1\} = x_2\beta_2 + \sigma_{12}\lambda_{ij} + \omega_{ij} \tag{7-16}$$

尽管 Heckman 或 Helpman 方法都能恰当地解决零贸易值问题。当在实际测算中，由于贸易行为方程的估计必须先作出对数化处理，所以会产生有偏的估计结果。而且，对于面板数据的估算中，正态分布的假设过于严格，因此极容易出现与同方差假设不一致的异方差问题。

7.2.6 泊松模型

与样本模型相比，泊松形式的贸易引力模型能够解决以往模型存在的所有缺点。第一，虽然忽略多边贸易阻力项，但是可以采用固定效应方法解决国家异质性问题。第二，由于泊松模型的乘积形式，可以很方便地处理零贸易流量问题。第三，无法观测的出口商异质性问题也可以在泊松模型内解决。第四，泊松模型可以顺利解决误差项的异方差问题，在大样本条件下，估计结果更为稳健。

在给定对数化贸易成本向量 x 后，预期贸易流量 M_{ij} 由式（7-17）得出。

$$E\{M_{ij}|x\} = \exp(x\beta) \tag{7-17}$$

式（7-17）是贸易引力方程的一个简洁形式，它的优点在于计算非负条件期望时，对解释变量没有任何约束。当 M_{ij} 被假定为服从泊松分布时，通过计算似然函数的一阶及二阶矩条件可求出解释向量的全部系数值。如下式所示，泊松假设需要对解释向量的条件矩施加约束。

$$E\{M_{ij}|x\} \propto V(M_{ij}|x) \tag{7-18}$$

这意味着条件均值被假定为等于条件方差，即满足等离散性条件。

Silva 和 Tenreyro（2006）对采用泊松技术贸易引力方程进行估算 1990 年 136 个国家的截面贸易数据，并且对普通最小二乘法（OLS）、Tobit 模型、非线性最小二乘法（NLS）及泊松技术四种算法结果进行比较。PPML 技术的稳健性在于，即使最大似然法估计值是基于一个错误的似然函数，但只要条件均值及方差（一阶和二阶矩条件）是正确的，那么在不知道准确的误差分布时，仍然可以根据矩条件得到正确的估计值。

Silva 和 Tenreyro（2006）认为异方差及传统-对数线性化法均造成估算结果出现明显偏误。Siliverstos 和 Schumacher（2008）也同意上述观点，他们比较了普通最小二乘法和泊松技术两种算法的结果，他们使用 3 位数的 ISIC 贸易数据对 1988～1990 年 22 个经合组织（OECD）成员国的双边贸易额建立引力方程进行分析，并发现对数线性化引力方程估计值不具备一致性，而非线化技术估算结论在统计意义上更稳健。Olper 和 Raimondi（2008）通过贸易引力模型的实证研究发现，Heckman 两步法模型（第一步，Probit 模型；第二步，OLS 模型）的估计值与 PPML 技术下的估计值具有同等程度的统计优良性质。

虽然泊松模型具有如此良好的统计性质，但它仍有一些缺点，如没有解决由不可观测交易成本导致的异质性问题，因此统计上存在过度散布问题。过度散布下满足一致性，便不满足有效性。因此，作为修订后的泊松模型——负二项泊松模式，可以较好地解决过度散布问题。

7.2.7 负二项泊松模型

在负二项泊松模型中的预期贸易流量方程与泊松模型中的方程相等，也就是说与式（7-17）相同。但是，条件方差不等于条件均值，需引入一个分布参数 α 。

$$V(M_{ij} \mid x) = (1 + \alpha^2 \exp(x\beta)) \exp(x\beta) \tag{7-19}$$

分布参数 α 的引入允许条件方差大于条件均值，而且此参数决定了过度分布的程度。因此，不可观测的异质性问题在负二项泊松模式中得到了解决。

现实贸易中存在的零贸易值问题可以在过度散布条件下解决，因此，纯负二项泊松模式需要进一步修订，来适应零贸易流量问题。

7.2.8 零胀负二项泊松模型

Burger 等（2009）指出，过度散布可以用于解释现实贸易流量数据集中存在的大量零贸易流量问题。当零贸易流量的个数超过泊松模型或负二项泊松模型估计值时，可以认为此贸易数据集中存在过度的零贸易流量。这种过度特性可以采用非泊松过程来解释，双方依据贸易理论根本没有任何贸易潜力，即理论贸易流量为零，如现实中资源匮乏或贸易禁令都可以导致过度零贸易流量产生。而泊松贸易零值源于贸易距离和偏好差异过大，也就是说，当贸易理论认为贸易可以发生时，现实中贸易成本过高导致贸易无法进行，结果双边贸易流量为零。

为了解释两种不同过程。零胀模型将潜在贸易流量分为两类：第一类是“非泊松型”，具体指零贸易流量对应零概率；另一类是“泊松型”，即非零贸易流量对应一个非零概率值。贸易方可以分为三类：第一类贸易方贸易概率值为零，因此不参加贸易；第二类贸易方贸易概率值大于零，但贸易流量为零。第三类贸易方贸易概率值大于零，且贸易流量大于零。

零胀泊松模型分为两步进行估算。第一步与 Heckman 模型相似，采用概率方法对“非泊松型”零贸易概率进行估算，即非泊松零贸易值概率。第二步，采用负二项泊松回归方法对正贸易流量下“泊松型”贸易概率进行估算，即泊松概率。

零胀模型在几个方面都优于 Heckman 选择模型方法，首先，它能解释贸易数据中零贸易流量所代表的不可观测异质性问题。其次，零胀负二项泊松模型限制条件较少，不需要正态性分布假设，在第二步贸易方程计算中可考虑更多解释变量，估算过程更为稳健。最后，原 Heckman 贸易行为方程需要进行对数线性化处理，在处理后的估算结果会产生偏误，而零胀负二项泊松模式不需要进行对数线性化处理。

Xiong 和 Beghin（2011）对欧洲二　英标准对非洲农产品出口的影响进行了实证分析，考虑了最大残留标准的时变效应，并考虑了现实贸易流量中的零值问题。其样本数据包括 14 个欧洲进口国家和 9 个非洲出口国家在 3 个农产品行业中的贸易行为，3 个农产品行业分别为即食花生、花生油和带壳花生。他们还比较了不同模型下的结果，发现未引入多边贸易阻力的贸易引力方程估算结果存在明显偏误，统计品质也很低下。他们还发现，当零贸易量出现次数较高时，传统泊松模型的估计结果并不稳健。而且，他们的实证分析结果显示，在欧洲更为严格的二　英标准下，非洲各国出口并未下降，也就是说 SPS 标准并不会阻碍贸易，此结论与多数分析相同二　英标准贸易效应的研究文献相佐，其结论对传统理论产生一定挑战。

7.3　基于 HMR 模型分析技术性贸易措施对中国农产品出口的影响

作为一种非关税壁垒，技术性贸易措施具有名义上合理性、高度复杂性、一定隐蔽性。虽然自 1995 年 WTO 成立以后，技术性贸易措施在相关协议和规则下透明度有所改善，但与其他贸易壁垒相比，仍然具有某种程度上的信息不对称性。

农产品是一类极其重要且特点鲜明的基础性产品，农产品出口销售渠道的顺畅直接关系到出口企业收益及相关农户收入，并间接影响了国内整个物价体系的稳定，对整个农业稳定并可持续性地发展具有重要意义。对农产品出口贸易而言，影响最深刻的当属技术性贸易措施。广义的技术性贸易措施主要包括以下三个方面：第一，技术性贸易壁垒（technique barriers to trade，TBT）是指世界贸易组织（WTO）框架下的《技术性贸易壁垒协定》中规定的技术法规、技术标准和其合格评定程序，在 WTO 规则下有着明确而权威的定义。第二，对农产品而言，WTO 规则下的《实施卫生与检疫措施协定》（*sanitary and phytosanitary*，SPS）对农产品贸易的影响要比 TBT 更重要。第三，在 WTO 体制外，有三个与 SPS 措施有关的国际性标准化组织，它们分别是：食品法典委员会（Codex Alimentarius Commission，CAC），主要协调食品安全措施方面的标准国际化问题；世界动物卫生组织（Office International des Epizooties，

OIE)，制定与动物卫生有关的国际化标准；国际植物保护公约（International Plant Protection Convention，IPPC），负责植物卫生措施方面标准国际化问题。虽然 WTO 框架下的 SPS 协定具有兼容性，即 WTO 不强制性要求 WTO 各成员方必须接受这些国际性标准化组织拟定并颁布的标准，但事实上，这些与农产品有关的三大国际化标准组织下的标准体系已成为解决与相关贸易争端的重要依据。

不同农产品类别的影响是否不同；中国农产品出口企业工资水平及农户收入是否受到技术性贸易壁垒的影响；这种影响的传递链条如何；形成机制怎样；如何应对，等等，这些问题急需准确切实的答案。因此，以技术性贸易壁垒定量测算方法的研究就十分必要。

在大部分实证研究中，技术标准很难直接用数字准确表达，所以通常会使用代理变量。通常采用以下方法：虚拟变量法、税率等价法、频度法和计数法。采用不同的代理变量会得到不同的结果。目前极少有学者对技术性贸易措施代理变量处理的不同方法进行比较研究，以至于其他实证研究者很难作出选择。

以笔者目前所掌握的研究文献来看，有两个因素会影响技术性措施贸易效应实证检验的结果：第一，模型设置及计量技术的选择，如多边阻力项的处理、零贸易值的处理、技术性贸易措施的量化方法等。第二，样本的选择，很多学者都认为基于异质性的贸易引力模型必须采用高度分解的企业层面的数据，但也有学者认为不同的出口目的国已经能够反映出口企业的异质性。另外由于研究方法、模型建立、数据选取等方法的差异，全部实证研究文献的结论并不一致，主要表现为负面影响、正面影响、无明显影响和混合影响四类。因此，本书主要在考虑多边贸易阻力的同时，对技术性贸易壁垒的贸易效应进行广度及深度的分解，并对不同发展水平的国家设置的技术性贸易措施的贸易效应进行比较，也对不同发达国家设置的 TBT 及 SPS 的贸易效应进行了比较分析。

7.3.1 计量模型及数据来源

7.3.1.1 引力模型及计量方法

非关税壁垒的贸易效应通常都由引力模型来进行分析。引力模型在已知贸易各方规模及交易成本的条件下，往往能得到最为精确的贸易预测结果。而且，近来引力模型的理论性也在若干学者的论证下得到了增强。

本书所用引力模型的重要理论假设如下：第一，垄断竞争市场；第二，常替代弹性（constant elasticity of substitution，CES）需求函数；第三，冰山成本。

基于前人的研究，本书先提出原始引力方程，形式如下：

$$X_{ij} = n_i p_i^{1-\sigma} (T_{ij})^{1-\sigma} E_j G_j^{\sigma-1} \tag{7-20}$$

上式为从国家 i 向国家 j 的出口贸易方程。n_i 和 p_i 表示贸易方 i 出口产品的多样性和价格。E_j 和 G_j 分别表示贸易方 j 的消费及价格指数。T_{ij} 表示冰山运输成本，σ 表示替代弹性。

双边贸易会受到第三方的影响，此与牛顿万有引力模型中三个或三个以上物体间计算万有引力是类似的，因此在多边引力模型中有一个重要概念是多边阻力项。虽然多边阻力是不可直接观测变量，但 Anderson 和 van Wincoop（2003）将贸易双方属性分解为物价指数，视国家区域属性为 GDP 和对外经贸关系的函数，用非线性方法来估算贸易阻力。

在对传递的引力模型进行修订，左右两边取对数，并引入技术性贸易壁垒项，得到基础的计量方程如下所示：

$$\begin{aligned}\ln(X_{ijt}) = c_i + c_j + c_t + \alpha_1 \ln(1 + TBT_{jt-1}) + \alpha_2 \ln(1 + SPS_{jt-1}) + \beta_1 \ln Y_{it} \\ + \beta_2 \ln Y_{jt} + \beta_3 \ln D_{ij} + \beta_4 \ln Border_{ij} + \beta_5 \ln RTA_{ij} + u_{ijt}\end{aligned} \tag{7-21}$$

在上式中，被解释变量是 X_{ijt}，表示国家 i 向国家 j 在 t 时期的出口额。等号右边全是解释变量，在模型中，核心解释变量是 TBT_{jt-1} 和 SPS_{jt-1}，表示进口国 j 设置的技术性贸易措施及动植物检验检疫措施。其他一些解释变量意义如下，如 Y_{it} 、Y_{jt} 分别表示国家 i 和国家 j 在 t 时期的国内生产总值；D_{ij} 表示贸易双方的地理距离；$Border_{ij}$ 和 RTA_{ij} 均为虚拟变量，分别表示是否存在共同边界、区域贸易协定。下面为了进行实证检验，需要对上式进行说明及作出某些改进。

首先，由于本书的分析是基于面板数据的，所以选择固定效应量 c_t 来控制随时间变动的双边贸易额。另外，本书还引入 c_j 、c_i 分别作为进口国和出口国的固定效应量，用于表示不随时间变化的地区属性。在采用面板数据进行引力模型测算时，固定效应的处理十分重要。有学者在其面板数据引力模型中，根据出口方、进口方和时间三个维度引入三个固定效应，即出口方固定效应、进口方固定效应和时间固定效应。也有学者则引入了出口国-时间（年）固定效应、进口国-时间固定效应及基于进出口双方的固定效应。

固定效应实质上与多边贸易阻力项引入有关。Anderson 和 van Wincoop（2003）认为，引力模型必须包括贸易阻力项。在基于面板数据的引力模型中，多边贸易阻力项可用固定效应来表达。但是，由于固定效应模型的使用，引致模型中的时变效应量被剔除，仅保留了非时变效应变量。而在本书研究模型中的技术性贸易壁垒并不是一个非时变的虚拟变量（还有很多文献中将技术性贸易壁垒作为虚拟变量来处理），而是一个随进口国不同而变化的时变变量。如果本书引入多边贸易阻力项，将不得不放弃具时变特性的技术性贸易壁垒，因此，本书通过引入出口方固定效应、进口方固定效应和时间固定效应来取代出口方-时间固定效应和进口方-时间固定效应。许多研究文献均采用此方法，如 Helpman（2008）采用贸易方固定效应和时间固定效应模型来替代贸易方-时间固定效应模型进行贸易流量估算。

其次，对于技术性贸易壁垒变量有可能为零的情况下，本书采用的方法是对原技术性贸易壁垒加1后取对数的方法，即 $\ln(TBT_{jt-1}+1)$ 和 $\ln(SPS_{jt-1}+1)$。由于进口方可能会在出口方面临更严峻竞争时，实施更苛刻的技术性贸易壁垒，这会导致它们与贸易额之间出现双向因果关系，因此，本书研究模型采用滞后一期的技术性贸易壁垒变量来解决此问题。

最后，由于搜集到的贸易数据中存在零值，即某些细分产品中贸易双方之间的某些年份是零贸易流量的。在一般引力模型估计中，均会对贸易流量取对数，而零值贸易量无法取对数，所以会被忽略。Westerlund 和 Wilhelsson（2009）认为，零值贸易流量并非随机发生，简单地去除零值贸易量会导致样本选择偏误。而且，还会过度估计技术性贸易壁垒对贸易流量影响。因此，Helpman 等（2008）认为，零值贸易流量实际上是出口企业实现利润最大化目标的行为结果。虽然目前对零值贸易量处理的方法有三种，但最主要的一种仍是 Heckman 选择模型。

Heckman 等（2008）对新贸易理论进行了扩展，认为出口厂商在向不同国家出口时会面临不同的固定成本，因此出口企业并非所有国家出口。更为重要的是 Helpman 等（2008）建立的模型不需要企业层面的高度分解数据，并能通过 Heckman 选择模型来解决贸易零值问题，也就是说，可以用于分析贸易广度（extensive margin）问题。因此本书将采用 Helpman（2008）的方法来处理贸易流量零值问题。根据 Helpman（2008）的思路，本书设计了以下两阶段选择模型，第一阶段是采用基于 Probit 模型的选择方程进行估算，第二阶段是采用行为方程进行估算。

第一阶段：（选择方程）

$$XD_{ijt}=c_i+c_j+c_t+\alpha_1\ln(1+TBT_{jt-1})+\beta\alpha_2\ln(1+SPS_{jt-1})$$
$$+\beta GravityControls_{ijt}+u_{ijt} \tag{7-22}$$

第二阶段：（行为方程或贸易方程）

$$\ln(X_{ijt})=c_i+c_j+c_t+\alpha_1\ln(1+TBT_{jt-1})+\alpha_2\ln(1+SPS_{jt-1})+\beta GravityControls_{ijt}$$
$$+\rho\hat{\bar{\gamma}}^*_{ijt}+\ln\{\exp[\sigma(\hat{r}^*_{ijt}+\hat{\bar{\gamma}}^*_{ijt})]-1\}+\varepsilon_{ijt} \tag{7-23}$$

β 是参数向量，$\hat{\gamma}_{ijt}^{*}=\theta(\hat{r}_{ijt}^{*})/\Theta(\hat{r}_{ijt}^{*})$ 是逆米尔斯比（inverse Mill's ratio），且 $\hat{r}_{ijt}^{*}=\Theta^{-1}(\hat{\pi}_{ijt})$，其中 $\hat{\pi}_{ijt}$ 是选择方程的估计量。

在第一阶段中，式（7-22）是选择方程，被解释变量是一个哑变量，表示国家 i 在 t 时期是否向国家 j 出口。解释变量与式（7-21）是相同的，包括核心解释变量 TBT 和 SPS，还有其他解释变量均放入 $GravityControls_{ijt}$ 控制向量中。由于因变量是一个虚拟变量，所以可以计算出口国在遭遇 TBT 及 SPS 时是否出口的概率，属于贸易广度。在第 2 步中，式（7-23）是以贸易流量为因变量的一个行为方程，其中的控制向量 $GravityControls_{ijt}$ 与式（7-22）是一致的。另外，本书还在行为方程中引入了两个在选择方程中得出的估计量作为自变量：一个是逆米尔斯比，用于纠正在标准 Heckman 样本选择过程中的偏误；另一个是用于控制不可观测企业异质特性的表达简式 $\ln\{\exp[\sigma(\hat{r}_{ijt}^{*}+\hat{\gamma}_{ijt}^{*})]-1\}$，此表达式有助于计算 TBT 和 SPS 对贸易深度的影响。

Helpman 等（2008）对式（7-23）进行了修订以方便估算，其形式如下所示：

$$\begin{aligned}\ln(EX_{ijt})=c_i+c_j+c_t+\alpha_1\ln(1+\mathrm{TBT}_{jt-1})+\alpha_2\ln(1+\mathrm{SPS}_{jt-1})\\+\beta\,\mathrm{GravityControls}_{ijt}+\rho\bar{\hat{\gamma}}_{ijt}^{*}+\hat{\gamma}_{ijt}^{*}+\hat{\gamma}_{ijt}^{*2}+\hat{\gamma}_{ijt}^{*3}+\varepsilon_{ijt}\end{aligned}\quad(7\text{-}24)$$

在上式中，新增的多项中的 $\bar{\hat{\gamma}}_{ijt}^{*}$ 即 $\hat{r}_{ijt}^{*}+\hat{\gamma}_{ijt}^{*}$，是潜在变量 r_{ijt} 的任意递增函数的近似。

7.3.1.2 数据来源及描述性分析

本研究的数据来源如下，双方贸易数据来源于联合国统计署（Comtrade Database），TBT 和 SPS 数据均来自于世界贸易组织的“Annual Reviews of the implementation and Operation of the Agreement”，贸易方的 GDP 数据来自于美国农业部网站的国际宏观经济数据库，贸易双方地理距离数据源自 CEPII 的 DIST 数据库，其他一些虚拟变量数据也源自 CEPII 数据库。模型设定时期为 1995～2011 年。

根据 WTO 规则，所有 WTO 缔约方均需及时公布 TBT 和 SPS 通报。图 7-1、图 7-2、图 7-3 分别为 1995～2011 年全体 WTO 成员 TBT 和 SPS 总通报数折线图、不同发展水平国家 SPS 通报数占全部 SPS 通报数比重折线图以及 TBT 通报比重图。从这些时间序列图可得出以下简要结论：第一，从通报的绝对数量来看，涉及农产品的 SPS 通报数量要大于 TBT 通报，说明对于农产品贸易，SPS 的重要性要高于 TBT，而且在中国 2001 年年底入世后，涉农 SPS 通报数量急剧上升，2008 年金融危机后，SPS 通报数再次出现大幅上升。第二，虽然 SPS 及 TBT 通报数随时间流逝均呈现出上升趋势，但这种上升是波动性的。在整个研究时期内，SPS 通报数最大值为 2008 年的 631，最小值为 131，且为左偏，标准差为 169. 1。TBT 相对 SPS 波动较小，最大值为 2011 年的 124，最小值为 16，略为右偏，标准差为 35. 8。第三，从图 7-2 和图 7-3 可知，发达国家 SPS 通报数比例在 2002 年后开始低于发展中国家，同样，涉农 TBT 也在 2001 年后，发达国家 TBT 通报比例持续低于发展中国家 TBT 通报。事实说明，在中国加入世界贸易组织后，国际经贸环境发生了较大变化，发展中国家强化了农产品类 SPS 及 TBT 措施，并大量运用农产品类 SPS 及 TBT 措施维护本国权益。

图 7-1　1995 ~ 2011 年 WTO 全体成员农产品 TBT 及 SPS 总通报数

图 7-2　1995 ~ 2011 年不同发展水平国家 SPS 通报数占全部 SPS 通报数比重

图 7-3　1995～2011 年不同发展水平国家 TBT 通报数占全部 TBT 通报数比重

7.3.2　估计结果及分析

7.3.2.1　总体分析

本书采用 Helpman 等（2008 年）的方法来测算 TBT 和 SPS 对贸易的影响，即基于 Heckman 选择算法的引力模型。表 7-1 为基于最大似然法选择方程、采用非线性最小二乘法贸易方程以及引入多项式普通最小二乘法贸易方程的估计结果。

表 7-1　TBT 和 SPS 对农产品贸易流量的影响

项目	国家数据		行业数据	
	选择方程	贸易方程	选择方程	贸易方程
lnD	-1.051**	-1.107**	-0.640**	-1.132**
ln（1+TBT）	-0.131*	-0.129*	-0.104*	-0.181**
ln（1+SPS）	0.592**	0.583**	-0.365**	0.523**
$\hat{\bar{\gamma}}_{ijt}^{*}$	-1.440**	0.143*		1.981**
σ	1.978**			
$\hat{\bar{\gamma}}_{ijt}^{*}$		6.310**		7.180**
$\hat{\bar{\gamma}}_{ijt}^{*2}$		-1.003**		-1.521**
$\hat{\bar{\gamma}}_{ijt}^{*3}$		0.052**		0.123**
adj. R^2	0.995	0.777	0.504	0.524

* 表示在 5% 的显著水平上拒绝原假设；** 表示在 1% 的显著水平上拒绝原假设

表 7-1 估算结果显示，式（7-23）的参数大小及显著性与式（7-24）的估

计结果十分相似，这说明本书所建模型对行为方程的形式并不敏感。所有解释变量均是显著的，并与前人研究文献中的结论是一致的。贸易双方的 GDP 对贸易流量均具有积极且显著的影响。如果贸易双方地理距离很近，如有共同边界，或存在贸易协定，它们的贸易额会更大。但有时共有边界不但不会促进贸易流量，反而会阻碍贸易，Heckman（2008 年）的研究认为，出现此类现象的原因是共有边界虽然距离很近，而摩擦也会较大，这种边界摩擦会限制贸易流量。但在本书的研究中，无论是选择方程还是行为方程的估计结果都显示出共有边界对贸易具有积极的促进作用，这说明中国与邻国平稳的外交关系使得经贸摩擦小，为中国与邻国的对外经济贸易发展奠定了良好的基础。

Helpman（2008 年）指出，尽管贸易理论是以企业异质性为基础的，但在实证分析中并不一定需要高度分解的企业层面数据来进行分析。Helpman 认为，出口商的异质性是能够以出口目的国的特征来进行分类的，因此，可以利用有效的统计分析手段来对国家层面或行业层面数据进行基于出口企业异质性模型的分析。

本书的引力模型采用了基于出口固定成本的 Heckman 选择算法，TBT 和 SPS 对贸易流量的影响可分为两步：第一步，在遭遇 TBT 时，出口企业将考虑是否继续出口，这会导致出口企业数量发生变化；第二步，保持出口的企业的贸易数量和价格会受到 TBT 和 SPS 的影响，这会导致单个出口企业贸易额的变化。也就是说，TBT 会从贸易广度与贸易深度两个方面来影响出口贸易。虽然技术性贸易壁垒在短期内会阻碍贸易，但是它也具有一定的贸易促进效应。例如，改善出口贸易中的信息不对称及质量保证问题，进而提升进口国消费者对于进口产品的信任程度，因此，它也具有积极的贸易提升效应。

表 7-1 为计量模型的主要结论，由于其他变量及虚拟解释变量的估算结果与前人研究一致，如国内生产总值、共同边界及区域贸易协定对贸易流量有促进作用。本书研究的重点在于 TBT 和 SPS 对贸易广度及深度的影响。由表 7-1 列出的主要结论可知，在第一阶段的选择方程中，TBT 和 SPS 均显著地限制了贸易，降低了贸易广度，即减少了出口贸易企业的数量。TBT 变量每增加 1 个单位，会减少中国出口企业数量的 11.8%，而 SPS 变量每增加 1 个单位，会减少中国出口企业数量的 37.4%，说明对于出口企业来说，SPS 的实施会影响更大，对生产达标能力不强的企业杀伤力更强。而在第二阶段的行为方程中，TBT 显著地限制了贸易，降低了贸易深度，而 SPS 显著地促进了贸易，增加了贸易深度，即继续保持出口的企业能够扩大自身的出口销售。TBT 变量每增加 1 个单位，会减少中国企业出口销售的 12.9%，而 SPS 变量每增加 1 个单位，会增加中国企业出口销售的 58.3%。这意味着，技术性贸易壁垒对出口国带

来的积极信息披露效应大于消极成本增加效应，也就是说，技术性贸易壁垒对出口固定成本的影响大于其对可变成本的影响。在结构和数量调整结束后，出口国的资源也得到了相应的重新配置，并且出口国资源利用效率得到提升。综上所述，当中国出口面临的 TBT 通报数增加时，会降低出口贸易广度，并同时降低出口贸易深度，而当中国出口面临的 SPS 通报数增加时，会降低出口贸易广度，但会较大幅度提高贸易深度。

7.3.2.2 不同发展水平分类分析

在农产品国际贸易实践中，对于相同产品，不同的进口国往往会实施不同的技术性贸易壁垒，并对贸易产生不同的影响。例如，发达国家的消费者往往更关注农产品的安全性，而发展中国家的消费者则更多地考虑进口农产品的价格，也就是说发达国家消费者都更关注产品质量，对价格的敏感程度不如发展中国家的消费者。为了分析上述情况，本书将中国农产品的进口伙伴分为发达国家类和发展中国家类。所采用数据以农业下的细分产品群组数据，而非总体分析中的总行业数据。

从表 7-2 中的结论可知，对于 Heckman 模型的第一阶段——选择方程中，来自发达国家与发展中国家的 TBT 和 SPS 均显著降低了贸易广度，但是发达国家设置的技术性贸易壁垒对贸易广度的限制作用更强一些。发达国家的 TBT 及 SPS 每增加一个单位，会分别减少中国出口商数量的 15.2% 和 42.5%。发展中国家的 TBT 及 SPS 每增加一个单位，会减少中国出口商数量的 1.4% 和 5.9%。说明发达国家设置的技术性贸易壁垒更为严格，对中国的出口商有较强的优胜劣汰效果，只有具有提供较高质量产品的出口商才能保持对发达国家的出口销售。

而在第二阶段——贸易方程中，不同发展水平国家设置的技术性贸易壁垒均对贸易深度有显著影响，但存在较大差异。发展中国家设置的 TBT 和 SPS 对贸易深度均具有限制作用，虽然发达国家设置的 TBT 对贸易深度具有阻碍效应，但其设置的 SPS 对贸易深度均有明显的推动作用。发展中国家设置的 TBT 和 SPS 每增加 1 个单位，分别会降低中国企业出口销售的 1.4% 和 5.9%，说明发展中国家的 SPS 对贸易广度的限制效应要强于 TBT。发达国家设置的 TBT 每增加 1 个单位，会减小中国企业出口销售的 10.3%，而其 SPS 每增加 1 个单位，会增加中国企业出口销售的 62.3%，说明发达国家 SPS 对贸易深度的促进作用远大于其 TBT 对贸易深度的限制作用。从效应系数绝对值的比较来看，发达国家设置的技术性贸易壁垒的贸易效应均大于发展中国家的技术性贸易壁垒。

表 7-2　不同发展水平的国家（发达国家与发展中国家）实施的 TBT 和 SPS 对贸易流量的影响

项目	第一阶段 选择方程		第二阶段 贸易方程 行为方程	
	发达国家	发展中国家	发达国家	发展中国家
lnD	-1. 212 **	-1. 555 **	-1. 009 **	-0. 245 **
ln（1+TBT）	-0. 152 **	0. 014 **	-0. 103 **	-0. 044 **
ln（1+SPS）	-0. 425 **	-0. 059 **	0. 623 **	-0. 001 **
$\hat{\gamma}_{ijt}^{*}$			-11. 398 **	-1. 174 **
σ			11. 433 **	2. 374 **
adj. R^2	0. 513	0. 502	0. 829	0. 712

* 表示在 5% 的显著水平上拒绝原假设；** 表示在 1% 的显著水平上拒绝原假设

7. 3. 2. 3　美欧日分类实证分析

下面进一步对发达国家群组内部作出进一步分析。所采用数据以美国、欧盟及日本农产品进口中的细分产品群组数据。

从表 7-3 中的结论可知，对于 Heckman 模型的第一阶段——选择方程中，来自美国、日本和欧盟三大发达国家及地区的 TBT 和 SPS 均显著降低了贸易广度，但是限制强度不同，由弱及强依次为：日本、欧盟和美国。美国、欧盟、日本的 TBT 每增加一个单位，会分别降低中国出口商数量的 21. 3%、14. 7%、12. 7%。当它们的 SPS 每增加一个单位时，会分别减少中国出口商数量的 51. 7%、39. 7%、37. 6%。

而在第二阶段——贸易方程中，不同发达国家设置的技术性贸易壁垒均对贸易深度有显著影响，但影响程度不同，由弱及强顺序仍为日本、欧盟和美国。美国、欧盟和日本的 TBT 每增加一个单位，会分别限制中国出口销售的 18. 5%、9. 7%、8. 5%；而它们的 SPS 每增加一个单位，则会分别促进中国出口销售的 69. 5%、58. 3%、57. 4%。笔者认为发达国家所设置的技术性贸易壁垒贸易效应强弱不同的原因在于：虽然日本距离中国最近，但由于日本国土狭小，为农产品净进口国，因此对邻近的中国的农产品需求较大，且弹性小，导致其设定的技术性贸易壁垒对贸易影响不大（其实更强的效应在短期之内显现，所谓短期是指在一年之内）。而美国、欧盟虽然距离中国较远，但其本身农业生产能力强大，与中国农产品需求弹性较强，因此中国农产品出口对其实施的技术性贸易壁垒十分敏感，且影响较为深远。

表 7-3 美欧日实施的 TBT 和 SPS 对贸易流量的影响

项目	日本		欧盟		美国	
	选择方程	贸易方程	选择方程	贸易方程	选择方程	贸易方程
ln（1+TBT）	-0.147*	-0.085**	-0.147**	-0.097**	-0.213**	-0.185**
ln（1+SPS）	-0.396**	0.574**	-0.397**	0.583**	0.517**	0.695**
adj. R^2	0.631	0.756	0.563	0.687	0.593	0.647

* 表示在5%的显著水平上拒绝原假设；** 表示在1%的显著水平上拒绝原假设

表7-4为不同进口地区及国家实施的TBT及SPS对中国农产品出口贸易影响的小结，结论显示：所有国家及地区实施的TBT对中国农产品贸易的广度及深度的影响均为负。但SPS的贸易效应有显著差异，发展中国家实施的SPS对中国农产品贸易的广度及深度仍只具有消极影响，而发达国家实施的SPS对中国农产品贸易的广度虽有负面影响，但对贸易深度却具有促进效应。其中，美国、欧盟和日本实施的TBT和SPS对中国出口贸易广度及深度的影响是类似的，但强弱不同，其由强及弱的顺序依次为：美国、欧盟和日本。

表 7-4 不同进口地区及国家 TBT 及 SPS 对中国农产品出口贸易影响小结

技术性贸易壁垒对贸易的影响	进口地区及国家				
	发达国家	发展中国家	美国	欧盟	日本
TBT	（-，-）	（-，-）	（-，-）	（-，-）	（-，-）
SPS	（-，+）	（-，-）	（-，+）	（-，+）	（-，+）

注：括号中的第一个符号表示选择的定性效应，第二个符号表示行为的定性效应

7.3.2.4 稳健性分析

下面本书将对上述实证结果的稳健性进行分析。

第一，尝试使用工具变量法。由于TBT与贸易流量之间可能存在双向因果关系，本书采用滞后一期的TBT并不能完全消除这种双向因果关系，因此需要进行稳健性检验。Essaji（2008）将新西兰实施的技术性贸易壁垒作为美国TBT的工具变量。鲍晓华和Larry（2011）采用适量的滞后期TBT作为工具变量。经过滞后期延长后的模型检验结果显示，本书的实证分析是稳健的。

第二，本书也尝试使用细分行业数据来进行分析。表7-1中的左半部分是基于国家层面数据的分析结果，右半部分则包括了基于行业的数据。采用行业数据进行分析有两个原因：第一，修订的Helpman（2008）模型是可以使用行业数据进行分析的；第二，有相当比例的TBT通报并没有明确的HS产品编码指向。但是，不同的产品出口会受到相当TBT的影响，仅用国家层面的TBT

通报数来测算 TBT 对贸易的影响是不准确的，因此，作为一种稳健性检验，本书将采用 HS 四位数编码的贸易数据和相应 TBT 进口覆盖率来进行细分行业层面的分析。进口覆盖率（import coverage ratio）是以进口额为权重的频数比率，可以用某部门遭遇 TBT 的进口价值占该部门进口总值的比重来衡量。其分析结论显示，本书的实证分析是稳健的。

7.3.3 主要结论

本书采用面板数据，结合基于 Heckman 选择算法的新引力模型对中国农产品出口遭遇的 TBT 和 SPS 两类技术性贸易壁垒的贸易效应进行了实证分析。其主要结论如下：

第一，在基于不分类条件下的总体分析中，TBT 和 SPS 均显著地限制了贸易，降低了贸易广度，即减少了出口贸易企业的数量。另外，TBT 显著地降低了贸易深度，而 SPS 则显著地增加了贸易深度，即继续保持出口的企业能够扩大自身的出口销售。这意味着，技术性贸易壁垒给出口国带来的积极信息披露效应大于消极成本增加效应，也就是说，技术性贸易壁垒对出口固定成本的影响大于其对可变成本的影响。在结构和数量调整结束后，出口国的资源也得到了相应的重新配置，并且出口国资源利用效率得到提升。换言之，当中国出口面临的 TBT 通报数增加时，会降低出口贸易广度，并同时降低出口贸易深度，而当中国出口面临的 SPS 通报数增加时，会降低出口贸易广度，但会较大幅度提高贸易深度。

第二，在发达国家与不发达国家的分类分析中，来自发达国家与发展中国家的 TBT 和 SPS 均显著降低了贸易广度，但是发达国家设置的技术性贸易壁垒的对贸易广度的限制作用更强一些。说明发达国家设置的技术性贸易壁垒更为严格，对中国的出口商有较强的优胜劣汰效果，只有具有提供较高质量产品的出口商才能保持对发达国家的出口销售。而且，不同发展水平国家设置的技术性贸易壁垒均对贸易深度有显著影响，但存在较大差异。发展中国家设置的 TBT 和 SPS 对贸易深度均具有限制作用，虽然发达国家设置的 TBT 对贸易深度具有阻碍效应，但其设置的 SPS 对贸易深度均有明显的推动作用。发达国家 SPS 对贸易深度的促进作用远大于其 TBT 对贸易深度的限制作用。从效应系数绝对值的比较来看，发达国家设置的技术性贸易壁垒的贸易效应均大于发展中国家的技术性贸易壁垒。

第三，在基于细分产品群组的美国、日本和欧盟分类分析中可知，对于 Heckman 模型的第一阶段——选择方程中，来自美国、日本和欧盟三大发达国家及地区的 TBT 和 SPS 均显著降低了贸易广度，但是限制强度不同，由弱及强依次为日本、欧盟和美国。就贸易深度而言，不同发达国家设置的技术性贸易壁垒均对贸易深度有显著影响，但影响程度不同，由弱及强顺序仍为日本、欧盟和美国。笔者认为发达国家所设置的技术性贸易壁垒贸易效应强弱不同的原因在于：虽然日本距离中国最近，但由于日本国土狭小，为农产品净进口国，因此对邻近的中国的农产品需求较大，且弹性小，导致其设定的技术性贸易壁垒对贸易影响不大（其实更强的效应在短期之内有显现，所谓短期是指在一年之内）。而美国、欧盟虽然距离中国较远，但其本身农业生产能力强大，与中国农产品需求弹性较强，因此中国农产品出口对其实施的技术性贸易壁垒十分敏感，且影响较为深远。

本书所采用模型及方法仍存在不少可提升研究质量的空间。在此列出三点主要展望：

第一，通过对行业层次的面板数据作进一步挖掘，能够将贸易流量进一步分解为衡量出口多元化的定量指标及细分产品群组的贸易额。还可以将之分解为价格和数量，关于进一步分解的方法早在 2005 年就由 David Hummels 和 Peter J. Klenow 在美国经济评论上发表的文章中作出详细阐述。这样的深度分解可以进一步探知技术性贸易壁垒对贸易多元化、贸易价格及贸易数量的影响。

第二，技术性贸易壁垒本身并不属于严格的可观测变量，它本身是不具备量纲的，且形式多样高度复杂，因此对技术性贸易壁垒本身的量度就存在不少争议，并有很多方法，鲍晓华（2010）对技术性贸易壁垒的量度工作展开非常详细的阐述。但也应该清醒的认识到，目前的任何一种测度技术性贸易壁垒的技术工具都存在自身的缺陷，也就是还存在一种被广泛接受的能够有效反映技术性贸易壁垒的测量手段。

第三，目前所有研究文献全部建立在年度面板数据基础之上。秦臻（2009）曾采用季度数据中的中国部分园艺产品出口美国、日本和欧盟遭遇技术性壁垒受阻批次数据进行了描述性统计分析。理论上，技术性贸易壁垒的短期贸易效应与长期贸易效应是有区别的，但实证研究中，很少采用季度及月度数据进行分析，若能获得更为精准的技术性贸易壁垒数据，则可以大幅提高对技术性贸易壁垒贸易效应的研究深度及预测精度。

7.4 基于 PPML 技术性贸易措施对中国农产品出口的影响

7.4.1 研究方法与计量技术

贸易引力模型近来被广泛使用于估计距离［Disdier 和 Head（2006）］、货币联盟［Rose 和 van Wincoop（2001）］、共同边界［McCallum（1995）］、关税［Baier 和 Bergstrand（2001）］、技术性贸易壁垒［Maskus 和 Wilson（2001）］、固定贸易成本等因素的贸易效应［Helpman 等（2008）］。在贸易引力方程中，双边贸易流量是进口需求、出口供给及不同的贸易成本的函数，贸易成本主要包括地理距离、关税、技术性壁垒、运输成本、边界效应、殖民关系等。贸易引力方程的主要优点在于其估计结果与实践一致且十分稳健。尽管贸易引力方程是目前贸易领域使用最为广泛的模型，但它也具有一些缺点。

早期的贸易引力模型欠缺微观经济理论基础。Anderson 和 van Wincoop（2003）在支出系统基础上推导出多边阻力条件下贸易引力模型，而多边阻力项是过去研究文献忽略的重要因素。Baldwin 和 Taglioni（2006）指出传统贸易引力方程三个错误，分别是 A 类错误、B 类错误和 C 类错误。A 类错误指传统引力模型忽略了可变引力条件，即特定国家多边阻力项；B 类错误采用美元双边贸易数据；C 类错误指未考虑通胀因素。

近年来的研究文献也指出了贸易引力方程的一些不足。第一，样本选择偏误问题。Heckman（1979）首次提出样本选择问题，在高度分解的双边贸易面板数据中，存在贸易零值数据，忽略零贸易样本，会造成样本选择偏误。Martin 和 Pham（2008）认为，在计量方程中依据缺陷数据建模会给估计结果带来极大偏差。Helpman 等（2008）认为出口企业的选择行为是零贸易流量缺失的主要原因，在此基础上他们引入企业异质性假设，构造了一个允许非对称贸易流量及零贸易流量的一般均衡模型，并同时考虑了贸易广度问题，他们建立的一般均衡条件的 HMR 模型并不需要企业层面数据，仅需采用一个两步 Heckman 修正估算技术。虽然 HMR 模型可以解决异质出口商的选择偏误问题，但仍有两个问题未能解决。

第一，计量方程中存在的异方差问题。Silva 和 Tenreyro（2006）认为，由于詹森不等式，对数线性贸易引力方程中的系数并不是弹性系数。为了克服这个问题，他们建议对乘积形式贸易引力方程采用泊松最大拟似然法来估算。

Martin 和 Pham（2008）采用蒙特卡罗模拟法对不同贸易引力模型估计技术进行比较，他们发现在解决识别问题后 Heckman 最大似然估计技术表现更好，拟泊松最大似然法（Poiss on Pseudo-Maximum-Likelihood，PPML）虽然能解决弹性问题，但不能解决样本选择偏误问题。

第二，过度分布和零数据频度过大问题。Burger Van Oort 和 Linders（2009）认为对传统 PPML 不能解决过度散布问题和零数据频度过大问题。目前主要有三种方法可解决此类问题：负二项拟最大似然法（negative binomial pseudo maximum likelihood estimator，NBPML）、零胀泊松拟极大似然法（zero-inflated poisson pseudo maximum likelihood model，ZIPPML）和零胀负二项拟极大似然法（zero-inflated negative binomial pseudo maximum likelihood model，ZINBPML）。

7.4.2 数据描述

通常，学术界对农产品及食品界定是依据世界贸易组织（WTO）农业协议对农产品和水产品的定义，主要包括 HS01 ~ 24（International Convention for Harmonized Commodity Description and Coding System）及杂项农产品。HS01 ~ 24 类产品可分为四类：第一类，活动物、动物产品；第二类，植物产品；第三类，动、植物油、脂及分解产品，精制的食用油脂，动、植物蜡；第四类，食品，饮料、酒及醋，烟草、烟草及烟草代用品的制品。本书主要研究 SPS 的贸易效应，而第四类产品同时受到 TBT 和 SPS 的双重影响，因此本书选取第一类、第二类和第三类产品作为研究对象，研究 SPS 措施的贸易效应。具体范围是 HS01 ~ 15 产品系列，双边贸易数据及 SPS 通报数均采用 HS 编码 8 位数编码。

本书双边贸易数据来自联合国贸易数据库（United Nations COMTRADE）。虽然世界贸易组织贸易多边贸易自由化进程受阻，但在食品安全方面其地位仍然重要，而且 WTO 在技术性贸易措施的统计上具有一定的权威性，数据完整及连续性强。因此，本书农产品及食品安全标准措施数据仍然使用世界贸易组织技术性贸易措施数据库，研究时期为 1995 ~ 2012 年，各类农产品及食品动植物检验检疫措施（SPS）通报数采集自世界贸易组织动植物检验检疫措施通报数据库，并参照中国 WTO 动植物检验检疫措施通报咨询网相关数据。贸易引力模型中所用地理距离数据及虚拟变量数据采自 CEPII 数据库。进口方国内生产总值数据一并采集自世界银行（World Bank）统计数据库，出口方国内供给数量用其联合国贸易统计数据库计算农产品及食品出口总额为代理变量。为了解决代理变量的内生性问题，本书采用 FAO 的食物供给数据作为稳健性检验的基础。

本模型数据集的特点如下：第一，贸易零值数据比重较大。对于三类农产品，大部分贸易流量为零。虽然联合国贸易统计数据库存在舍入误差和统计缺失，但是贸易零值比重较大的主要原因是潜在出口商不愿意或没有能力出口。进口国设立的技术性贸易壁垒成为出口国的贸易固定成本，也是出口商的合理成本。因此，本书有必要在建模时考虑零贸易流量频度较大这一重要因素。第二，农产品及食品安全标准变量表现出时变性特征，因此可采用国家层面固定效应技术解决技术性安全措施贸易效应测算冲突问题。最后，本书的供给代理变量是采用部门层面出口总量，比直接采用 GDP 更好，更接近于真实国内供给。本书在此采用拟极大似然技术（pseudo maximum likelihood models）对数据集建立贸易引力模型进行分析，并比较了混合截尾回归技术（pooled truncated OLS models，trun-OLS）和拟极大似然技术的优劣及特点。

7.4.3 拟极大似然技术

贸易引力方程所采用的数据主要为面板数据，与乘积形式计量方程相比，对数线性化计量方程存在异方差的风险很高。詹森不等式（Jensen's inequality）显示，对数线性化计量方程中弹性值估算结果与真实值存在较大差异。Silva 和 Tenreyro（2006），Burger、Van Oort 和 Linders（2009）均认为在水平方程基础上，采用泊松拟最大似然等计算技术可以有效解决异方差问题。Silva 和 Tenreyro（2006）认为，当被因变量条件方差与其条件均值成正比时，PPML 技术比其他处理异方差估算法更为稳健。但是，当贸易数据集中存在过量零贸易值时，此条件将无法满足。过度分布或存在多种数据生成过程均会造成过量零贸易值问题。为了解决零贸易值及数据生成过程问题，许多学者提出了不同的解决方法，如 NBPML（负二项泊松模型）、ZIPPML（零通胀泊松模型）、ZINBPML（零通胀负二项泊松模型）。对于 PPML、NBPML、ZIPPML、ZINBPML 这四种方法的拟最大似然法均能解决零数据值问题。

PPML 模型的设置形式如式 7-25 所示，

$$E(Y_{ijt}^{k} \mid X_{ijt}^{k}) = \exp\begin{bmatrix}\beta_1^k \ln(\mathrm{SPS}_{jt}^{k}) + \beta_2^k \ln(\mathrm{GDP}_{jt}) + \beta_3^k \ln(\mathrm{Supply}_{it}^{k}) \\ + \beta_4^k \ln(\mathrm{Dist}_{ij}) + \sum_t \alpha_t^k \mathrm{Year}_t + c_i + c_j\end{bmatrix} \quad (7\text{-}25)$$

其中，X_{ijt}^{k} 表示包括所有解释变量的矩阵。其中，Y_{ijt}^{k} 表示出口方 i 向进口方 j 的产品 k 出口量。SPS_{jt}^{k} 表示农产品及食品安全通报频数。GDP_{jt} 表示进口方 j 的国内

生产总值。Supply_{it}^{k} 表示出口方 i 产品 k 的国内总供给。Dist_{ij} 表示进口方 j 与出口方 i 的地理距离。Drta_{ij} 表示出口方与进口方的双边自由贸易协定。Year_{t} 表示时间虚拟变量。c_i 和 c_j 分别表示出口方和进口方固定效应。本书在此采用具备时变特征的进口商固定效应技术更符合食品安全标准贸易效应测算要求。PPML 估计值连续性的保证条件是 $\text{Var}(Y_{ijt}^{k}|X_{ijt}^{k}) \propto E(Y_{ijt}^{k}|X_{ijt}^{k})$。对于 NBPML 模型的条件均值也用上式表示，但考虑到过度分布，应服从 $\text{Var}(Y_{ijt}^{k}|X_{ijt}^{k}) \infty E^{2}(Y_{ijt}^{k}|X_{ijt}^{k})$。

对于 ZIPPML、ZINBPML 两种零通胀模型，可用式（7-26）表示：

$$\Pr(Y_{ijt}^{k}=y|x_{ijt}^{k})=\begin{cases}\Phi(x_{ijt}^{k})+(1-\Phi(x_{ijt}^{k}))f(0|x_{ijt}^{k}), & y=0\\(1-\Phi(x_{ijt}^{k}\gamma^{k}))f(y|x_{ijt}^{k}), & y>0\end{cases} \tag{7-26}$$

其中，$\Phi(x_{ijt}^{k})$ 表示出口商自主选择条件下的零贸易概率，$f(\cdot)$ 表示自主选择条件下不同贸易数据生成过程的密度函数。在 ZIPPML 模型中，数据生产过程分布均值为 $\exp(x_{ijt}^{k}\beta^{k})$ 及方差 $\text{Var}(Y_{ijt}^{k}|X_{ijt}^{k}) \infty E(Y_{ijt}^{k}|X_{ijt}^{k})$。在 ZINBPML 模型中，数据生成过程与 ZIPPML 具有相同均值，但方差服从 $\text{Var}(Y_{ijt}^{k}|X_{ijt}^{k}) \infty E^{2}(Y_{ijt}^{k}|X_{ijt}^{k})$。显然，在零通胀模型中零贸易值产生原因有两个：第一，出口商在选择阶段决定不出口；第二，虽然出口商在第一阶段尝试出口，但成本冲击导致其出口失败。在 HMR 模型中，本书假定殖民关系会影响选择方程，但不会影响行为方程。总之，需要在进行相关检验后，才能在四种拟最大似然法中选择一个最适合的。首先，PPML 和 ZIPPML 的区别在于数据生成过程中是否第一阶段自我选择导致零贸易值。Vuong 检验（1989）可用来对此问题进行检验，进而判断是否采用零胀类模型。其次，ZIPPML 是 ZINBPML 的特例，其条件为贸易数据生成过程中不存在过度分布。因此，通常采用标准似然比检验法来检验过度分布是否存在（零假设为过度散布参数为零，即不存在过度散布）。NBPML 作为 PPML 的特例，也需要采用上述方法进行检验。

本书在表 7-5 至表 7-7 中报告了 PPML、NBPML、ZIPPML、ZINBPML 的计算结果。三类农产品在似然比散布检验中均存在过度散布。因此，NBPML 和 ZINBPML 分别优于 PPML 和 ZIPPML。Vuong 检验结果说明 ZIPPML 和 ZINBPML 方法比 PPML 和 NBPML 方法更稳健，需要采用二元选择模型。从两类检验结果来看，ZINBPML 是四种拟最大似然法中最好的一种。因此，下面主要对 ZINBPML 检验结果进行分析。

表 7-5 中第一类农产品 ZINBPML 模型计算结果显示，进口方收入提高促使出口厂商数量增加，但出口总额下降。本书认为主要原因是，出口农产品质量不高，接近经济学定义的劣质品，劣质品具有消费者收入与产品价格呈现反

比关系的特征。出口总供给提升能增加出口贸易额，但就单个出口商而言，竞争加剧导致出口难度增加。SPS 措施可以提高贸易广度，降低贸易深度。表 7-6结果显示，对第二类农产品来说，SPS 措施可以增加出口多元化程度，同时增加出口贸易数量。出口方国内生产对贸易的影响是显著且有正向推动作用。表 7-7 结果显示，SPS 措施对第三类农产品贸易广度和深度均具有正向的影响。另外，对于全部三类产品来说，地理距离既减少贸易广度也减小贸易深度。

表 7-5　第一类产品拟最大似然法模型检验结果

模型方法	PPML	NBPML	ZIPPML[a]	ZIPPML[b]	ZINBPML[a]	ZINBPML[b]
SPS	-0.457 **	-0.722 **	-0.408 **	0.387 **	0.341 **	-0.706 **
GDP	2.656 **	2.322 **	1.047 **	-3.064 **	3.071 **	-5.782 **
Supply	0.436 **	0.254 **	0.053 **	0.438 **	-0.188 **	0.466 **
Dist	-2.386 **	-3.488 **	-2.265 **	-1.141 **	-2.083 **	-4.714 **
Dispersion		9.249 ***			3.218 ***	
Vuong 检验			7.04 ***		7.93 ***	

* 表示 $P<0.1$；** 表示 $P<0.05$；*** 表示 $P<0.01$。a 表示深度效应；b 表示广度效应

表 7-6　第二类产品拟最大似然法模型检验结果

模型方法	PPML	NBPML	ZIPPML[a]	ZIPPML[b]	ZINBPML[a]	ZINBPML[b]
SPS	-0.352 **	1.357 **	0.045 **	0.523 **	0.158 **	0.283 **
GDP	7.483 ***	2.718 ***	0.009 ***	-0.467 ***	2.474 ***	1.102 ***
Supply	1.158 **	1.349 **	0.756 **	0.744 **	0.749 **	0.691 **
Dist	-2.545 ***	-3.127 ***	-1.698 ***	-8.147 ***	-2.106 ***	-1.493 ***
散布检验		16.402 ***			3.293 ***	
Vuong 检验			16.45 ***		8.04 ***	

* 表示 $P<0.1$；** 表示 $P<0.05$；*** 表示 $P<0.01$。a 表示深度效应；b 表示广度效应

表 7-7　第三类产品拟最大似然法模型检验结果

模型方法	PPML	NBPML	ZIPPML[a]	ZIPPML[b]	ZINBPML[a]	ZINBPML[b]
SPS	-0.834 **	1.597 **	0.847 *	2.112 **	1.858 **	1.048 **
GDP	2.296 **	6.023 **	3.869 **	-2.572 **	3.867 **	1.349 **
Supply	1.097 **	1.482 **	0.647 **	0.876 **	0.667 **	0.753 **
Dist	-8.169 **	-3.969 **	-3.774 **	-7.060 **	-3.785 **	-6.809 **
散布检验		16.301 ***			0.715 ***	
Vuong 检验			11.53 ***		7.65 ***	

* 表示 $P<0.1$；** 表示 $P<0.05$；*** 表示 $P<0.01$。a 表示深度效应；b 表示广度效应

7.4.4 模型选择与 SPS 贸易效应

本书将在此进一步阐述模型选择及相关经济理论，然后分析 SPS 类技术性贸易壁垒贸易效应，并进行简短的小结。另外，本书对选定模型进行稳健性检验，增加计量经济分析结论对实际政策建议的可靠度。

本书通过消去法搜寻最适合的建模方法。首先，由于无法解释贸易广度（新进厂商概率），所以截尾最小二乘法是较差的估算方法，存在样本选择偏误及异方差问题。其次，过度散布检验和 Vuong 检验表明 ZINBPML 模型是拟最大似然中最好的模型。ZINBPML 模型能更好地处理异方差问题，对于高度分解的贸易面板数据，解决好异方差问题十分重要。模型检验结果如表 7-8 所示，由于存在厂商边际误配问题，以及对数线性方程偏误问题，所以本应用中 ZINBPML 模型更好。

表 7-8　全部三类农产品的模型检验

模型方法及计量技术	截尾最小二乘法	拟最大似然法			
		PPML	NBPML	ZIPPML	ZINBPML
是否具有选择过程	no	no	no	yes	yes
是否纠正选择偏误	no	no	no	no	no
是否考虑新进入者	no	no	no	no	no
纠正异方差	no	yes	yes	yes	yes
零假设：无设置偏误					
Dispersion 检验	—	PPML<NBPML		ZIPPML<ZINBPML	
Vuong 检验	—	PPML < ZIPPML			
	—		NBPML < ZINBPML		

“—”表示无此项指标

进口方实施 SPS 类技术性贸易措施的贸易效应结果在表 7-9 中显示。除了第一类产品中 SPS 贸易深度效应以外，其余结论均表明 SPS 的贸易效应在统计上不显著。第一类产品 SPS 贸易深度效应系数为−0.732。下面进一步对不存在 SPS 措施的情景进行模拟，与存在 SPS 措施的情景进行比较，结论显示，SPS 措施可以提升第一类农产品的贸易广度，但会降低其贸易深度。主要原因在于，严格的 SPS 措施会提高出口门槛，促进贸易多元化，但过高的出口门槛增加了企业的出口成本，减少了企业的出口数量。SPS 措施可以同时提升第二类农产品和第三类农产品的贸易广度和贸易深度。主要原因在于，在 SPS 措施促进贸易多元化的同时，也能够增加进口市场消费者的消费信心和安全感，反而可以提升具备出口实力的出口商的出口贸易数量。

表 7-9 SPS 措施的贸易效应小结

计量技术	贸易效应分解	第一类农产品	第二类农产品	第三类农产品
ZINBPML	贸易广度	0.341	0.158	1.858
	贸易深度	-0.706	0.283	1.048

除 SPS 变量以外，其他变量也有显著的贸易效应。代表进口方需求的 GDP 可以增加农产品的贸易广度，但对第一类农产品的贸易深度具有负效应，主要是因为进口消费者会认为廉价的进口农产品类似于劣质品，当进口收入提高时，进口需求数量反而下降。出口方生产被视为一种重要的贸易决定因素：当出口方生产扩大时，贸易广度和深度均会增加。距离变量与贸易广度深度均呈反向关系。

在本书得出结论之前，有必要进一步对出口方供给变量潜在的内生性问题作出敏感性分析。出口贸易与国内供应之间的相关性问题是贸易引力模型实证分析不可回避的重要问题。对此有几种解决办法。第一，Harrigan（1994）建议采用要素禀赋作为工具变量，但在本书中，很难找到有效的要素禀赋工具变量。第二，将被解释变量修改为出口份额指标，用相对指标代替绝对指标，但这种方法不能考察出口国国内供给对出口贸易的影响。第三，本书采用另一种代理变量解决内生性问题。FAOSTAT 数据库提供了大部分国家绝大部分农产品的产量数据，本书从中选取三类农产品出口方国内总产量时间序列作为代理变量，可有效解决内生性问题。在对模型进行改进之后，继续对不同算法的贸易引力模型进行比较，最后发现 ZINBPML 模型仍然是最稳健的。

7.5 评议性结论

自从关税及配额等传统贸易壁垒逐渐削减以后，如食品安全标准类技术性贸易措施及动植物检验检疫措施成为主流的新型贸易壁垒。食品安全标准实施目的主要有，保护人类健康、保护环境以及减少食品及饲料污染风险。自 1961 年以来，由联合国粮食及农业组织（FAO）和世界卫生组织（WHO）共同成立的食品法规委员会（Codex Alimentarius Commission）在大力推行国际食品安全标准。但是，由于该体系没有强制性，所以许多国家并没有参照 Codex 国际标准，反而实施了许多更广泛、更严格的食品安全进口措施。这样的行为往往具有贸易保护主义色彩。

本书采用最前沿的技术构建贸易引力模型，分析 SPS 措施对三大类农产品（分别为第一类，活动物；动物产品。第二类，植物产品。第三类，动、植物油、脂及分解产品）的贸易效应，并对截尾最小二乘法和各类拟极大似然法模型进行了比较，主要结论如下：

第一，与过去的研究文献不同的是，对于第一类农产品，SPS 措施具有增加贸易广度，降低贸易深度的作用。主要原因在于，严格的 SPS 措施会提高出口门槛，促进贸易多元化，但过高的出口门槛增加了企业的出口成本，减少了企业的出口数量。

第二，对于第二类和第三类农产品，SPS 措施具有增加贸易广度，同时也能提升贸易深度的作用。主要原因在于，在 SPS 措施促进贸易多元化的同时，也能够增加进口市场消费者的消费信心和安全感，反而可以提升具备出口实力的出口商的出口贸易数量。

第三，出口方国内生产是出口贸易的决定性因素，也就是说，出口贸易潜力是由出口国内生决定，而外部壁垒对贸易影响甚微。因此，对出口方来说，大力提升出口能力比降低进口食品安全标准更有利于出口贸易。

第四，对不同计量技术的引力模型进行比较后发现，忽略多边贸易阻力项会造成估算结果出现重大偏误。在既定条件满足时，HMR 模型可以很好地测算贸易广度和贸易深度。而 ZINBPML 能很好地解决过度散布分布问题。因此，贸易引力方程建模前，应在 ZINBPML 技术与 HMR 技术间根据经验法则来选择。

此外，在未来进一步的研究中，可将食品安全标准的贸易效应分解为贸易成本效应和进口需求扩大效应，用以识别技术性贸易措施分别对生产者和消费者的影响，而不仅仅是考察对贸易额的净效应。

第 8 章 基于调查研究的农产品技术性贸易壁垒分析

调查研究法在技术性贸易壁垒问题的研究中采用不多，主要是因为这种方法存在调查成本较高，数据收集比较困难，调查结果受问卷设计、调查方式及调查对象提供信息可信度等方面的影响不确定等问题。但是关注特定问题的有针对性的调查可以揭示特定国家和特定部门出口面临的壁垒问题，能够获得技术性贸易壁垒实施中的相关细节，有利于识别难以评估的壁垒，如区分对贸易有主要限制效果和没有限制作用的法规，确定某一规模措施的重要性排名等；同时，调查结果可信度较强，可以为更精细的技术性贸易壁垒的经济效应研究提供数据基础。而且，调查研究得出的是比较直观的信息，其结果不能预见贸易趋势和动态因素等问题。

下面将从企业及农户角度研究农产品出口的技术性贸易壁垒状况、影响程度、影响因素、相关主体（企业、行业协会、政府）的应对措施等，以定性研究为主。本书从茶叶出口企业角度出发，通过问卷调查，采用统计方法分析农产品出口企业遭遇技术性贸易壁垒的状况，归纳企业对克服技术性贸易壁垒的意见和建议，为企业、行业协会和政府的决策提供较为可靠和科学的依据。

8.1 基于主成分法的农产品技术性贸易壁垒分析

8.1.1 分析方法

先采用主成分法和因子分析法，构建一套关于应对技术性贸易措施的实施效果综合评价模型，为评价农产品行业应对技术性贸易措施的实施效果提供方法与工具。

主成分分析属于现代多元统计分析方法，该法可同时实现指标的归类和综合。所得的少数几个综合指标不仅包含原有指标的绝大部分信息而且彼此互不相关。分析过程进行了数据的标准化处理，消除了指标量纲和数量级的影响。权重的获得属于客观赋权法，其源信息来自统计数据本身。本书的具体评价方法为：

第一，选择具有代表性的农产品出口企业进行问卷调研，并对样本进行适宜性检验，一般以 KMO 值大于 0.5 为宜。

第二，计算特征值与贡献率：运用主成分分析法，对指标进行降维，得出各主成分的特征值和贡献率。

第三，主成分确定：根据各主成分的因子载荷值大小，选取指标将其归纳为一类综合指标，并进行主因子命名。

第四，综合主成分的正态性检验：采用柯尔莫哥洛夫-斯米尔洛夫检验，确定综合主成分是否服从正态分布。

第五，综合主成分的评价标准：根据正态分布，确定概率的综合主成分。

第六，应用：利用调研统计结果计算综合主成分，根据评价标准进行等级评价。

8.1.2 评价指标体系

通过选择具有行业代表性的某一类农产品出口企业，从产地管理、投入品管理、生产管理、人员管理和经营管理等五个维度，综合评价应对措施的实施效果。既可以反映出微观企业的实施效果，又能体现出整个行业的应对水平。表 8-1 表示本模型设定的评价指标体系。

表 8-1 评价指标设定

目标层	产地管理	种植区域与规模
实施效果： a. 产品竞争力 b. 出口通关效率 c. 生产管理能力 d. 市场占有率	投入品管理	种植田块的分析控制 农业投入品采购 农业投入品试用
	生产管理	农田水利基础设施 耕作机械化程度 栽培技术 操作规范 田间灌溉 病虫害防治 初加工的技术设备与工艺水平 包装标识与可追溯管理 自检能力 企业标准

续表

目标层	产地管理	种植区域与规模
实施效果： a. 产品竞争力 b. 出口通关效率 c. 生产管理能力 d. 市场占有率	人员管理	员工卫生与健康 技能培训
	经营管理	出口经营策略 行业协作 国际市场开发 体系或产品认证

8.1.3 数据来源

通过对湖北省随州市及湖北其他地区食用菌及其他蔬菜生产基地进行预调研，以及参加有关会议，进一步完善调研问题。最后，选取湖北省作为主要调研地区，借助湖北省蔬菜协会的信息，对协会覆盖的主要蔬菜出口企业进行抽样，共发放调研问卷 65 份，收回有效问卷 50 份。调查过程中，得到了大、中、小蔬菜出口企业的大力支持，数据相对比较完整，可靠性较高。因此通过分析能够在一定程度反映实际问题，进而为下一步的分析研究提供依据。

8.1.4 数据的实证分析

8.1.4.1 变量指标描述

根据指标体系的设置，共有 21 个变量进入主成分分析指标模型。表 8-2 显示具体模型指标及其含义。

表 8-2 模型指标及其含义

指标	含义	指标	含义
x_1	基地选择	x_8	采后工艺
x_2	基础设施	x_9	包装材料
x_3	供应商	x_{10}	产品标识
x_4	投入品试用	x_{11}	过程检验
x_5	灌溉水	x_{12}	产品标准
x_6	病虫害防治	x_{13}	安全管理
x_7	操作规范	x_{14}	技能培训

续表

指标	含义	指标	含义
χ_{15}	生产方式	χ_{19}	经营策略
χ_{16}	技术指导	χ_{20}	市场开发
χ_{17}	产品认证	χ_{21}	反倾销应诉
χ_{18}	体系认证	—	—

8.1.4.2 结果分析

本书采用 SPSS 软件对数据进行分析处理，结果如表 8-3 所示。

表 8-3 特征值与贡献率

主成分	特征值	方差	贡献率	累计贡献率
1	2.6158	1.1798	0.2891	0.2236
2	1.5631	0.2403	0.1442	0.3412
3	1.3756	0.0910	0.1127	0.4535
4	1.2578	0.1949	0.1747	0.5499
5	1.0822	0.2141	0.1333	0.6400
6	0.9985	0.1594	0.1018	0.7200
7	0.9040	0.1188	0.0880	0.7853
8	0.7939	0.2421	0.0722	0.8524
9	0.6900	0.0809	0.0841	0.8975
10	0.6011	0.2039	0.1070	0.9450
11	0.4570	0.1371	0.1204	0.9815
12	0.3728	0.0599		1.0000

表 8-4 主成为指标分类

主成分	主成分内涵	变量指标
F_1	安全生产	χ_1，χ_2，χ_6，χ_7，χ_{11}，χ_{12}
F_2	管理能力	χ_{13}，χ_{16}，χ_{17}
F_3	市场开拓	χ_{20}
F_4	包装要求	χ_9
F_5	标识管理	χ_{10}

表 8-4 显示：F_1（安全生产）对应 6 个指标，分别是χ_1重新选择蔬菜种植基地，χ_2改善农田水利设施建设，χ_6采取病虫害防治手段，χ_7制定或更新农药等新投入品的使用操作规范，χ_{11}加强农产品过程检验，χ_{12}制定或更新企业产品标准；F_2（管理能力）对应 3 个指标，分别是χ_{14}加强员工技能培训，χ_{16}接受政府与协会的管理和技术指导，χ_{17}开展产品认证；F_3（市场开拓）对应 1 个指标，χ_{20}加强国际市场的开发与宣传；F_4（包装要求）对应 1 个指标，χ_9为合理采用包装材料及包装方法；F_5（标识管理）对应 1 个指标，χ_{10}为规范农产品标识。有如下解释：

$$F_1 = 0.3217\chi_1 + 0.4524\chi_2 + 0.3864\chi_6 + 0.3357\chi_7 + 0.3387\chi_{11} + 0.3425\chi_{12} \tag{8-1}$$

$$F_2 = 0.3875\chi_{14} + 0.6384\chi_{16} + 0.4936\chi_{17} \tag{8-2}$$

$$F_3 = 0.5472\chi_{20} \tag{8-3}$$

$$F_4 = 0.4635\chi_9 \tag{8-4}$$

$$F_5 = 0.4892\chi_{10} \tag{8-5}$$

8.1.4.3 实施效果综合评价

根据各主成分的方差贡献率加权求得综合评价指标值 F，其表达式为

$$F = \sum_{i=1}^{5} \alpha_i F_i \tag{8-6}$$

$$\alpha_i = \lambda_i \Big/ \sum_{i=1}^{5} \lambda_i \tag{8-7}$$

其中，$i=1, 2, \cdots, 5$；F_i 为各评价对象在第 i 个主成分上的得分；α_i 表示第 i 个主成为权重系数；λ_i 表示第 i 个主成为对应的特征根。

综合主成分的正态性检验结果显示，采用柯尔莫哥洛夫-斯米尔诺夫检验法（Kolmogorov Smirnov test）对调查对象综合主成分的分布进行检验，最后得到检验统计值 $D=0.1125$，显著性 $\Pr=0.12>0.05$，因此该综合主分分的分布服从正态分析。根据正态分布，确定概率 P 的综合主成分为

$$F = \mu - \sigma\lambda = 1.9237 - 0.9861\lambda \tag{8-8}$$

将不同概率 P 对应综合主成分分为 4 个等级，取 $P=25\%$ 的综合主成分为 2.5347，取 $P=50\%$ 的综合主成分为 1.8125，取 $P=75\%$ 的综合主成分为 1.1837。实施效果的等级标准分为：优秀、优良、良好和一般。根据实施效果等级按数量从大至小依次为：良好企业、一般企业、优秀企业和一般企业。表 8-5 为前 30 位企业综合评价结果。

表 8-5　综合评价结果

排名	F_1	F_2	F_3	F_4	F_5	综合得分
1	5.9639	-1.2186	-1.0137	-0.1701	0.2144	3.8317
2	5.4442	0.4741	0.5947	-0.9039	-1.6404	3.4958
3	5.2370	-0.4387	0.0819	-0.7622	-0.5885	3.3482
4	4.4089	2.6800	-1.0142	0.4601	0.6060	3.2831
5	5.0864	-1.0972	-0.0405	0.2783	-0.6180	3.2632
6	4.8030	-0.5861	0.1167	0.2982	-0.2316	3.1711
7	4.6052	0.0838	-0.0864	0.5443	-0.5031	3.0952
8	4.3698	0.2586	-0.8577	-0.5824	0.8598	2.9437
9	3.7677	1.4942	-0.8163	0.9481	1.3078	2.8467
10	3.8389	-0.5910	1.5340	0.6472	0.7790	2.7120
11	4.1195	-2.2558	-0.0513	0.1320	1.4688	2.6724
12	3.6273	1.3745	0.0008	0.5184	-0.2295	2.5987
13	3.6694	0.5899	-0.3305	-1.3132	0.3541	2.4211
14	3.7377	-1.5801	-0.8469	1.9629	-1.0936	2.3794
15	3.5874	-1.3239	1.0930	-0.5013	0.2236	2.2943
16	2.9025	0.3002	0.3135	2.9104	-0.2355	2.2291
17	3.3684	-0.9269	2.0869	-0.3651	-0.7748	2.1546
18	3.2340	-1.3842	-1.2291	-0.1664	2.0662	2.1435
19	2.8373	0.6016	0.3834	2.0229	-1.0183	2.0691
20	2.9258	-0.8564	0.6239	1.1145	-0.2756	1.9762
21	2.9139	1.5137	-0.7197	-1.8820	0.5583	1.9603
22	2.7655	-0.4555	-0.7551	0.1927	0.9906	1.8808
23	2.6594	-2.2835	-1.6634	1.1996	1.3270	1.7000
24	2.7160	-1.8807	1.8577	-0.6464	0.0455	1.6584
25	2.3053	-0.5981	-0.3475	1.3102	0.3322	1.6152
26	2.0442	0.6537	-0.3630	-0.4748	1.7369	1.5379
27	2.2646	-0.9918	-0.4789	0.1857	1.1974	1.5211
28	2.2397	-0.9030	-0.1823	0.1578	0.9515	1.5022
29	1.9922	0.6620	-0.3921	0.8469	0.4209	1.4997
30	1.9923	0.6614	-0.3922	0.8474	0.4204	1.5005

8.1.4.4 分析结论

通过对湖北省65家企业进行问卷调查，有效问卷50份。运用主成分分析法对21项评价指标进行分析，确定实施技术性贸易应对措施的效果评价的5个主要指标类体系，主要为安全生产、管理能力、市场开拓、包装要求和标识管理。根据正态分布的概率值，确定一般、好、较好、非常好4个等级标准。将50家企业调研数据进行评价排序，其结果表明，实施效果优秀企业有12家，优良的企业有10家，良好的企业有16家，一般的企业有12家。

8.2 农产品出口企业遭遇技术性贸易壁垒的调查分析

8.2.1 农产品出口企业遭遇技术性贸易壁垒的状况

农产品企业受技术性贸易壁垒影响的状况主要包括：企业在最主要出口目的地受技术性贸易壁垒影响的严重程度、影响企业的主要技术性贸易壁垒措施及各技术性贸易壁垒措施影响的严重程度。下面以湖北省蔬菜出口企业为调研对象进行实证分析。

8.2.1.1 企业在最主要出口目的地受技术性贸易壁垒影响的严重程度

表8-6中的结果显示遭遇技术性贸易壁垒程度“严重”的受调查企业最多（占40%），遭遇技术性贸易壁垒程度“根本不严重”的企业最少（占5%）。通过加权平均法可以算出蔬菜出口企业受技术性贸易壁垒影响的总体情况。采用加权平均数的方法时，将“根本不严重”计为1分、“不严重”计为2分、“还可以”计为3分、“严重”计为4分、“非常严重”计为5分，权重为企业在5个严重性等级分布的百分比，得分越高表示企业遭遇技术性贸易壁垒的程度越严重。从表8-6可以看出企业受技术性贸易壁垒影响的数值为3.525，受技术性贸易壁垒影响的程度介于“还可以”和“严重”之间。

表8-6 企业在最主要出口目的地受技术性贸易壁垒影响的程度

项目	根本不严重（1分）	不严重（2分）	还可以（3分）	严重（4分）	非常严重（5分）
频次	2	5	10	16	7
比例/%	5.0	12.5	25	40	17.5
得分	1×5%+2×12.5+3×25%+4×40%+5×17.5%=3.525				

8.2.1.2 影响企业的主要技术性贸易壁垒措施及各技术性贸易壁垒措施影响的严重程度

在考察企业近3年出口遭遇的国外技术性贸易措施及严重程度时，问卷列出了常见的20种技术性贸易措施，包括国外技术和标准方面的障碍等。

为了比较各种技术性贸易措施对企业的影响程度，本书采取加权平均法对20种技术性贸易措施影响的重要程度进行排序。表8-7结果显示：出口企业认为，排名前3位的技术性贸易措施分别为：符合国外技术法规和标准要求所需的费用令企业难以负担；国外的农食药、食品添加剂、重金属、天然毒素及工业污染物等最大限量要求；国外技术法规、标准、检验认证等要求更新、变化过快，难以跟踪。这一结果与已有研究相符。令政府部门和理论界关注的日本"肯定列表制度"处于严重影响企业技术性贸易措施的第5名。排在后4位的都是关于认证的问题，除了ISO 9000为品质管理及品质保证技术的标准外，其余认证关注产品以外的企业特征：OHSAS认证职业安全卫生管理系统，SA8000着眼于提升企业的社会责任，ISO 17025对企业是否具备特定的校对和实验能力进行认证。

表8-7 各种技术性贸易措施对企业影响程度的排名情况

排序	技术性贸易措施	得分
1	符合国外技术法规和标准要求所需的费用令企业难以负担	3.345
2	国外的农食药、食品添加剂、重金属、天然毒素及工业污染物等最大限量要求	3.270
3	国外技术法规、标准、检验认证等要求更新、变化过快，难以跟踪	2.970
4	国外的检验、测试和认证、注册等要求繁琐、复杂	2.845
5	企业因不符合日本"肯定列表制度"要求出口受阻	2.795
6	国外技术法规和标准方面的信息不易获得	2.570
7	国外动植物检疫要求	2.570
8	国外歧视性的技术法规和标准等要求	2.545
9	国外技术法规和标准要求高，企业目前的生产技术难以达到	2.420
10	国外包装和标签要求	2.345
11	要求企业提供进口国当地试验室出具的测试证书	2.195
12	企业因国外苛刻的海关入境查验程序出口受阻	2.045
13	企业因不符合有机认证（IMO、BCS、NOP、JAS等）要求出口受阻	1.995
14	企业因未执行EUREPGAP（欧洲良好农业行为）标准出口受阻	1.795
15	企业因未建立HACCP食品卫生安全管理体系出口受阻	1.695

续表

排序	技术性贸易措施	得分
16	企业因未获得 ISO14000 认证出口受阻	1.545
17	企业因未建 OHSAS 职业安全卫生管理系统标准体系出口受阻	1.545
18	企业因未获得 ISO9000 认证出口受阻	1.520
19	企业因未建立 SA8000 社会责任标准体系出口受阻	1.520
20	企业因未建立 ISO17025 标准体系出口受阻	1.495

8.2.2 农产品出口企业遭遇技术性贸易壁垒的状况

8.2.2.1 技术性贸易措施应对措施及其重要性分析

在比较各种技术性贸易壁垒应对措施的重要性及优先顺序后，本书采取表 8-6 所使用的加权平均法对 15 种技术性贸易壁垒应对措施的重要程度进行排序。结果显示，重要性排名在前 3 位的应对措施分别为：建立技术性贸易措施预警机制，使企业及时了解国外的技术要求；在应对日本“肯定列表制度”方面得到援助；建立便于企业查询的国外市场技术准入要求数据库。这些措施要求提供公共品与准公共品，着眼于建立基础设施。表 8-8 显示，重要性排名在后 3 位的应对措施是：在实施 OHSAS 职业安全卫生管理系统方面得到援助；在建立 ISO 17025 标准体系方面得到援助；在取得 SA 8000 认证方面得到援助。这些都是关于国际认证的内容，而且这些国际认证要认证的是产品品质以外的属性。

表 8-8 各种技术性贸易措施重要性的排名情况

应对 TBT 的措施	得分	得分
建立技术性贸易措施预警机制，使企业及时了解国外的技	4.5	4.495
在应对日本“肯定列表制度”方面得到援助	4.475	4.470
建立便于企业查询的国外市场技术准入要求数据库	4.45	4.445
在中国建立和完善国际认可的实验室测试设施	4.4	4.395
在企业生产标准化方面予以指导	4.025	4.020
改进企业质量管理	3.975	3.970
有针对性地对进口国新的技术要求进行培训	3.95	3.945
改善企业自身的测试设施	3.55	3.545
在实施 HACCP 食品卫生安全管理体系方面得到援助	3.525	3.520

续表

应对 TBT 的措施	得分	得分
在建立 EUREPGAP（欧洲良好农业行为）标准方面得到援	3.5	3.495
在获得 ISO 9000 认证方面得到援助	3.3	3.295
在获得 ISO 14000 认证方面得到援助	3.1	3.095
在实施 OHSAS 职业安全卫生管理系统方面得到援助	3.1	3.095
在取得 SA 8000 认证方面得到援助	3	2.995
在建立 ISO 17025 标准体系方面得到援助	3	2.975

8.2.2.2 技术性贸易措施应对的主体分析

所有的技术性贸易应对措施都可以由企业、行业协会及政府来实施，本书根据频次分布的最大值来区分技术性贸易措施应对措施的实施主体。最应该由企业采取的应对措施有：改进企业质量管理；改善企业自身的测试设施。可以看出，受调查企业认为企业的责任主要针对自身的私人物品。最该由行业协会采取的应对措施有：在企业生产标准化方面予以指导；有针对性地对进口国新的技术要求进行培训。余下的 11 种措施最该由政府负责，主要提供公共产品及准公共产品，包括建立技术性贸易措施预警机制、帮助企业应对日本“肯定列表制度”等。

8.3 技术性贸易壁垒对农户种植意愿的影响

食用菌是目前湖北省农产品出口创汇的主导产品。2011 年，全省农产品出口创汇 14 亿美元，食用菌创汇接近 6.9 亿美元，占比达到 49%。以随州市的食用菌出口为例，2011 年随州市食用菌出口 4.44 亿美元，出口总值居全国第一。目前，随州已建成食用菌品种筛选、菌种生产、技术推广、袋料栽培、市场交易、精选加工等配套完整的食用菌产业体系。随州食用菌产业集群已经初步形成，食用菌种植户数达到 10 万户，从业人数 40 万人。食用菌产业使广大菇农受惠，是地方经济发展的有利支撑。但是，自 2012 年 3 月 1 日起，食用菌面临的出口环境发生了变化，国税部门对部分非香菇的农产品出口品种以前执行的征 17% 退 15% 的退税率调整为征 13% 退 5%，导致出口企业成本压力增加，食用菌收购价格下跌，菇农生产积极性受到冲击。本书正是在这种背景下，研究农户种植食用菌的意愿。

就目前的文献来看，对农户生产农产品的意愿的研究主要采用了计划行为理论。理性行为理论（TRA）认为，真实的行为是由行为意愿来解释的，而行为意愿又是由对具体行为的态度和主观规范引起的。TRA 模型被广泛应用在人类行为领域，如消费者行为、家庭计划、投票行为、能源保护等领域。后来，国外有关学者对 TRA 模型进行了修正，添加了知觉行为控制因素，这就是计划行为理论（TPB）。控制因素度量了由行动人自身评价的采取行动可感知到的容易或困难程度。此后，计划行为理论得到了广泛的应用，也被引入了农业经济领域，本书也是基于这样的理论视角。

8.3.1 数据来源与样本基本特征

8.3.1.1 数据来源

本书调研了湖北省随州市和宜昌市 3 个县 6 个乡镇 15 个村的食用菌种植户。本次调查采取问卷调查与典型农户访谈相结合的方法。为了保证调查质量，调查采用调查员入户“一对一”访问的调查方式。本次调研一共发放问卷 300 份，回收问卷 281 份，其中有效问卷 256 份，有效回收率为 85.33%。所有的数据采用 SPSS17.0 进行分析。

8.3.1.2 样本基本特征

表 8-9 结果显示，从被调查者及其家庭的基本特征看，被调查者主要集中在 31 ~60 岁，占 78.5%，60 岁以上者占 12.1%。从受教育程度来看，被调查者的受教育程度普遍较低，初中及以下的占到 66.0%。农户家庭规模的分布范围较广，家庭规模为 3 ~5 人的农户占 64.0%，家庭规模为 6 人及以上的农户占 30.9%。同时，被调查者家庭收入普遍不高，家庭人均年收入在 7000 元以下的占 52.3%。

表 8-9　被调查者及其家庭的基本情况

选项		人数/人	百分比/%
性别	男	167	65.2
	女	89	34.8
受教育程度	小学以下	5	2.0
	小学	62	24.2
	初中	102	39.8
	高中或中专	76	29.7
	大专及以上	11	4.3

选项		人数/人	百分比/%
家庭人口总数	2 人及以下	13	5.1
	3	41	16.0
	4	55	21.5
	5	68	26.6
	6 人及以上	79	30.9
年龄	<30 岁	24	9.4
	31 ~40 岁	48	18.8
	41 ~50 岁	103	40.2
	51 ~60 岁	50	19.5
	>60 岁	31	12.1
家庭人均年收入	4 000 元及以下	73	28.5
	4 001 ~7 000 元	61	23.8
	7 001 ~10 000 元	59	23.0
	10 001 元及以上	63	24.6

8.3.2 模型构建与变量选择

8.3.2.1 计量模型

本书采用二元 Logistic 回归方法分析影响农户的食用菌种植意愿的因素。二元 Logistic 回归分析对因变量数据假设要求不高，可以用来预测具有二分特点的因变量概率的统计方法。用一个两分类变量 y 来表示农户的食用菌种植意愿（$y=0$ 表示“不愿意”；$y=1$ 表示“愿意”）。Logistic 方程的基本形式为

$$\log it(p) = \ln\left(\frac{p}{1-p}\right) = \alpha + \sum_{i=1}^{n}\beta_i x_i + \varepsilon$$

其中，p 为 $y=1$ 的概率；α 为常数项；β_i 为影响因素的回归系数；x_i 为自变量；ε 为随机误差项；i 是影响因素的个数。

8.3.2.2 变量选择

计划行为理论从权衡特定行为的潜在决定因素出发，从行为态度、知觉行为控制和主观规范三个方面来解释人的行为意向（Karppinen，2005 年）。基于计划行为理论，本书主要从行为态度、知觉行为控制、主观规范等方面考虑影

响农户食用菌种植意愿的因素。

本书将农户食用菌种植意愿作为被解释变量，将影响农户食用菌种植意愿的因素分为农户的个体特征、农户对种植食用菌获利的态度、农户种植食用菌的知觉行为控制以及主观规范4组变量。各变量的赋值情况如表8-10所示。

首先，第1组是农户个体特征变量，主要包括农户的个体特征，如年龄、受教育程度、家庭人口数、家庭人均年收入、个人心理特征等。本书选择年龄和受教育程度两个代理变量。一般而言，农户年龄越大，身体状况越差，就会越不倾向于种植食用菌。农户受教育程度越高，越容易了解食用菌市场、技术等相关信息，就越可能愿意种植食用菌。本组变量还考虑了农户的心理特征中的自我效能因素。自我效能指用农户对自己通过生产达到特定的农业绩效的能力判断。本书运用了一个4个题项的量表来测量自我效能。该量表最初来自Bengali的量表版本，并且已经在研究中被使用过。这4个项目是“人们都说我是种植能手”“我会用新的农业技术”“在生产方面没有人能超过我”“我能成功解决生产难题”，该量表的Cronbach alpha系数为0.824，说明具有较好的信度。本书将4个项目的得分的平均值作为农户自我效能的得分。

其次，第2组是农户对种植食用菌获利的态度。态度包括对特定行为的信念和对行为结果的评估。如果食用菌的市场增长较快，并且经济收益超过种植其他的作物，那么农户食用菌种植意愿越强烈。如果食用菌的市场增长较慢甚至有下降，那么农户会认为种植食用菌不能获利，则主观上不愿意种植食用菌。本书选择了食用菌市场广阔和比食用菌获利多两个指标来度量种植食用菌的获利态度。

再次，第3组是农户种植食用菌的知觉行为控制，内在控制因素包括资金、技术和劳动等限制，外在控制因素，包括机会、障碍等。从资金因素看，如果种植食用菌前期投入大，农户则会减少种植意愿。从劳动因素看，农户需悉心管理，种植食用菌对劳动时间和劳动强度都有较高要求。从技术因素看，必须掌握种植及病虫害防治技术，才可能实现食用菌生产的优质、高产和高效。外在控制因素方面，因为调查对象所在地的食用菌主要以出口为主，如果出口产品经常遭受进口国技术性贸易壁垒的限制，公司对农户的质量要求严格，则农户可能不太愿意种植；如果食用菌市场波动较大，即生产风险较大，则农户可能不太愿意种植。例如，自2012年3月起部分食用菌产品的出口退税率发生变化，使公司收益减少，从而收购意愿下降，则农户未来可能不太愿意种植。

最后，第4组是农户主观规范，包括内在规范和外在规范。内在规范主要体现为农户的质量安全关注度。农户的质量安全关注度越高，对质量安全责任意识越强，就越愿意生产优质食用菌，如果对质量安全关注度越低，就可能对食用菌的质量无所谓，从而不愿意种植对质量要求高的食用菌。外在规范主要体现为农户对质量安全监管效果的感知。一般而言，由于信息不对称，质量安全监管机制越严格、越有效，越可能实现农产品优质优价。因此，农户感知到质量安全监管机制效果越好，就越可能愿意种植食用菌。

表 8-10　变量的定义及预期作用方向

变量	定义	预期影响
因变量		
种植意愿（y）	不愿意=0，愿意=1	
自变量		
1. 农户个人特征变量		
年龄（x_1）	<30 岁=1；31～40 岁=2；41～50 岁=3；51～60 岁=4；>60 岁=5	+
受教育程度（x_2）	小学以下=1；小学=2；初中=3；高中/中专=4；大专及以上=5	+
自我效能（x_3）	4 个测试项目的平均分	+
2. 农户对种植食用菌获利的态度		
食用菌市场广阔（x_4）	非常不同意=1；比较不同意=2；不清楚=3；比较同意=4；	+
食用菌获利多（x_5）	非常同意=5	+
3. 农户种植食用菌的知觉行为控制		
资金投入多（x_6）	非常不同意=1	−
劳动强度大（x_7）	比较不同意=2	−
难以获得技术支持（x_8）	不清楚=3	−
出口技术性贸易壁垒的影响大（x_9）	比较同意=4	−
生产风险较大（x_{10}）	非常同意=5	−
4. 主观规范		
食品质量安全关注度（x_{11}）	很关心=1；较关心=2；一般=3；不关心=4；极不关心=5	+
食品安全监管效果（x_{12}）	非常差=1；比较差=2；一般=3；比较好=4；非常好=5	+

8.3.3 农户食用菌种植意愿的影响因素分析

在256户农户中，有207户农户表示愿意种植食用菌，占样本总数的80.9%。这说明，从总体上看，农户食用菌种植意愿比较强烈。表8-11显示了对样本数据进行Logistic回归处理的结果。

表8-11 食用菌种植意愿影响因素Logistic回归分析结果

变量	回归系数	标准误	Wald	P值
年龄	0.221	0.281	0.620	0.431
受教育程度	0.225	0.138	2.658	0.103
自我效能	0.987*	0.490	4.059	0.044
市场广阔	1.571*	0.632	6.179	0.013
获利多	1.446**	0.559	6.681	0.010
资金投入多	-0.146	0.081	3.233	0.072
劳动强度大	-0.112	0.199	0.318	0.573
难以获得技术支持	-0.108	0.092	1.376	0.241
受出口技术性贸易壁垒的影响大	-0.506*	0.214	5.593	0.018
生产风险较大	-1.003*	0.506	3.923	0.048
食品质量安全关注度	0.857	0.467	3.362	0.067
食品安全监管效果	1.306	1.118	1.365	0.243

注：变量进入采用的是Enter方法，卡方检验结果为27.649，自由度为12，显著性概率为0.006，Nagelkerke R^2为0.359。**表示在1%水平下显著，*表示在1%水平下显著

8.3.3.1 个人特征变量对农户食用菌种植意愿的影响

在个人特征变量中，年龄、受教育程度都没有通过显著性检验，可能年龄与种植意愿不是简单的直线关系，而是一种曲线的关系，从描述性统计来看，随着年龄的增加，种植意愿先升后降。受教育程度与种植意愿也可能是一种曲线的关系，可能随着受教育程度的上升，农户更愿意种植食用菌，但是超过某一界限，可能会去寻求获利更高的产业。自我效能也是促进农户种植食用菌的因素，如果农户的自我效能水平越高，越可能有能力找到在种植中克服困难的方法，更能获利。这也是对农户种植意愿引入的新的研究因素。

8.3.3.2 获利的态度对农户食用菌种植意愿的影响

食用菌的市场对农户食用菌种植意愿具有显著的正向影响。结果表明，食

用菌市场越广阔、销售食用菌获利越多，农户食用菌种植意愿就越强烈。获利态度因素是影响农户食用菌种植意愿的最重要因素。

8.3.3.3 知觉行为控制对农户食用菌种植意愿的影响

知觉行为控制因素中，资金投入多、劳动强度大、难以获得技术支持对种植意愿的影响，可能这些方面在食用菌的产业化过程中解决得较好，已经不是影响的主要因素。而出口技术性贸易壁垒的影响以及生产风险因素则是存在负向的影响关系。可能对于以出口为导向的食用菌种植户而言，出口技术标准和出口政策是影响种植意愿的主要因素。近年来，日本、欧盟等发达国家和地区相继颁布实施食品安全管理新法规，成为新的技术性壁垒。特别是2012年食用菌的出口退税率出现变化，短期内影响比较显著。

8.3.3.4 主观规范对农户食用菌种植意愿的影响

结果表明，食品质量安全关注度、食品安全监管效果对种植意愿的影响都不显著。说明，农户的食品质量安全意识还有待加强。食品安全监管效果对农户食用菌种植意愿的影响也可能是复杂的。一般来说，如果监管越严格，农户自身在生产中需要注意和规范的事项越多，可能越不愿意生产。但是，如果加强监管，信息披露充分，使食用菌实现优质优价，则农户食用菌种植意愿就会越强烈。长期来讲，还是应该严格监管，使产品从价格竞争提升到质量竞争，促进食用菌的出口。

8.3.4 结论与启示

本书运用Logistic模型对影响农户食用菌生产意愿的因素进行了分析，结果表明，农户食用菌种植意愿可以用计划行为理论来解释。对获利的态度是最主要的影响因素，其影响程度比知觉行为控制、主观规范和个体特征对种植意愿的影响要大。但是影响同样显著的因素还有农户的自我效能感，技术性贸易壁垒和生产风险。本书揭示了农户的心理因素对种植的影响。出口产品面临的技术性贸易壁垒和生产风险对农户的种植意愿影响也较大，出口环境恶化，农户的生产意愿会下降。

需要说明的，由于模型的Nagelkerke R^2不高，仍然可能存在其他对农户种植意愿有较强影响的因素没有纳入模型，这些因素可能包括农户的家庭规模、家庭收入水平、种植规模、当地产业结构、政府支持政策等，有待于在进一步的研究中探讨。

从政策启示角度来讲，政府出台积极的政策将有助于促进农户食用菌生产意愿，有助于中国农产品国际竞争力的提升。一是，政府应该完善食品安全监管机制，建立完善出口食用菌质量安全可追溯信息平台，及时发布质量通报。二是，积极开拓国际市场，提高国际市场份额。三是，政府应该健全技术支持体系，提供技术培训服务，提升农户的自我效能感，提高农户的种植能力。四是，政府积极出台应对技术性贸易壁垒的预警机制和辅导机制，为企业和农户提供快速反应的信息和建议。五是健全农产品保险制度，降低农产品生产风险。

第9章 主要发达国家或地区应对农产品技术性贸易壁垒的经验

据统计，虽然东盟目前成为中国农产品出口第一大市场，但美国、欧盟、日本、韩国等发达国家和地区仍为中国农产品出口的主要市场。而且，这些国家和地区对进口农产品实施技术性贸易壁垒也最积极和最频繁。2001～2013年，中国约90%的农产品企业曾遭遇到这三大经济实体的技术性贸易壁垒，损失数百亿美元。“他山之石，可以攻玉”，为了更好地跨越这三大经济实体对中国农产品出口的阻碍，并从其实际做法中获得相关经验和启示，下面将从利用、应对及促进机制三个方面对这些国家的农产品技术性贸易壁垒进行分析。

9.1 利用农产品技术性贸易壁垒的主要方法

9.1.1 美国的主要方法

9.1.1.1 农产品技术性贸易壁垒的管理机构

由于美国的技术标准法规体系及认证体系均过于分散和复杂，故其技术性贸易壁垒的管理机构也比较分散复杂。从大的层面上分，既有总统亲自负责的食品安全委员会，又有美国农业部、美国卫生部、美国国家环境保护署及美国食品和药品管理局等。从小的层面上分，针对同一产品，在同一部门内，又设立不同的部门负责不同项目的执法工作。例如，农业部下设的食品安全检验局和动植物健康检验局，分别负责农产品进出口检验检疫和畜禽类食品安全等，美国的农产品质量认证的管理机构也很分散，政府部门、地方政府机构、民间组织都可以开展质量认证工作。

尽管技术性贸易壁垒管理机构分散复杂，但美国所有承担管理职责的各主要执法机构分别在各自职责范围内充分行使其管理职能。例如，美国农业部主要负责肉类和家禽的食品安全。食品药品管理局主要负责除肉类和家禽产品以外，美国国内和进出口食品安全、美国国际贸易委员会负责制定进口产品的标签与包装规定，消费者产品安全委员会主要负责从消费安全的角度，为进口产品制定标准并负责产品安全性检测，环境保护局主要从环境保护的角度，为进口产品制定标准等。总之，上述各相关部门分工协作，相辅相成，共同构筑起一道复杂而有机的技术性贸易壁垒管理体系。

9.1.1.2 农产品技术性贸易壁垒的主要类型

（1）法律法规

美国农产品技术性贸易壁垒的法律法规覆盖范围广且法规体系复杂。针对每一种农产品，包括其生产与进口行为，基本上都有相应的法律法规，并以标准、检测、标识及认证等为手段，为进口农产品设置高门槛。美国有权制定法规的部门较多，17 个政府部门及 84 个独立机构都有权制定相应的技术法规。立法层次也有别，既有联邦法规，又有地方性法规。

美国与农产品技术性贸易壁垒有关的主要法令包括《联邦食品药物化妆品法》（FDCA）、《联邦肉类检验法》（FMIA）、《禽类产品检验法》（PPIA）、《蛋类产品检验法》（EPIA）、《食品质量保护法》（FQPA）、《公众健康服务法》（PHSA）等。

（2）标准

美国建立了完善的农产品技术性标准壁垒体系。美国的农产品标准体系主要分为常规农产品质量标准体系和有机食品标准体系两大部分。

美国的常规农产品质量标准体系包括国家标准、行业标准和企业标准三类。国家标准的制定机构包括美国联邦农业部食品安全检验局（FSIS）、动植物健康检验局（APHIS）、农业市场局（AMS）、粮食检验包装储存管理局（GIPSA）和卫生部食品与药物管理局（FDA）及美国环境保护局等政府机构，以及由美国联邦政府授权的机构；企业标准是农场主或公司制定的本企业操作规范，相当于中国的企业标准；行业标准由民间团体，如美国谷物化学师协会、美国苗圃主协会、美国奶制品学会、美国饲料工业协会等制定。民间团体制定的标准具有很大的权威性，不仅在国内享有良好的声誉，而且在国际上被广为采用。行业标准是美国标准的主体。

美国的“有机食品”标准主要包括有机生产加工处理系统计划，土地法规，土壤肥力和作物营养管理标准，种子和栽种苗木的操作标准，作物轮作实施标准，作物害虫、杂草和疫病的管理措施标准，野生作物收获操作标准，家畜来源标准，家畜饲料标准，家畜保健标准，有机产品标签规定等。美国《联邦法规法典》的农业篇中包含农产品标准（含等级标准户 52 个、其中仅新鲜水果、蔬菜等产品的等级标准就有 160 个）；经加工的水果、蔬菜和其他产品（冷藏、罐装等）的等级标准有 143 个。在农药残留限量方面，美国已制定标准 9000 多项。

（3）合格评定与认证程序

美国政府部门、地方政府机构、民间组织都可以开展农产品合格评定与认证工作，虽然农产品认证管理体制自由分散，但最关键的问题是：有关安全、健康方面的农产品要进入美国的市场，必须经美国权威部门检测、评定，认可后才能入境。

美国政府部门承担农产品认证的机构主要是肉类认证局和动植物健康检验局（APHIS）。肉类认证局对较大数量的购买者，如医院、学校、餐馆、宾馆、航空公司、军队等，提供符合他们要求的肉类产品。经过认证服务，肉类分级者复查并确认牲畜、肉类及肉类产品，符合规定。动植物健康检验局（APHIS）的植物保护检疫处（PPQ），负责确保出口的种子、粮食、块茎植物、木材、鲜花、蔬菜、水果和其他出口农产品不会对农业和自然资源产生风险。

（4）检验检测体系

美国根据农产品市场准入和市场监管的需要，建立了两类检测机构，即分农产品品种的全国性专业检测机构和分区域的大区性农产品质量检测机构；同时，各州也根据需要，建有州级农产品质量检测机构，主要负责监测农产品生产过程中的质量安全和产地质量安全。美国的检测检验体系还负责对食品的风险评估、风险管理和风险通报。

美国为了加强对农产品质量安全的管理，制定和实施了许多有关农产品质量安全方面的监测计划，目的是通过这些监测工作，了解和掌握美国整个国家生产和销售的农产品质量安全状况，为政府制定相关技术性贸易壁垒政策提供技术依据。美国的农产品质量安全检测检疫体系可以按产品主要分为“联邦谷物检验体系”、“新鲜水果和蔬菜检测体系”和“畜禽产品检验体系”三个分支体系。其中“联邦谷物检验体系”包括样本库样本检测和监督体系、主观检测和评价过程、鉴定样本交流计划、市场监控计划和早期预警计划六个部分；“新鲜水果和蔬菜检测体系”主要是由美国农业部农业市场局的新鲜产品部门（FPB）提供的官方检验、分级和认证服务；“畜禽产品检验体系”主要包括美国农业部食品安全检验局（FSIS）负责的畜产品和禽类产品检测体系、检测方法的现代化，危害分析和关键点控制点（HACCP），卫生标准执行程序，美国农业部食品安全检验局对沙门氏病原菌的检测，屠宰企业对大肠杆菌病原菌的检测等。

9.1.2　欧盟的主要做法

9.1.2.1　农产品技术性贸易壁垒的管理机构

欧盟技术性贸易壁垒的管理机构主要是欧盟部长理事会和欧盟委员会（简称欧委会）。欧盟部长理事会是欧盟共同贸易政策包括对外贸易政策的决策机构。它根据一定的表决程序决定采取或者不采取某项政策，决定或者否决与第三国进行贸易协定的谈判，通过或者否决某项协定，向欧委会发出谈判指令，为欧委会设定谈判目标等。在对外谈判过程中，欧盟应通过133条款委员会向成员国通报情况并提出咨询，但欧盟部长理事会掌握最后决定权，且该项权力不得由其他机构代为行使。欧委会的政策包括对外贸易政策的执行机构，其主要职能是就对外贸易谈判方案提出建议；在理事会的授权和指令规定的范围内与贸易伙伴进行贸易协定谈判等。

此外133条款委员会和欧洲议会在欧盟对外贸易中的技术性贸易措施的管理中也发挥着重要的作用。前者是由欧盟成员国代表组成的咨询委员会，其作用是为制定欧盟共同贸易政策提供咨询，而根据欧盟有关条约的规定，在对外贸易协定的谈判过程中，欧委会应就有关问题咨询后者，在日常工作中，欧委会也通常向后者通报有关贸易事务。

欧盟委员会负责向欧盟理事会提出制定欧盟指令的建议，并监督和确保各成员国政府和法人遵守指令所规定的原则和要求。在紧急情况下，欧委会由理事会授权可以在48小时内出台法规和指令。欧委会下设36个总司级办事机构。目前健康和消费者保护总司具体承担农产品和食品方面的欧盟指令的制定、监督工作。总司负责管理工作，具体技术工作由总司下设的专家委员会承担，委员会的专家由各成员国推荐，任期4年，可连任两次。每个委员会下面根据专业的不同分别设有分委员会。

健康和消费者保护总司主要负责食品、动物、营养、检验检疫、植物等方面欧盟指令一的起草和监督执行工作。其工作程序是：起草制定欧盟指令的建议；向欧盟理事会提交建议；根据欧盟理事会的决定由专家委员会起草欧盟指令；收集整理各方意见并进行修改；作出执行指令期限的决定；在出现问题时，代表欧委会受理各种投诉，对各种违背指令的事件进行调查和处理，向各成员国政府和法人发出正式函件，要求限期改正；如成员国拒不执行，欧委会可将此事提交欧洲法院进行审理。例如，法国拒不执行欧盟的规定，不对英国开放牛肉市场，就被欧委会告上欧洲法院。

9.1.2.2 农产品技术性贸易壁垒的主要类型

欧盟是当今世界上最大的贸易集团之一，也是最先意识到采用技术壁垒和目前设置技术壁垒最多的国家集团。概括起来，欧盟实施的技术性贸易壁垒体系主要由技术标准和法规、产品质量认证和合格评定、标签和包装、绿色技术壁垒等方面构成。

（1）技术标准和法规

欧盟各国由于经济、技术实力普遍较高，因而各国的技术标准水平较高，法规较严，尤其是对产品的环境标准要求，让一般发展中国家的产品望尘莫及。在欧洲经济一体化过程中，迫切需要协调各国的技术标准。欧盟遂于1985年发布了《关于技术协调和标准化的新办法》，有效地消除了欧盟内部市场的技术贸易障碍。欧盟不仅有统一的技术标准、法规，而且各国也有各自的严格标准，它们对进口农产品可以随时选择对自己有利的标准，从总体来看，要进入欧盟市场的农产品必须至少达到一个条件：第一，符合欧洲标准，取得欧洲标准化委员会CEN认证标志，与人身安全有关的农产品，要取得欧共体安全认证标志；第二，进入欧共体市场的产品厂商，要取得ISO 9000合格证书；第三，欧共体还明确要求进入欧共体市场的产品凡涉及欧共体指令的，必须符合指令的要求并通过一定的认证，才允许在欧洲统一市场流通。

欧盟农产品质量安全方面的法律有20多个。疯牛病事件后，欧盟计划制订新的食品安全法律框架，以统一规范有关食品安全立法的原则、程序和实施范围，并明确了以食品的安全性作为欧盟食品立法的基础目标。这个框架包括新的动物饲料立法纲要、动物健康与食品安全措施、疯牛病和流行性脑炎法规、污染和残留限量控制规定、食品和饲料辐射污染的法规、新型食品规定等一系列内容。

欧盟的标准体系分为两层：上层为包含有300多个具有法律效力的欧盟指令，下层为包含具体技术内容的可自愿选择的技术标准。凡涉及产品安全、人体健康、消费者权益保护的标准，通常以指令的形式发布。属于指令范围内的产品（如食用农产品、加工食品、饲料），必须满足指令的要求才能在市场上销售，达不到要求的不允许流通。目前，欧盟拥有技术标准10多万个，其中1/4涉及农产品。在农药残留限量控制方面，欧盟共制定标准17 000多项。欧盟及各成员国大多数农产品质量标准从制定之初，就注重与国际接轨，以适应国际市场的需要。欧盟各成员国都有自己制定农产品质量标准的机构，在与国际接轨的同时又结合本国或地区的具体情况加以细化，而且在制定和实施农产品标准时，都将其与农产品质量安全紧密结合在一起，既符合本国实际情况，又具有可操作性。

欧盟理事会批准并发布的《关于技术协调和标准化的新方法》规定，欧盟发布的指令是对成员国有约束力的法律，欧盟各国需制定相应的执行法令。指令只规定基本要求，具体要求由技术标准规定。

欧盟所有的成员国都有其标准化机构，如德国的 DIN、奥地利的 ON、比利时的 IBN、法国的 AFNOR、西班牙的 AENOR、丹麦的 DS、希腊的 ELOT、芬兰的 SFS、意大利的 UNI、葡萄牙的 IPQ 和英国的 BSI。这些机构负责制定有关的技术标准，并负责有关认证工作，颁发质量标志，是欧盟各国制定技术性贸易壁垒的主要管理机构。

在欧盟，标准化机构的地位依国家而异。有的是国家机构，标准化对经济政策起某种程度的调节作用；有的是研究所，既起着政策方面的功能，又起着对企业界和消费大众提供资讯和服务的作用；还有的是由有关行业成立的机构或者是使用者协会。欧洲的标准化机构的结构相当集中，这点与美国的情况相反，它们的标准化工作是由众多的行业机构来完成的。

由专家组成的标准化委员会负责制定标准，其结构可以是紧密地依附于标准化研究所，如英国；或者是在行业机构的领导下运行，如法国。

（2）合格评定与认证

欧洲以外的国家的产品要进入欧洲市场，欧盟及主要成员国为保证贸易的顺利进行，除了 ISO 9000 和 ISO 14000 国际标准认证外，还确立了统一的产品质量认证（包括农产品），如 CE 认证、HACCP 认证等，即欧盟以外的国家的产品要进入欧洲市场，必须符合欧盟指令和标准（CE），才能在欧洲流通。欧洲指令规定了哪些产品要经过第三方认证，哪些可以自我认证，对不同产品有不同要求，实行自我认证的要保存一套完整资料并且要先寄样品到该国检验。欧盟指令把市场上流通的产品都做了规定，这些指令覆盖的产品都必须有 CE 标志，在国家之间互相承认检验（认证）结果之前，外国产品要进入欧洲市场，就必须取得一个欧洲国家的认证。这 12 个指令覆盖的产品出口企业，要想把产品卖到欧洲，就要有较好的质保体系，在取得 CE 标志之前是否应取得体系认证，这要看具体情况。每个指令中对质保体系的要求都做了规定，有的要按 ISO 9002，有的要按 ISO 9003，有的没有做规定，有的产品还要求提供样品检验。指令覆盖的产品是否要经体系认证，要看该国的法规是否有这方面的要求（如向法国出口葡萄酒就要经过体系认证，而该产品不在指令覆盖之内）。欧盟部长理事会通过一项决议，要求对输入欧盟的产品加强安全检查，特别是食品和药品的卫生和安全检查，不管从哪个成员国的口岸进来，均需根据统一标准接受安全和卫生检查，任何一个海关，只要在检查时发现进口的产品不符合欧盟的标准，就会危及消费者的健康和安全，不仅有权中止报关手续，还应该立即通知其他海关口岸。

欧盟各国对农产品实行严格的市场准入和监管，其主要措施之一就是依靠农业行政主管部门按行政区划和农产品品种类型设立的全国性、综合性和专业性的检测机构实施执法监督检验，仅丹麦国内就建有农业部授权的农产品质检机构38个。法国建有完善的质量检测管理和定期预报体系，每年定时、定点取样、分析，仅小麦的取样点就达36 500个，分析检测基本样品达1150个。

（3）标签和包装

欧盟一直通过产品包装、标签的立法来设置外国农产品的进口障碍。欧盟出台的《新食品法》第8条规定：如果转基因食品或食品成分不再等同于已经上市的食品，则应对该转基因食品加贴特殊标签。此法案的出台使美国对欧盟的大豆和玉米出口大幅降低，美国农产品出口损失了将近10亿美元。

在包装上，欧盟要求其成员国实行紧急措施，对来自中国的货物木质包装实行新检验标准，要求木质包装不得带有树皮，不得有直径大于3毫米的虫蛀洞，必须对木质包装进行热处理，使木材含水量低于20%。

CE标志是欧盟1985年开始制定的系列安全合格评定标签，任何国家的产品要想进入欧盟市场就必须加贴CE标签。加贴CE标签是用以证明产品已通过相应的安全合格评定程序，成为产品进入欧盟市场的通行证。

（4）绿色技术壁垒

这是欧盟最严格的技术性贸易壁垒，包括绿色生产、绿色技术标准、绿色环境标准、绿色包装制度、绿色卫生检疫。

1）绿色生产。要求进口商品的生产企业严格执行其制定的清洁生产标准，控制生产过程中化学物质，尤其是有害物质、清水和有机溶剂的用量，采用他们的清洁生产技术和设备。

2）绿色技术标准。欧盟借保护环境及人类、动植物的卫生与安全健康之名，制定严格的、发展中国家很难达到的强制性技术标准。例如，欧盟的环境管理系统，一般消费品进入欧盟国家，必须从生产前到制造、销售、使用以及最后的处理阶段都要达到规定的技术标准。

3）绿色环境标志。它是一种在产品或其包装上的图形，表明该产品不但质量符合标准，而且在生产、使用、处理过程中符合环保要求，对生态环境和人类健康均无损害。发展中国家的产品为了进入欧盟市场，必须提出申请，经批准才能得到“绿色通行证”，即“绿色环境标志”。欧盟早已实施所谓生态保护制度和环保标志（Eco Label）。凡有此标志者，均可在欧盟成员国自由通行，各国可自由申请。

（5）绿色包装制度

绿色包装指能节约资源、减少废弃物、用后易于回收再利用或再生、易于自然分解、不污染环境的包装。绿色包装制度在欧盟各国较为流行。根据欧盟的法令，生产企业必须承担包装的回收利用或承担相关费用。

（6）绿色卫生检疫

欧盟对食品的安全卫生指标十分敏感，尤其对农药残留、放射性残留、重金属含量的要求日趋严格。欧盟对在食品中残留的22种主要农药制定了新的最高残留限量。

9.1.3 日本的主要做法

9.1.3.1 农产品技术性贸易壁垒的管理机构

日本农产品技术性贸易壁垒的管理由农林水产省和厚生劳动省负责，其中农林水产省主要负责国产农产品生产环节的质量安全管理，农业投入品（农药、化肥、饲料、兽药等）产、销、用的监督管理，进口农产品动植物检疫，国产粮食的安全性检查，国内农产品品质和标识认证，农产品加工中“危害分析与关键控制点”（HACCP）方法的推广等，厚生劳动省主要负责加工和流通环节农产品质量安全的监督管理，包括组织制定农产品中农药、兽药最高残留量限定标准，对进口农产品进行安全检查，食物中毒事件的调查处理等。农林水产省和厚生劳动省之间既有分工又有合作。在农药、兽药残留量标准制定方面，由两个部门共同完成。在市场抽查方面，两个部门各有侧重。厚生劳动省负责执法监督，对进口和国产农产品的抽检结果对外公布，并作为处罚依据。农林水产省主要是对国产农产品进行抽检，旨在分析农产品生产过程中的安全性，以便及时提供技术指导，提高农产品品质。

9.1.3.2 农产品技术性贸易壁垒的主要类型

（1）技术法规、标准

1）日本的农产品质量技术标准体系十分健全。在法律法规方面，目前主要有《农产品品质规格和正确标识法》《食品卫生法》《植物防疫法》《家畜传染病预防法》《农药取缔法》等与农产品质量安全有关的法律法规，同时为了确保这些法律法规的实施，日本还制定了一系列相关的法律法规及强制性规章。例如，有机农产品生产管理认证的技术标准，加工食品质量分类标准转基因食品分类标准等。另外，日本的农业质量标准数量也很多，不仅在生鲜食品、加工食品、有机食品、转基因食品等方面有详细的标准和标志制度，而且在标准制定，修订、废除、产品认证、监督管理等方面也建立了完善的组织体系和制度体系。

2）日本的标准体系分为国家标准、行业标准和企业标准三个层次。国家标准即 JAS 标准，以农产品、林产品、畜产品、水产品及其加工制品和油脂为主要对象。行业标准多由行业团体、专业协会和社团组织制定，主要是作为国家标准的补充和技术储备。企业标准是由各株式会社制定的操作规程或技术标准。日本有技术法规 15 部，农产品规格标准 500 多个。

3）多次修改农产品技术法规和标准

进入 21 世纪以来，在短短的几年里，日本围绕《食品卫生法》对农产品和食品安全的技术法规则标准进行了多次重要的修改，其结果是对进口农产品和食品安全的规制越来越严格。

第一，2000 年 5 月第 1 次修改。2000 年 5 月修改的《食品卫生法》规定，如果发现有关农产品或食品存在安全问题，并且日方认为出口国安全措施又不充分，在厚生劳动大臣认为必要时，则可对出口国或厂家的同类产品或食品全部采取禁止进口措施。

第二，2002 年 7 月第 2 次修改。由于从中国等国家进口的冷冻菠菜等食品中相继发现农药残留超标问题，《食品卫生法》修改了以下三个内容：首先，在进口检验检疫中发现超标可能性大并会危及健康的情况下，厚生劳动大臣认为有必要时，可以对特定国家地区或者制造者的农产品或食品采取全面的禁止进口和销售的措施；其次，经考察认定出口方采取了充分的防止措施后，可以解除禁令；最后，强化对违反食品卫生法的处罚措施，即新法实施后如再发生违反食品进口规定的进口商，将被处以 6 个月以下有期徒刑或 30 万日元以下的罚款。

第三，2002 年 11 月第 3 次修改修正案规定，含有未设残留标准农药等进口农产品一律禁止流通，对危险减肥食品采取临时禁止销售措施，强化农产品的检验检疫制度等。这意味着，向日本出口的农产品即使农药残留安全、合乎标准也有可能被拒之门外。

第四，2003 年 11 月第 4 次修改。对《食品卫生法》的强制性规则作出补充，要求对带疫病畜禽肉类实施禁令。

第五，2004 年 5 月第 5 次修改。对部分食品、添加剂等的农药残留基准进行了修改。新增 N 种农药残留限量标准，修改了 4 种农药残留限量标准。

第六，2005 年 6 月第 6 次修改。公布了《食品卫生法》中《食品中残留农业化学品肯定列表制度》（简称《肯定列表》）的最终方案。在征求各贸易伙伴和利害关系人的意见后，于 2006 年 5 月 29 日起正式实施。

《肯定列表》涉及对所有农业化学品的管理。在该制度下，对所有农业化学品制定了限量标准。

第一，“暂定标准”共涉及农药、兽药和饲料添加剂 734 种，农产品食品 264 种，暂定限量标准 51 392 条；

第二，沿用原限量标准而未重新制定暂定限量标准，共涉及农业及农业化学品 63 种，农产品食品 175 种，残留限量标准 2470 条；

第三，“一律标准”是对未涵盖在上述标准中的所有其他农业化学品或其他农产品制定的一个统一限量标准，即 0. 01ppm；

第四，豁免物质，共 68 种，包括杀虫剂和兽药 13 种、食品添加剂 50 种和其他物质 5 种。

以外，还有巧种化学品不得在任何食品中检出，有 8 种农业化学品在仪器中不得检出。

（2）认证体系

日本不仅通过标准，而且通过认证制度和产品的合格检验等对进口商品设置重重障碍。日本的认证制度分为强制性和自愿性两类。强制性认证以法律形式执行，认证的对象主要是电器产品、液化石油器具和煤气用具等。自愿性认证由企业自愿申请，适用于强制性以外的产品。

日本农产品质量认证体系可以分为常规农产品认证和有机农产品认证两种。常规农产品认证是指 JAS 认证。JAS 是一种自愿认证制度，生产者可以自愿申请，经认证合格后被授权使用 JAS 标志。

在日本，有专门的认证管理机构从事农产品的认证工作。其中常规的农产品认证工作主要是负责推广和促进 JAS 的使用，另外就是有机农产品的认证。JAS 认定是一种自愿认证制度，其注册认定机构由农林水产大臣确认，可以是公益法人机构，也可以是公司等营利法人机构。日本消费者基本上都知道 JAS 标志，获得 JAS 认证标志的产品在竞争中比较占优势，因此生产者为了提高竞争力都积极申请认证。这种机制很好地促进了 JAS 的使用，也推动了 JAS 的发展。从外国进口的有机食品和本国食品一样，如果没贴有机 JAS 标志，就不允许进口者销售。日本农林水产省在 2005 年之前建立了优良农产品认证制度，对在生产和销售过程中能够正确进行“身份”管理的优良农产品给予认证，并授予认证标志。

起先，日本对大米和牛肉实行身份证制度。大米生产者要在米袋的条形码上标明生产者姓名、栽培经过、米的种类认证号码和产地等；加工者要标明是否是精米、加工批量及号码；销售者要在商店提供产地信息备查号码。日本政府在检讨应对疯牛病问题失误中吸取教训，实行"牛肉身份证"制度，对牛肉的生产和流通的全过程进行监督。

继大米和牛肉之后，日本农林水产省决定将身份证制度原则上推广到所有农产品。由民间设立专门从事农产品"身份"认证的机构，负责接受农产品生产者和流通企业认证申请，授予认证标志。如果发现以弄虚作假等手段取得认证证书，或取得证书后没能完全履行规定的义务，有关企业和人员的名单将被公布，并将处以100万日元到1亿日元的罚款。日本政府已经建立了"从农田到餐桌"、多层面的质量安全检测体系。农林水产省建有一个完善的农产品质量安全检测体系，负责农产品的监测、鉴定和评估以及各级政府委托的市场准入和市场监督检验工作。厚生劳动省在13个口岸设有检验所，负责对进口农产品进行抽检。日本对进口农产品、畜产品以及食品类的检疫防疫制度非常严格，对于入境农产品，首先由农林水产省下属的动物检疫所和植物防疫所从动植物病虫害角度进行检疫。同时，由于农产品中很大部分用作食品，在接受动植物检疫之后，还要由日本厚生劳动省下属的检疫所对具有食品性质的农产品从食品角度进行卫生防疫检查等。另外，对出口国的农产品产地也有严格的规定，如发生传染病地区的动物食品，以及农药、化肥使用种类和用量超出绿色食品生产标准产区的粮食、蔬菜及水果等农产品都禁止进口。

（3）检验检疫

日本的商品检验制度由相关的省厅来制定。

1）动物检疫。日本动物检疫的指导原则是《家畜传染病预防法》以及依据国际兽疫事务局（OIE）等有关国际机构发表的世界动物疫情通报制定该法的实施细则。凡属于该实施细则规定的动物及其制品，即使有出口国检疫证明，也一概禁止进入。根据家畜传染病预防法实施细则，日本曾认定全世界仅有韩国、菲律宾、美国等32个国家属于无口蹄疫的"清洁地区"，可以正常进口，包括中国在内的9个国家的家畜要经过指定的加热进行消毒处理后才可进口，来自其他国家的上述货物禁止进口。日本进口商进口来自海外的动物及其产品要办理复杂的手续。首先，要提前向检疫部门申报，一般牛、马、猪需提前90～120天申报，鸡、鸭、狗也要提前40～70天申报。货到口岸后，由进口商凭具备的出口国检验证明书要求日本检疫人员进行登记和检查，检疫内容包括临床检查、各种血液检查和皮下反应试验，检验时间较长。

2）植物检疫。日本植物检疫的依据是《植物检疫法》，具体工作由农林水产省植物检疫所负责。日本依据有关国际机构或学术界有关报告了解世界植物病虫害的分布情况，制定植物防疫法实施细则。凡属日本国内没有的病虫害，来自或经过其发生国家的寄主植物和土壤均严禁进口。例如，地中海果蝇是世界公认的“第一水果杀手”，日本禁止进口来自果蝇疫区的一切生鲜水果。不属于禁止之列的植物及其制品可以在通过检疫后报关入境。检疫不合格的货物，经消毒后仍不合格者，就地销毁或被退回。

3）食品卫生防疫。日本的食品卫生进口检疫主要有命令检查、检测检查和免检。命令检查即强制性检查，是对于某些易于残留有害物质，或易于沾染有害生物的食品要逐批进行100%的检验。检测检查是指由卫生检疫部门根据自行制订的计划，按照一定的时间和范围对凡属于命令检查的进口食品进行的一种日常抽检，由卫生防疫部门自负费用、自行实施。若在监测检查中发现来自某国的某种食品含有违禁物质，以后来自该国的同类食品有可能必须接受命令检查。进口食品添加剂、食品器具、容器、包装等也必须同样接受卫生防疫检查。

9.2 发达国家或地区应对农产品技术性贸易壁垒的机制

9.2.1 美国的应对机制

美国对农产品技术性贸易壁垒的应对没有专门的规定，适用有关贸易壁垒应对的一般性规定。

9.2.1.1 贸易壁垒应对机制的发展

美国在不同时期，其应对贸易壁垒的政策及实践具有不同的特点，大致可以分为四个阶段：

第一个阶段是1948年《关税与贸易总协定》（GATT）临时适用之前。在这一阶段，美国主要是通过双边途径处理与其他国家的贸易关系，必要时通过谈判与贸易伙伴达成处理某些问题的单独贸易协议。但在这一阶段的后期，美国越来越感到，单靠双边谈判根本无法充分应对第二次世界大战后各国层出不穷的贸易和投资壁垒措施，为此，美国倡导发起了关于建立国际贸易组织（ITO）的谈判。

第二个阶段是从1948年至美国《1962年贸易拓展法》实施前。尽管建立国际贸易组织的谈判由于种种原因未能实现预期目的，但参加这一谈判的大多数国家均希望尽快实施 GATT，以消除第二次世界大战后各国设置的高关税壁垒，并为此拉开了 GATT 近半个世纪临时适用的序幕。在这一阶段，美国主要根据 GATT 有关规定进行双边谈判，或直接利用 GATT 提供的多边磋商途径和争端解决机制，解决其关注的对外贸易和投资问题。

第三阶段是从 20 世纪 60 年代中期至 1994 年。在这一阶段，美国认为 GATT 在解决贸易争端、消除外国贸易和投资壁垒方面效率较低，且缺乏强制效力，因此不能完全依赖 GATT 规则解决问题。为此，美国在不放弃使用 GATT 规则的同时，一方面更多地采用关税同盟或自由贸易区协定项下的争端解决机制，另一方面则在其认为双多边机制无法有效解决问题的情况下，通过单边调查和报复措施迫使外国取消贸易壁垒措施。20 世纪 70 ~ 90 年代，美国与欧盟、日本、中国等主要贸易伙伴之间频繁出现的贸易战和贸易摩擦，就是美国这一政策取向的反映。美国贸易法中著名的“301”条款在这一阶段扮演着非常重要的角色。

第四阶段是指从世界贸易组织成立至今。与 GATT 相比，WTO 的管辖范围进一步扩大，争端解决机制的效率得到提高，效力有所加强，加之单边贸易报复受到 WTO 规则的约束，因此，美国一方面频繁地采用 WTO 争端解决机制解决其贸易关注，另一方面积极推动区域化贸易安排，并通过区域化贸易安排中规定的途径更有效地解决贸易纠纷。同时，美国始终不放弃“301”条款，并坚持认为“301”条款的存在既是多边、区域性或双边争端解决机制有效运转的一种保障，也是解决 WTO 管辖范围外问题，以及解决美国与非 WTO 成员之间贸易问题的有效手段。

9.2.1.2 “301”条款

“301”条款的核心内容：如果美国贸易代表确信，美国依据任何贸易协定所应享有的权利遭到否定，或外国的某项立法、政策或做法违反贸易协定，与协定不相一致，或是不公正的，并给美国商业造成了负担或限制，则美国贸易代表必须采取强制行动，以实现美国依贸易协定应享有的权利，或消除上述立法、政策或做法的影响。不过，在下列情况下，美国贸易代表可以不采取行动：①WTO 机制下的争端解决机构已通过报告，或者经其他贸易协定下争端解决正式程序认定：美国依贸易协定所享有的权利并未受否定，或未被争议中的外国立法、政策或做法所侵犯。②美国贸易代表查明：该外国正采取令人满意的措施以落实美国在贸易协定中的权利，已同意取消或逐步取消有关行为，或同意采取解除造成美国商业负担或限制的紧急办法，或在上述方式不可行时，同意对美国的贸易利益作出令人满意的赔偿。③在特殊情况下，经发现：

采取行动给美国经济带来的负面影响，将远远大于所带来的利益，或者行动将给美国国家安全造成严重损害。如果美国贸易代表确信，外国的某项立法、政策或做法是不合理的或歧视性的，给美国商业造成了负担或限制，并且美国采取行动是适当的，则其有权决定采取适当的、可行的行动，来消除上述立法、政策或做法。在履行以上两项职责时，美国贸易代表应遵循总统下达的有关命令，其所采取措施的影响程度从量上看，应等于该外国做法对美国商业所施加的负担或限制。“301”条款还有两个极具针对性的变形：超级“301”和特别“301”。超级“301”主要规定：通过调查，对构成主要贸易障碍或扭曲的国家和做法进行确定的基础上，由美国贸易代表提交报告，并对其实施相应的反制措施。特别“301”则旨在知识产权的保护。美国贸易代表据此将目标直指那些被其认为未提供充分的、有效的知识产权保护的国家。

9.2.1.3 农产品技术性贸易壁垒应对机制的特点

美国贸易壁垒应对机制的核心是“301”条款，该条款也是美国应对国外农产品技术性贸易壁垒的最有效的武器，因此也反映了美国农产品技术性贸易壁垒应对机制的特点。

1）有明确的法律依据和较强的法律强制性。首先，从《贸易拓展法》第252节到《综合贸易与竞争法》对“301”条款的修订，都对美国贸易代表开展对外贸易壁垒调查进行了明确的授权，对“301”调查的发起、涉及的范围、调查程序及贸易代表的权利与义务均进行了明确界定，使得美国的贸易壁垒应对机制具有明确的法律依据。此外，“301”程序中就“强制性措施”作出了规定，即如果认定国外贸易壁垒措施符合一定的条件，则美国贸易代表必须采取制裁措施。这突出表现了美国贸易壁垒应对机制的法律强制性。

2）政府与企业间沟通顺畅，配合默契。美国产业界维护其自身利益的意识很强，而美国各类行业中介组织在为企业提供国外贸易壁垒信息服务、游说政府采取相关措施方面也发挥着重要的作用。一方面，企业和行业中介组织对政府的调查工作提供了大量的数据、信息、评估和分析报告，为政府提供有效的帮助和支持；另一方面，政府在实施调查和采取措施的过程中也有义务与企业和行业中介组织进行协商以听取意见。上述机制保证了美国政府针对国外贸易壁垒采取的措施符合美国产业的利益，提高了贸易壁垒应对机制的针对性和有效性。

3）攻击性极为突出。美国的经济实力超强并在国际贸易中占据着主导地位，因此，以其经济实力为依托，其贸易壁垒应对机制也具有极强的攻击性。从“301”条款明显的单边性强制措施中可以证实这一点。

4）有效衔接单边调查程序与多边争端解决机制。“301”条款允许美国个人、企业或行业中介组织对贸易伙伴的不公平贸易做法进行投诉。美国贸易代表依据“301”条款的授权开展调查，如认定贸易伙伴相关做法“不公平”或“不合理”，且相关贸易伙伴为 WTO 成员，则美国可根据其调查结果，诉诸 WTO 争端解决机制。如果争端解决机制（DSB）作出有利于美国的裁决，美国可根据 DSB 的授权，采取报复措施。因此，通过其贸易壁垒应对机制，美国将个别企业或产业的投诉，转化为政府间贸易争端并寻求多边解决，从而有效衔接了单边调查程序与多边争端解决机制。

5）透明度高。“301”条款对政府调查工作的程序及各利益方的权利义务作出了明确规定，调查中每一阶段都需进行公告，政府作出的决定和即将采取的措施也需通过公告并征求公众意见，因此美国“301”程序的透明度很高。

6）已经并将可能继续影响 WTO 规则的发展。在历史上，美国的贸易壁垒应对机制有力地推动了 GATT 相关规则的发展。在 GATT 时期，美国“301”程序的管辖范围超出了 GATT 的调整范围，并最终推动 GATT 扩大其调整范围；美国“301”程序的强制实施力度远远强于 GATT 争端解决机制，并最终推动 GATT，提高其效率，强化其效力。上述发展推动了 WTO 的成立。在 WTO 成立后，“301”程序更注重对 WTO 规则尚未涉及领域（如商业贿赂、共谋等）的国外贸易壁垒措施进行调查。同时，“301”程序也在探索提高双边磋商效率，强化实施效果，以更有效地通过双边程序解决国外贸易壁垒措施，这些都是 WTO 规则下一步发展的方向。

9.2.2 欧盟的应对机制

与美国相同，欧盟农产品技术性贸易壁垒没有专门的应对机制，适用有关贸易壁垒应对机制的一般性规定。

作为全球最大的区域经济集团，欧盟在不断深化内部经济货币联盟和加强统一大市场建设的同时，将充分进入全球市场，实现并扩大贸易利益和投资利益，作为其繁荣和发展的基础之一。欧盟认识到，实现这一目标的前提是国际贸易规则得到普遍尊重。为了确保国际贸易规则得到普遍尊重，同时在国际贸易规则被漠视时能对欧盟利益予以补救，欧共体先后于 1984 年和 1994 年颁布了《新贸易政策工具》和《贸易壁垒规则》，建立起较为完善的贸易壁垒调查制度。

9.2.2.1 《新贸易政策工具》

1974 年，美国在其贸易法中引入了“301”条款，欧盟也成立了美国利用 301 条款打击的主要对象。欧盟虽对此颇有抱怨，但同时也感受到了“301”条款的威力和作用。1983 年，欧委会向理事会提交了其关于《新贸易政策工具》的建议，强调应运用《新贸易政策工具》保护在第三国市场上遭遇壁垒的欧盟出口产品。在最终采纳欧委会建议时，欧盟理事会努力使欧盟的《新贸易政策工具》与美国的“301”条款保持距离，要求欧盟所采取的任何措施均与其国际义务保持一致，避免体现过强的单边性和攻击性。《新贸易政策工具》（NCPI）于 1954 年 9 月 17 日正式颁布。NCPI 为欧盟保护其在多边规则框架中的合法权益，对第三国采取的不正当贸易做法确立了进行调查及采取相应措施的程序规则。其目标是在遵守当时的国际义务和程序的前提下回应第三国的不正当贸易做法，并消除该做法对欧盟利益带来的损害；同时，确保欧盟依据多边规则对第三国的贸易做法充分行使相应的权利。NCPI 的颁布标志着欧盟初步建立起贸易障碍调查程序规则。

9.2.2.2 《贸易壁垒规则》

NCPI 的实施并未根本遏制第三国实施或维持的贸易障碍，其所规定的行动步骤在实践中也被证明并不完全有效。20 世纪 90 年代以来，随着经济全球化不断深入，国际贸易及投资迅速增长，尤其是 WTO 成立后，国际货物、服务及竞争性领域的贸易自由化不断加强，NCPI 已不能完全满足欧盟在新形势下维护其自身利益的需求。建立一套完整的贸易政策工具，制定相应的具有较强可操作性的程序规则势在必行。新规则不仅应有效保护欧盟区内市场，而且服务于欧盟产业外市场的开拓，同时应确保欧盟充分享受国际贸易规则赋予的全部权利。1992 年 6 月，作为欧盟共同贸易政策和建立统一大市场政策的执行部门，欧委会建议加强欧盟贸易政策工具。这一建议拟赋予欧委会更大的权力，使其在采取贸易报复措施方面更为便捷。该建议遭到英国、荷兰、德国等主张自由贸易的成员国的强烈反对，但得到法国等保护主义倾向较强的成员国的支持。1994 年 3 月，在欧盟理事会颁布的关于欧盟共同进口政策的理事会条例中，理事会略微加强了欧委会在 NCPI 方面的权力，同时使 NCPI 符合 WTO 关于争端解决机制程序的规定。1994 年 10 月，欧委会向欧盟部长理事会提交了 NCPI 的最终修改建议。欧盟部长理事会对欧委会的建议进行了修改。1994 年 12 月 19 日，欧盟部长理事会通过了《贸易壁垒规则》，并于 1994 年 12 月 22 日，颁布 TBR，从此 TBR 取代了 NCPI。1995 年 1 月 1 日起生效。

TBR 在贸易政策领域为欧盟维护其权益提供了一套完整的程序规则。当欧盟产业和企业遭遇贸易壁垒，从而影响其进入第三国市场或欧盟统一大市场的建设时，其可依据该程序规则建立起的机制，要求欧委会对相关不公平贸易措施开展调查，并通过双边磋商、WTO 争端解决机制予以解决。传统的反倾销、反补贴和保障措施等均旨在保护欧盟市场免受进口冲击带来的损害，是防守型贸易政策工具，作为一种新的贸易政策工具，TBR 为欧盟提供了一种进攻型的市场准入法律机制，确保了欧盟享有其在国际贸易规则框架中，尤其是 WTO 相关协定所赋予的权利。它反映出欧盟在反击不公平贸易行为上的政策转型。TBR 规则自实施以来，在帮助欧盟企业开拓第三国市场方面发挥了重要的作用，基本实现了其立法目的。欧盟在积极运用贸易壁垒调查程序维护其利益的同时，也加强了对国外贸易壁垒信息的收集利评估，其专门建立了涵盖所有贸易伙伴的市场准入数据库，在帮助欧盟企业进入国际市场方面发挥了非常积极的作用。

9.2.3 日本的应对机制

美国、欧盟与日本作为当今世界在经济发展格局中的三个增长极，它们彼此之间既有共同的战略利益，同时也存在大量的贸易纷争与摩擦，这使三者的国际贸易政策表现出互动的特征，但同时又保留着自身政策的独特属性。与美国依靠“301”条款推行强硬和霸道的单边政策和欧盟较为温和的《新贸易政策工具》相比，日本在应对农产品技术性贸易壁垒的方面体现出某种折中调协的精神。概括起来，日本国在应对其他国家的农产品技术性贸易方面具有如下特点：一方面，由于日本科学技术水平的高超，这使那些试图以技术性标准来遏制日本产品并据此将日本产品拒之门外的国家往往很难通过纯粹的技术性标准的提高来实现这一目的；另一方面，日本国内产业结构的科技化含量较高，其产业结构的重心主要是高科技、工业化产品，相对而言，农产品的比重较低，这使日本向国外市场出口和销售农产品的规模并不很高，远远不及作为农业大国的中国，因此，日本在农产品方面遭受外国的技术性贸易壁垒限制的概率，也就大大减小。当然，日本也将主要面临两种类型的国家对其采取技术性贸易壁垒以阻挡其农产品的进入：一类是农产品大国，由于保护国内产业和市场的需要，越来越多的农业大国开始对其他国家进口的农产品实施技术性贸易壁垒战略；另一类则是欧盟、美国等科技含量较高的国家，它们制定的市场准入技术条件也可能对日本农产品的海外进入和销售带来冲击与影响。为此，日本国主要采取两类措施进行应对：第一种措施便是自助式，单独或者纠集他国进行集体制约，包括单独采取对等或者报复措施、或者形成战略集团进行攻守同盟；第二类措施则是他助式，即通过诉诸 WTO 争端解决机构，凭借后者的权威和有效的集体制裁机制，对采取技术性贸易壁垒措施的国家或者地区施加压力，以迫使后者限制或者取消此类贸易壁垒。

9.3 突破农产品技术性贸易壁垒的促进机制

笔者发现，美国是世界上农产品出口的第一大国，其农产品在国际上的竞争力也首屈一指，美国农产品之所以能跨越国外技术性贸易壁垒，顺利进入国外市场，与美国对农业的特殊保护是密不可分的。这种特殊保护主要涉及发达国家对农产品出口的政策支持及对农产品国际竞争力的提高。虽然这种政策支持直接的目的不是针对国外的技术性贸易壁垒，但是客观上为发达国家利用和应对技术性贸易壁垒起到了促进作用，本书在此对农产品出口的政策支持及农产品国际竞争力的提高加以分析，以期对中国有一定的启示意义。

9.3.1 美国的促进机制

9.3.1.1 组建强大的促销组织机构

美国农业部由各类国家股份公司，如农产品信贷公司、联邦机构和其他机构组成，是直接负责农产品出口促销的政府机构，它集农业生产、农村生态、生活管理以及农产品的国内外贸易于一身，对农业产前、产中、产后实行一体化管理。

农产品信贷公司是隶属于美国农业部的国有企业，负责多项农产品出口市场开拓计划的实施。其资金由美国联邦政府预算中强制支出。同时，农产品信贷公司还肩负着支持农民所得和稳定农产品价格的重任。海外农业服务局是农产品出口促销的具体执行部门。在国会授权下，该局有用于农产品出口支持的专项预算资金，依靠世界上最发达的全球性农业信息通报体系，直接制定并组织执行出口促进计划，美国商务部负责外国农产品贸易壁垒和贸易障碍的申诉和投诉，并帮助农产品出口商解决问题。贸易谈判是美国扩大农产品出口的重要手段，这个任务是由贸易谈判代表和代表助理完成的。

农业协会是美国农产品出口促销体系中的半官方机构，在农产品出口促销体系中起着直接的作用。其资金大部分由海外农业服务局直接提供，小部分则由私营的农产品企业捐赠，专门帮助美国农产品生产者和食品加工者出口。其只对极少的一些项目收取少量费用。

农产品贸易协会在美国有七十多家，代表美国各州以及不同类别农产品。这些协会由美国的生产商、加工商和出口商代表组成。可以提供有关美国产品的标准、品种、用途和供应商的详细资料。此外，美国还有上百个农业团体、协会与政府合作，具体承担农产品出口支持计划。它们负责提供全球市场信息，制订生产计划，督促会员使用统一的商标，建立和利用出口价格协调机制，培养消费者对产品的忠诚度等。

9.3.1.2 实施农产品国际市场开拓计划

美国现行农产品出口支持政策具体体现在各项促销计划之中，并均有相关的法案支持。

1）国际市场拓展计划。为了促进美国农产品销售，美国国会和政府共同制订该计划，主要资助海外的营销和促销活动，直接面向国外最终消费者。它是所有促销计划中涉及产品面和促销方式最广、支持资金最多的一个计划，实施资金为6.5亿美元，占美国农产品营销、促销全部资金的56%。该计划的实施方式是，农产品信贷公司将资金拨给海外农业服务局，经海外农业服务局审定后拨付可参与计划执行的农产品协会。

2）国外市场开发合作者计划。为了全面支持有广泛代表性的非营利性农产品协会或商会，借以开拓新市场，重点扶持高附加值农产品出口，美国政府制订了此计划。该计划在海外农业服务局的指导下，由农产品信贷公司具体负责实施。实施方式也是由农产品信贷公司和非营利性农产品协会签订合作协议，以返还偿付的形式给予一定比例的资金援助。

3）优质样品计划。该计划主要用于支持美国贸易机构向新兴海外市场的进口商提供少量农产品样品，让潜在客户发现美国农产品的优良品质。其针对的是商业和制造业，而不是直接的消费者，并优先考虑美国农产品市场份额不超过10%的国家。

4）新兴市场计划。为了保持或扩大美国农产品对国外新兴市场的出口，提高这些国家食品和农业企业体系的效率（包括减少贸易壁垒以及增加投资），美国联邦政府特制订了此计划。该项计划主要是资助技术性项目，不是以终端消费者为目标。例如，支持可行性研究、市场调查、产业评估、环境考察、专门培训等。因此，资助对象是农业或农产品组织、大学、政府农业部门，并优先资助中小农业企业或农业综合企业。

5）特定农作物技术支持计划。该计划主要支持政府和企业，针对限制或威胁美国农作物出口的卫生、植物检疫和技术壁垒，为出口商提供援助，冲破限制壁垒。支持的产品是除小麦、饲料谷物、含油种子、棉花、大米、花生、糖和烟草之外的所有作物及产品。促销方式是资助研究会、实地调查、病虫害研究、通关前计划等。

9.3.1.3 建立完善的信贷担保制度

美国政府启用了一系列金融服务措施，制订了一系列促进农产品出口的信用担保计划，强有力地促进美国农产品出口。

1）商业出口信贷担保计划。根据美国2002年《农场安全与农村投资法案》，2002~2007年，美国政府每年安排不少于55亿美元，用于农产品短期出口信贷担保和中期出口信贷担保。短期出口信贷提供担保计划适用于贷款年限不超过3年的私人贷款。中期出口信贷担保计划适用于贷款年限不超过7年的私人贷款。

2）卖方信用担保计划。该项计划通过鼓励美国出口商给那些得不到普通商品贷款公司的外国进口商付款担保，使美国出口商更容易出口美国农产品。该项计划由海外农业局审查批准，农产品信贷公司负责具体执行。在这项计划下，农产品信贷公司现行的担保比例是出口金额的65%。

3）设施担保计划。该计划对美国出口的资本和服务提供信贷担保，这些出口的资本和服务须用于改善新兴市场农产品储藏、加工、处理等农业设施。其管理方式与商业出口信贷担保计划相似。总担保比例为95%，初期还款支付只还15%，还款期限为1~10年，半年本金加利息还款一次。

9.3.1.4 构建完整的配套服务体系

美国食品安全体系是灵活而有力的，以科学为依据，明确行业的法律责任，在整个国家形成了一个综合、有效、健全的农产品质量监督服务体系，并在法律规章制度下进行质量安全管理。

美国农业现代化和国际化，起核心作用的是科研与教育。针对国际市场和增强农业国际竞争力的农业研发体系，是美国农业从生存向世界上最具生产效率的农业企业转移的主要力量。美国农业研究项目大部分是由政府资助，其研究成果成为美国农业发展的支柱。近几年来，美国联邦政府对农业科技研发的投入一直徘徊在20亿美元左右，约占联邦政府研发总投入的2%。农业部支持的优先研发项目首先要能够降低农民成本，特别是使产品适应国内外市场的需要。

美国的农产品推广将农民和国际市场有机地联系在一起，被认为是历史上转让和推广技术最广泛和最成功的一个。美国推广组织是由联邦、州和当地机构组成。联邦合作者是农业部，州的合作者是全国100多家农学院、农业实验站和州政府，当地机构是3150个县或当地组织。大学与地方县政府联合组建县级农技推广中心，负责本地区的农业技术推广工作。人员由大学教授和地方招聘的科技人员组成。经费由联邦政府、州政府和县政府分别承担。除农业推广外，还有直接提升农民素质的各种教育和培训。

9.3.2 欧盟的促进机制

9.3.2.1 欧盟第一次共同农业政策的促进措施

1992年，欧盟进行了第一次共同农业政策的改革，通过改革以支持农产品的出口，突破国外农产品技术性贸易壁垒主要有以下三个方面的内容：

1）降低支持价格水平。谷物的支付价格下降29%，牛肉下降15%，乳制品支持价格下降5%。

2）导入对农业支持的直接支付方式。由于降低了价格支付水平，农民的损失部分采用直接支付方式给予补贴。

3）导入生产结构调整计划。为获得上述直接支付补贴，农民必须参加减少种植面积的生产结构调整计划，但不包括耕地面积20公顷以下的农场，同时，对每公顷休耕耕地给予253欧元（ECU）的补助。

根据上述内容可知，1992年欧盟农业共同政策改革的中心是导入对农业支持的直接支付方式和生产结构调整计划。改革后欧盟对农业的补贴主要体现在“黄箱”补贴，占农业补贴总水平的53%，“绿箱”和“蓝箱”补贴均为22%左右。

9.3.2.2 欧盟2000年议程中的促进措施

1999年3月26日，欧盟15国国家元首在德国首都柏林达成一项关于2000年议程农业指导政策与资助调整的全面协定，包括规划财政前景、共同农业政策改革和结构性调整行动等三方面内容。新政策的一个核心内容就是降低补贴价格，鼓励竞争，把对农业的补贴进一步从生产补助中分离出来，即从对农产品的价格支持转变为对农民收入的支持，从而达到提高欧洲农业在国际贸易中地位的目标。

上述政策旨在使欧洲农产品更接近世界市场价格，改善农产品在区域内和国际市场上的竞争力，突破国外的农产品技术性贸易壁垒，推动欧盟内部需求和出口增长。减少的价格补贴将通过增加的直接补偿部分抵消，从而提高农民生活水平。

9.3.2.3 2003年欧盟新农业政策的促进措施

2003年6月26日，欧盟部长理事会通过了新农业政策改革决议。改革的方向是：彻底改变欧盟对农业的支持方式，使得农业政策更加市场化。改革的核心内容是直接补贴方式的变化，将原来与当年生产面积挂钩的蓝箱支持转变为与生产不挂钩的单一的农场补贴，即绿箱支持。此外，原来的价格支持政策仍然保留，支持价格水平有的产品不变，有的产品降低。改革政策的各项具体措施，分别从2004年和2005年开始执行，具体内容有以下几个方面。

（1）改革直接补贴方式

按照新的改革方案，取消原来与产品类别和种植面积有关的挂钩补贴，取而代之的是“单一的农场补贴”（single fann payment）。每个农民获得的补贴额将根据以2000～2002年为基期的情况确定。一经确定，补贴就与种植的作物种类和面积多少无关。

（2）稳定农产品市场政策

欧盟将继续执行以前的市场稳定政策。

（3）加强对环境、食品安全、动物健康和动物福利标准的要求

上述各项补贴政策包括单一补贴政策，尽管可能不再与生产挂钩，但是却与遵守环境、食品安全、动物健康和动物福利标准等方面的法规要求相联系。

（4）建立新的“农场咨询系统”

在2006年以前，各成员可以在自愿的基础上，建立起一个新的“农场咨询系统”（Farm Advisory System）。但是2007年以后，各成员必须都建立起这样的系统。在2010年以前，农民可以自愿选择是否参加这个系统。2010年，农业委员会将报告这个系统的运行情况。在此基础上，欧盟部长理事会将决定是否将该系统变为强制农民参加的系统。这个系统的主要任务是向农民提供如何在生产过程中按照有关标准和良好操作规范的咨询服务。农场审计部门将定期地对农场投入物的投入水平进行审查，以确定其是否符合有关的环境、食品安全和动物福利要求。有关的费用将由欧盟的农村发展基金支付。

（5）加强农村发展

欧盟用于促进农村发展的资金将大幅度增加，用于促进农村发展的措施范围也将扩大，这些规定从2005年开始实行。至于具体的措施，则由成员或者地区政府决定。

（6）调减对大农场的补贴

按照新的改革决定，将对大农场直接补贴标准予以调减。调减的幅度是：

2005 年为 3%，2006 年为 4%，2007 年以后为 5%。据测算，此项措施每年可节省支出 12 亿欧元。这些节省下来的支出将全部用于促进农村发展项目。欧盟通过以上六项措施的实施，使欧盟农产品在国际贸易中提高了其综合竞争力，对突破技术性贸易壁垒更具有针对性。

9.3.3 日本的促进机制

2000 年，日本政府确立了推动农产品出口的战略，并采取了一系列卓有成效的举措，取得了令人瞩目的成效。

9.3.3.1 建立政府主导、各方参与的出口促进体制

日本政府在农产品出口中发挥主导作用。2000 年，日本政府成立“农林水产品出口推广协会”，该协会由农林水科大臣任会长，各省厅、地方政府、各全国性农业生产、流通组织、贸易、旅游促进团体、以及地方出口促进团体作为成员。协会内设由政府各部门主管官员和主要农业组合负责人组成的干事会，并在农林水产省内设事务局。

该协会负责制定日本农产品出口的基本战略，确定农产品出口的具体目标，完成并实施年度农产品出口行动计划，与外国政府交涉取消农产品进口壁垒等。

全国性农业组合，即全国农业协同组合联合会和全国农业协同组合中央会（分别简称全农和全中），利用其遍布各地的机构，组织实施政府制定的农产品出口战略规划，帮助农民根据不同市场的需求，进行生产、储运和销售。

由政府预算支持的日本贸易振兴机构利用人力资源和全球网络，组织专家进行市场调研，提供分析报告，提出具体建议，并在展览、推销、宣传上提供资金支持。2005 年度仅展览推荐会一项，即安排资金 1 亿日元。

日本政府对农产品出口有直接的资金支持。这部分资金被称为“推动农林水产物出口倍增事业补助金”，2005 年度为 6.56 亿日元，2006 年度翻番为 12.58 亿日元。该补助金一是用于促进出口，包括海外出口环境调查、面向海外出口所需业务调整费用、海外销售促进费用等；二是用于新品种保护的费用，包括从事新品种保护的费用和开发新品种鉴定的 DNA 技术的费用等。

9.3.3.2 树立日本农产品优质、安全的形象

（1）依产品而异，因地制宜

日本出口的农产品大多是地方特产，如青森苹果、新潟大米等。经过长期

改良、培育，受到消费者欢迎，以高质、高价畅销国内。在此基础上，充分考虑调研海外市场需求的特异性，根据不同需求组织各具特色的农产品出口海外。青森县的陆奥苹果是知名品牌，但日本人只喜欢个头适中的苹果，受到市场冷遇的大苹果却在中国被消费者热烈追捧，每个竟然卖到800日元；而个头很小的苹果则在欧洲市场受到欢迎。

这使得陆奥苹果这几年的出口量由300吨一下增长到1500吨。佐贺县的早生柑橘，瞄准美国、加拿大市场的圣诞消费，与日本国内需求打出了时间差，供货量不断增加，年出口达5000吨；福冈县的“甘王”牌草莓味甘、色艳、个头大，因保鲜需要，主打港台市场，年出口达40吨。

（2）打高质、高档、安全、安心牌，占领高端市场

日本出口的农产品在海外定位于高品质和好味道。在高级百货店销售，精美的小包装、绚烂多彩的广告、推销员富有感染力的叫卖声、不菲的价格都使海外消费者将日本农产品作为一种高档商品看待，甚至将消费日本农产品作为一种身份的象征。

日本新潟出产的“月光”大米以味美和高价著称，为推销大米，在政府的帮助下，其通过使馆举办品尝会，以及各种展销会，现场制作，现场品尝。以良好的第一印象吸引消费者，通过高价米的出口，不仅在世界树立了大米的高档形象，而且打破了日本农产品高价无销路的传统观念，给生产者以信心。“月光”大米还在新加坡、中国香港、中国台湾和泰国等设立销售点，每年出口达到6000吨。

气候湿润的台湾对梨的需求旺盛，鸟取县农协将台湾市场作为主攻目标，选择中秋节、春节销售旺季，瞄准馈赠需求，以高于日本市场一倍的价格出售。仅鸟取县一年的出口量就达600吨。

（3）组织有序、锲而不舍

日本农产品出口海外经常会遇到各种困难，很多日本农产品的出口得益于锲而不舍的精神和沉稳的组织工作。日本知名品牌温州蜜橘出口美国时，美方设置了极为苛刻的检疫条件，为满足美方要求，静冈县农协组织农民设置了21公顷对美柑橘出口基地，为防止周边影响，在基地周边又设置了无病对策缓冲区。有效的措施，满足了检疫要求，使出口量稳步上升。龙胆出口荷兰，遇到了时间长龙胆枯萎的难题，日本迅即组织各方面的专家，就温度控制、花期延迟、运输手段等问题进行攻关，同时协调生产和流通各环节，很快解决了问题，保证了日本龙胆供应欧洲市场。

（4）以点带面，产业连锁效应

在推广本国农产品过程中，日本经常先将一种叫得响的农产品投放海外市

场，在当地形成了良好印象后，再将其他农产品推入市场，也取得了很好的效果。例如，日本鸟取县出产的“二十一世纪梨”在中国台湾有很好的口碑，该县借此逐渐将其生产的红薯、艾头等也打入了中国台湾市场；日本绿茶对美出口是通过向高级日餐店提供餐后茶饮得到好评后，各餐馆的订货大量增加实现的，年出口超过1000吨。日餐馆的普及同时带动了紫菜和绿茶的出口，是日本推广其饮食文化的成功范例。

9.3.3.3 加强对外交涉，为突破农产品技术性贸易壁垒铺路搭桥

世界各国对本国农产品市场都实行保护政策，特别是近些年来技术性壁垒越来越多。为扩大农产品出口，日本政府出面同各国交涉，在关税、检疫等方面取得进展。例如，通过双边 FTA 协议，降低农产品的进口高关税；要求进口国调整秩序检疫政策，或根据进口国的检疫要求采取改进措施等。例如，51个国家和地区由于 BSE 中止了日本牛肉进口，日本政府主动与各国谈判、交涉，现已逐步恢复开关。

9.3.3.4 加强品牌农产品的知识产权保护

由于农产品很容易在海外移植，在国际市场造成对日本高价格的冲击。因此，日本千方百计在海外对自己的农产品品种进行保护。政府一方面提供财力支持开发 DNA 品种鉴定技术，另一方面争取各国立法保护海外的日本农产品品种。日本农林水省还为此专门成立了“农业食品知识产权保护本部”，加大对这项工作的领导力度，一是控制优良品种种苗的外流。二是通过 DNA 检测控制在海外生产的产品返流日本，扰乱日本市场。

9.3.3.5 建立面向出口的生产流通体制

此举主要是通过构筑面向出口的生产体制，导入新的技术，生产出能够满足海外市场需求的，符合海外市场标准的、与日本市场有所不同的农产品。

同时，为了保持农产品的出口品质，降低成本，建立出口包装和保鲜系统，利用共同的运输方式，开发出专门出口的运输路径、运输方式等流通体制。

日本重视农业、食品业与制造业和流通业的联系，特别是利用制造业和流通业已有的销售渠道、借鉴其在海外的销售经验，促进农产品出口。例如，大米出口，就借用了电饭煲的渠道和经验，电子企业与农业组合开展了很好的合作。

9.3.3.6 积极开展海外市场推广

农产品出口海外，推广工作是关键。日本政府、民间团体、企业、农户紧密配合，按计划、分步骤、有目标地积极开展这项工作。推广手段主要有以下几种。

1）开拓并扩展销售渠道。日方对农产品出口的海外信息进行收集、整理和分析，然后将该信息分发给相关单位作为决策参考和依据。这些信息既包括政策制度方面的，如检验检疫制度、商标登记、培育权保护等；也包括市场需求、商品价格、流通状况、饮食习惯等。

2）采取多种形式的市场营销手段。充分而有效的市场营销手段包括开展市场调研、制订出口计划、开发海外消费者需要的商品等。具体方法如在国内成田机场介绍、销售日本品牌农产品；组织国内企业参加国外食品展销会；设立直销点，搜集市场反应；召开生产、流通、贸易等相关行业的准备会等；在国外，政府协助民间进行市场调研、疏通政府关系、参加农产品交易会、加强与海外相关贸易部门的联系；另外，金融机构还向农产品出口提供融资和保险的服务。

3）重点推介品牌农产品。充分利用在海外开设的日本食品展和百货商店内的日本食品柜台，给当地消费者树立全面的日本食品良好的品牌形象。具体措施包括，设计出口农产品宣传标识、制作宣传资料；在百货公司举行日本食品烹饪演示、在媒体上刊登介绍日本品牌农产品的广告和文章；开设日本食品烹饪培训课程等；通过国际交流基金，向国外派出食品专家介绍日本食品，等等。

4）注重向来日游客推广日本食文化和食品。日本计划在2010年吸引1000万游客来日本观光，通过游客切身体验，了解日本的饮食文化，不失为一个有效的推广之举。

9.4 发达国家或地区的经验与启示

9.4.1 主要成功经验

通过对欧盟、美国、日本等发达国家利用和应对农产品技术性贸易壁垒的主要做法和突破农产品技术性贸易壁垒促进机制进行深入分析，可以总结出以下成功经验：

第一，在利用农产品技术性贸易壁垒方面健全了完善的法律架构。主要体现在：重视理顺农产品技术性贸易壁垒管理体制，强调政府在农产品技术性贸易壁垒管理中的主导作用，注重“从田间到餐桌”的全程管理，有比较明确的管理主体和职能分工；重视农产品技术性贸易壁垒法律保障体系建设，建立了一套完善的法律体系，涵盖了“从农田到餐桌”的整条食品链：制定了一系列详细的质量标准，同时随着市场的变化及时进行修订，建立了多层面、分区域的农产品质量安全检验检测体系，并通过该体系加强农产品质量安全的宏观调控和监督检测，高度重视质量认证工作，除了实施产品认证外，还在生产企业中积极推行 HACCP 等体系认证。

第二，在应对农产品技术性贸易壁垒方面建立了完备的法律体系。从以上分析可以看到，发达国家不仅具有专门针对外国技术性贸易壁垒的法律制度体系，而且一般都能通过一定的机制全方位地进行应对。其中主要包括企业与农产品行业协会充分发挥应对主体的法律功能，完备的法律应对机制以及较强的争端应诉能力，这些都是非常值得借鉴的经验。

第三，重视突破农产品技术性贸易壁垒促进机制的构建。综合上述各国对突破农产品技术性贸易壁垒促进措施的构建和完善，可以得出，对农产品出口实行政策支持，提高农产品国际竞争力，是农产品出口国跨越国外技术性贸易壁垒的坚强后盾。这些成功经验有助于中国促进农产品出口，顺利跨越国外技术性贸易壁垒。

9.4.2 对中国的启示

从发达国家或地区突破农产品技术性贸易壁垒的主要做法可以看出，各国政府都非常重视农产品质量安全管理，都把它当做一项公共物品来对待，认真履行政府公共管理的职责，并且形成了一套较为完备的管理体系。这对中国政府明确职能定位，加强农产品质量安全管理，努力提高农产品技术性贸易壁垒的应对水平具有重要借鉴意义。

9.4.2.1 利用农产品技术性贸易壁垒方面

（1）发达国家政府理顺壁垒管理体制对中国的启示

首先，政府在农业管理中应主要定位于宏观管理、市场监管、社会管理和公共服务等农业企业和农民（农场主）所不能或者不愿意承担的社会公共事务上，切实承担起提供公共物品的职责。农产品技术性贸易壁垒是以保障人类健康和消费安全、保护动植物健康和生态环境、防止欺诈、保证农产品质量、维护国家利益为主要内容，政府部门理应承担重要职责，要突出政府在农产品技术性贸易壁垒管理中的主导作用。

其次，农产品技术性贸易壁垒应有明确的管理主体和分工。无论是采用欧盟采用的由一个部门负责的农产品质量安全管理体制，还是采用美国、日本采用的由几个部门共同负责的农产品管理体制，都应该通过法律法规详细规定每个管理部门的职责，明确农产品技术性贸易壁垒管理的主体和分工，既不能出现管理上的真空，也不能出现职能交叉现象。

最后，重视“从田间到餐桌的全程管理。农产品从生产到消费是一个有机、连续的过程，对其管理也不能人为地割裂，应强调对农产品质量安全实行全程管理。这种全程管理不仅强调从农业投入品开始，对农产品从生产到消费的各个环节进行管理，还应体现在尽可能地减少管理部门的数量。同时，要考虑农产品的生产、加工一体化趋势明显，农业生产管理的外延不断扩大，居民食品消费的质量安全控制从制成品延伸到原料生产，农产品源头管理越来越重要，重新调整农产品质量安全管理的行政职能和机构。

（2）完善的法律保障体系建设对中国的启示

1）法律体系方面：发达国家在农产品技术性贸易壁垒管理方面建立了强大的法律法规框架，涵盖了所有农产品质量安全领域，出台有效的、切实可执行的法规措施，加强法律管理，而且其法律框架会根据实际情况的变化逐步作出调整。市场经济是法制经济，政府加强农产品技术性贸易壁垒管理和应对也应以完善的法律法规为基础。中国目前的农业法律法规的基点仍是保障农业在国民经济中的基础地位，维护农业生产经营组织和农业劳动者的合法权益，促进农业的持续、稳定、协调发展，对农业新阶段面临的新的质量安全问题，相关的法律法规比较欠缺。面对国内日益严重的农产品质量安全问题和发达国家日益加强的技术性贸易壁垒，中国政府应尽快完善农产品技术性贸易壁垒法律法规体系建设，依法管理农产品的生产、加工、流通、进出口等各个环节，监督农产品质量安全，并尽快将农业行政执法工作从农业投入品转向以农产品质量安全为重点的农产品生产全过程的执法监督。

2）标准体系方面：发达国家政府为了提高本国农产品在国际上的竞争力，阻碍国外农产品进口，并增强应对国外农产品技术性贸易壁垒的能力，制定了一系列的农产品质量标准，而且随着市场的变化不断进行修订；在标准制定过程中，强调目的明确，配套性、系统性好；要与法律法规衔接好；要先进实用；制定过程要公开透明，充分发挥社会中介组织的作用；要充分考虑技术性贸易壁垒问题。中国政府应根据农产品质量安全监管的实际需要，积极采用国际标准，及时清理和修订过时的农业国家标准、行业标准，抓紧制定急需的农产品质量安全标准。在制定标准过程中，还应建立了一套严谨的制定标准程序，信息公开、决策民主，注重发挥社会中介组织的作用，政府不应该大包大揽。

3）检验检测体系方面：发达国家政府根据农产品市场准入和市场监管的需要，建立了从农田到餐桌、多层面、分区域的农产品质量安全检验检测体系，并通过该体系加强农产品质量安全的宏观调控和监督检测。中国政府应加强财政支持力度，加快农产品质量安全检验检测中心的建设，充实检测力量，完善仪器设备和手段，提高检测能力。

4）认证体系方面：发达国家政府高度重视产品认证工作，通过实施产品认证，向市场提供一种可以信任的证明。除了对最终产品进行质量认证外，发达国家还普遍在生产企业中推行 HACCP 体系认证，强调企业自身的作用，同时重视认证标签的管理。由于中国农产品质量安全认证工作起步比较晚，中国政府应加快农产品质量安全认证体系的建设，组建不同层次的农产品质量安全认证机构，做好不同类型的农产品质量安全认证，加强认证标签管理。在此基础上，积极推行 HACCP、GAP、GN 等体系认证，强化企业自身在农产品质量安全管理过程的主观能动性。

9.4.2.2 应对农产品技术性贸易壁垒方面

（1）企业和农产品行业协会主动发挥应对主体作用是成功应对壁垒的重要环节

一般对于外国的技术性贸易壁垒，企业是主要的受制对象，同时企业也因此能够及时发现外国的技术壁垒。而对于技术贸易壁垒的应对，仅仅依靠企业是不行的，这就需要企业与农产品行业协会联合，充分发挥应对主体的法律功能，一起来对付外国的技术性贸易壁垒。因此要应对出口的技术性贸易壁垒，需要企业和农产品行业协会积极主动发挥作用，这是成功应对机制的重要方面。

（2）灵活的应对策略是成功应对壁垒的关键

如上所述，发达国家虽然没有专门的应对机制，其适用的是有关贸易壁垒应对机制的一般胜规定，但是其灵活的应对策略是其成功的关键，也是值得我们学习的。例如，日本的第一种自助式的措施策略，其单独或者与他国进行集体制约，包括单独采取对等或者报复措施、或者形成战略集团进行攻守同盟。这种看似简单但内涵丰富的机制是其成功应对的关键。

（3）较强的争端应诉能力是成功应对壁垒的关键

从发达国家的实践来看，其不但有灵活的法律应对机制，同时争端解决的实践能力很强，可以说，正是因为最终能够顺利通过争端解决来处理壁垒纠纷，发达国家多了一道防护墙。从这里看出，对于技术贸易壁垒，不仅要从如何应对入手，即使在争端解决中也能体现绝处逢生的本领，才能不断提高争端应诉能力。

9.4.2.3 突破农产品技术性贸易壁垒的促进机制方面

（1）合理运用财政与金融手段是促进农产品出口实施农业保护的关键

实施农业保护，促进农产品出口的基本手段有法律、行政和和经济手段。如果仅仅是依靠法律和行政手段的强制性，很难达到政策预期目的。只有依靠经济利益诱导，农民才会朝着政府农业发展的目标努力。因此，在发达国家对农产品出口的政策支持手段中，财政和金融（尤其是政策性金融）手段是保证政策目标责任制实现的关键。

（2）确立出口农产品的品牌战略

农产品作为日常生活必需品，以往消费者对其需求并无太大差异。但是，随着生活水平的提高，消费能力的增强，在一些国家和地区逐步形成了以富裕阶层为主的农产品高消费群体，他们要求农产品味道更好、品质更佳、外观更靓、安全更有保证，而价格则是选择要素之一，这就形成了高端农产品市场。日本的品牌农产品出口战略瞄准的就是这一市场。目前，中国农产品出口数量大、单价低、特色少、品牌缺，处于国际市场的中低端。借鉴发达国家的经验，培育自己的农产品名牌，占领国际高端农产品市场是振兴中国农业，提高农产品附加值，跨越技术性贸易壁垒的重要手段。

第10章 中国农产品出口受制于技术性贸易壁垒的原因分析

造成中国农产品出口受制于技术性贸易壁垒的原因是由多方面的。其中既有农产品国际贸易保护程度高及经济危机形势下国际贸易保护主义抬头等外在因素的影响，更有中国农产品质量安全水平低下，农产品质量安全标准体系、检验测体系、认证体系建设严重滞后等内在因素的影响。

10.1 中国内部原因

10.1.1 农产品出口受制于技术性贸易壁垒的根本原因是质量安全水平低下

长期以来，中国在农业生产上的追求主要是解决吃饭问题，看重的是农产品的数量，而忽略了农产品的质量。虽然近几年来，由于加大了治理力度，农产品质量安全水平呈现稳步提升的趋势，但存在的问题依然较严重。据估计，中国农产品质量安全水平落后于发达国家10～20年。进一步的分析表明，中国农产品质量安全水平低下也是其他众多因素的相互作用、影响的结果，这些因素反映的是中国农业更深层次的问题，具体来说，体现在以下几个方面。

10.1.1.1 农业生产的外部条件较差

随着中国工业化、城市化进程的快速推进，人口、资源和环境间的矛盾也日益尖锐，环境污染问题日趋严重。水土流失、水源污染、土壤污染、土地沙化、盐碱化、贫瘠化、地面沉降、植被破坏、种源灭绝及其他生态失调现象不断发生和发展，使得中国农业生产的外部条件不断恶化。

据中国科学院估计，目前中国重金属污染农田已达到了3亿亩[①]，受镉、砷、铬、铅等重金属污染的耕地面积已占总耕地面积的五分之一，农药污染农田1.3亿亩，固体废弃物堆存占地和毁田200万亩，污水灌溉引起的耕地污染面积达3250万亩，此外全国乡镇和畜禽养殖业每年分别排放废水59亿立方米和60亿立方米，对土壤水源和周围居民的生活环境都造成严重污染。以鱼米之乡的浙江省为例，其八大水系水质均存在不同程度的污染，40%以上的河流水质低于同类标准。生态环境的恶化，尤其是土壤、水的污染直接造成农产品重金属含量及农药、兽药残留等有害物质超标，已严重危及中国农产品的质量安全。

10.1.1.2 农业投入品的不合理使用

由于农技知识的不足及管理意识与手段的缺乏，在中国，滥用和不当使用农药、兽药、化肥、抗生素、激素、防腐剂等投入品，而且不执行停药期已成为农业生产中普遍存在的现象。更有一些生产者为追求短期经济利益，降低成本，仍在较广范围内使用国家明令禁止使用的高毒、高残留投入品，而不少先进生产工艺却难以得到普及，双汇瘦肉精、三鹿三聚晴氨、海南毒缸豆、河北红心鸭蛋、多宝鱼等事件就是这方面的典型案例。

目前，中国已是世界上化肥使用量最高，农药使用量最大，农膜使用量最多的国家。

大量盲目施用化肥，对土壤内在结构造成极大破坏，造成土壤酸化板结、地力下降，使得中国大部分土地的有机质含量，已从新中国成立初期的7%，下降至目前的3%～4%，流失速度是美国的5倍。过量施用化肥还造成农作物中硝酸盐严重超标，据中国农科院花卉研究所测定，北京市萝卜稍酸盐含量高达2177毫克/千克，菠菜硝酸盐含量高达2358毫克/千克，而中国以WHO/FAO的ADI值为依据，参考中国蔬菜中硝酸盐含量的实际水平和居民每天摄入量水平而提供的膳食指导标准指出，蔬菜中硝酸盐含量应在432毫克/千克以下才是安全的，可见，中国居民的硝酸盐摄入量远远超过安全标准。

中国年使用农药13 215万吨以上（在一些高产地区年均施药十余次，每公顷用量高达15公斤），其中有10%～20%的农药附着在作物上，而80%～90%则流失到水体、土壤、空气中，并进一步进入生物链，对环境造成重大污染，并严重威胁人类健康。值得特别注意的是中国使用的农药中，杀虫剂约占70%，在杀虫剂中，应逐步淘汰的有机磷农药约占70%，这其中剧毒品种又

① 1亩约为666.67平方米

占70%，大量使用的农药不仅直接导致农产品农药残留超标，也对土壤和水源造成严重污染。

中国棚膜覆盖面积2250万亩，年需棚膜65万吨，地膜覆盖面积108亿亩以上，年需地膜约45万吨，但中国农业膜的实际消费量远超110万吨，农膜残留不仅影响土壤和作物的生长发育，农膜中添加的增塑剂还能在土壤中挥发，致使农作物生长缓慢甚至黄化死亡。

最近几年，抗生素这个自1928年青霉素发明以来，拯救了无数人生命的治疗药物，被卫生部药政司副司长姚建红斥为“毁掉了中国一代人”的药物。中国成为滥用抗生素最严重的大国之一。卫生部合理用药专家委员会肖永红教授的调查结果已广为人知：中国抗生素人均年消费量约138克，是美国人的10倍，中国被誉为“吊瓶大国”。但人们轻视了一个“被忽视的滥用”，即中国普遍存在的兽用抗生素滥用问题。调查显示：中国每年生产抗生素21万吨，其中9.7万吨，用于动物养殖。在中国动物养殖过程中添加抗生素已成习惯，超量使用抗生素也是普遍现象，牛奶、鸡蛋、肉类等产品中抗生素超标问题也时有发生。过量使用抗生素使动物也产生了耐药性，以前，一头猪用青霉素只需40万单位，现在打一两百万单位也很难有效果。这意味着进食猪肉的人体也会被动接受抗生素，其耐药性同样显而易见。中国的兽用抗生素滥用问题已日渐引起国际社会的重视，海关的检查报告显示，出口农产品中因抗生素残留而被拒绝通关的比例逐年上升，已占20%。

10.1.1.3 农业生产的技术基础薄弱

虽是农业生产的大国，但中国农业生产的技术基础依然薄弱。目前，中国农业生产经营的技术贡献率大约为30%、农技成果的转化率约为30%～40%，远低于发达国家的平均水平，而世界发达国家的农业科技进步贡献率已达到80%。技术基础薄弱对农业发展的影响是广泛而深远的，主要体现在：第一，难以提高和改善耕作、栽培、灌概、施肥、病虫害防治等各种农艺技术水平。第二，难以培养高品质的动植物新品种。第三，难以为农业发展提供高质量的化肥、农药、地膜等生产资料。第四，难以提高农产品的精加工和深加工程度。体现在农产品出口上，就是农产品品质不够高，低附加值的劳动密集型农产品在出口中占据主导地位，而高附加值的技术密集型农产品所占比例较低。据统计，中国目前出口农产品中初级产品占到60%以上，远高于发达国家的水平。以玉米产品为例，中国只能加工出100多个品种，深加工比例为9%，而美国可加工出2000多个品种，深加工比例为15%～20%。而技术性贸易壁垒是技术优势国巩固其在国际分工中主动地位的一种制度设计，是其利用技术优势削弱其非技术要素禀赋劣势的一种途径。初级产品中所蕴含的土地特别是劳动力禀赋优势正是发达国家农业技术性贸易壁垒要遏制的对象。

10.1.1.4　农业生产经营主体组织化程度低、生产经营方式落后

家庭承包经营的推行，使一家一户的分散生产经营成为中国农业生产的主要方式。目前，中国农户户均经营耕地不到 8 亩，户年均出售粮食只有约 1050 公斤，禽蛋只有 55 公斤，猪肉不到 100 公斤，是全世界最小的农户。由于专业的农业大户比例较低，生产细碎零散，导致标准化的、企业化的生产控制与管理很难开展，先进的技术和标准难以推广应用，新品种的应用推广也较为缓慢。同时，这种以家庭为单位的生产方式同以现代农场为单位，大规模、集中的生产方式相比较，其给农业、卫生监管部门的有效管理也带来极大的不便，从而难以保证农产品的质量与安全。

中国农产品的经营方式相对落后，产品的加工、保鲜、包装、储藏、运销能力存在不足。以果蔬产品为例，发达国家农产品的保鲜和初加工一般都从产地开始，运输过程通常采用冷链运输，上市的鲜菜均采用净菜、半成品菜和预冷、速冻等现代零售业态方式进行销售。而在中国，除了大城市以外，大多数地区、大多数果蔬仍以原菜销售方式为主导，规范化的冷藏保鲜式的蔬菜整理、加工、配送、连锁经营等现代销售方式仍处于发展的初级阶段。有资料显示，中国蔬菜每年在地头和流通过程中损失率达到产量的 1/3；流通环节中果蔬损耗数量占到收购量的 18%；因专用站台、制冰能力和预冷设备等的不足，鲜活商品的跨区域流通每年运输损耗达到 20% 以上。发达国家的农产品多由合作社、中间商代理销售，农户不直接进入市场，而中国农产品批零市场的交易仍以一对一的现金成交为主，中间代理、拍卖成交、统一结算、社会化配送的方式还处于起步阶段，这样分散的交易方式，大大降低了农业生产经营者抵抗市场风险的能力。

10.1.1.5　农产品质量安全监管体系不健全

根据《食品安全法》和《农产品质量安全法》相关规定，在中国负责农产品质量安全的部门主要涉及各级农业行政部门、食品药品监督管理部门、质量监督检验检疫部门、工商行政管理及卫生行政部门等。其中，农业部门主要负责农产品生产环节的监控；食品药品监管部门负责食堂、餐饮业等消费环节的食品安全和卫生许可的监管；工商行政部门负责食品流通环节和流通环节许可的监管；质检部门负责食品生产加工环节和进出口食品安全的监管；卫生部则承担食品安全综合协调，组织查处重大食品安全事故的责任。

表面来看，中国已形成各部门分工协同，共同做好农业生产、出口全过程的质量安全管理工作的格局，但事实上，这种质量安全管理权限分散于各个不同部门的做法，在中国却形成了多头管理，权责不明，管理效率低下的格局。2010 年，中国成立了由 13 个部门组成，由国务院三位副总理出任主任和副主任的食品安全委员会，规格之高，前所未有。该委员会的主要职责是研究部署、统筹指导食品安全工作。这一机构的设置体现了政府有将食品安全监管由分散管理转向统一监管的意向，但仔细分析起来，这一机构仍是一个议事协调机构，承担的是跨部门重要业务工作的组织协调任务。其实，这也反映了中国行政管理体制的一个弊端，即为完成某项任务，由多个部门共同参与，但往往真正发挥实质作用的部门不多且不明确，反而可能导致协调成本高，执行力差。

10. 1. 2　农产品质量安全的法规体系不健全

目前中国与农产品质量安全有关（包括与农产品出口相关）的法律、法规和规章数量并不少，其中既有由全国人大及其常务委员会通过的《中华人民共和国食品安全法》《中华人民共和国进出口商品检验法》《中华人民共和国农产品质量安全法》《中华人民共和国计量法》《中华人民共和国产品质量法》等；又有由国务院通过的相关行政法规，如《国务院关于加强食品等产品安全监督管理的特别规定》《中华人民共和国农药管理条例》《重大动植物疫情应急条例》《农业转基因安全管理条例》等；还有由国家各部委通过的相关部门规章如《中华人民共和国国境卫生检疫法实施细则》《出口食品生产企业卫生注册登记管理规定》《进出口食品标签管理办法》《食品动物禁用兽药及其他化合物清单》《动物性食品中兽药最高残留限量》《出入境检验检疫风险预警及快速反应管理规范》《进出境水产品检验检疫管理办法》《兽药生产质量管理规范》等。中国关于农产品质量安全及规范农产品进口的法律法规数量虽然不少覆盖也较全面，但在实践过程中仍存在不少问题。

10. 1. 2. 1　法律法规协调机制缺乏

在中国，具备较强可操作性的技术法规多为“部门法”，法规间的协调与配套性往往不足，还可能存在交叉重复。由于制定法规的各部门间没有相互隶属关系，在没有有效沟通与协调机制的情况下，部门制定法规的约束力往往只局限于本系统内部，而对系统之外领域的约束力则大幅下降。例如，由农业部门制定的农产品产前标准往往难以对卫生、质检部门的最终产品检测环节产生强力约束，这种情况，不利于实行对“从农场到餐桌”的整个农产品链条的质量安全控制。

10.1.2.2 法律责任偏弱、惩戒作用不明显

按《农产品质量安全法》第七章《法律责任》的规定，对农产品生产、流通、销售、进口过程中出现的违法违规行为的处罚较轻，其对违法的震慑作用有限。例如，对农产品专业合作经济组织、农产品生产企业未建立或未按规定保存农产品生产记录的或伪造记录的，可处 2000 元及以下罚款；对未按规定进行包装、标识的农产品进行销售的，可处以 2000 元以下罚款；此外，对农产品生产、加工销售过程中添加剂、保鲜剂、防腐剂等材料不符合国家强制性技术规范的，可没收违法所得并处 2000 元以上 2 万元以下罚款。在中国经济社会高速发展的现实背景下，这样的处罚力度明显不足，对违法行为的震慑作用相当有限，这也是为何近些年来中国农食产品领域重大安全事故不断出现，不断挑战社会公众心理承受能力的重要原因之一。

需要注意的是，由于中国农产品出口的对象主要集中于对农产品质量安全要求较严的发达国家和地区，所以中国对国内外市场销售的农产品在实际执法过程中存在着“双重标准、内外有别”的趋向。相关部门对出口农产品提出了较高要求，企业在面对国际市场时，也采取了更严格的质量控制措施。但事实上，如果不能从根本上保证国内农产品质量安全，又如何能确保出口农产品的质量安全的可靠性和持续性呢？一个农产品安全事故频发的国家的出口农产品又如何能在竞争激烈的国际市场取得良好的信誉度呢？

10.1.3 农产品技术标准体系建设滞后

在当今的国际贸易中，标准发挥着非常重要的作用，是技术性贸易壁垒最重要的实施手段。

技术标准作为一种产业和经济活动的秩序，对内可以促进产业分工和贸易的发展，对外其越来越成为贸易扩张或限制他国出口的工具。从某种程度上讲，谁掌控了技术标准，谁就掌握了进入市场的话语权和制高点，因而发达国家纷纷把技术标准的制定和实施工作提升到国家战略的高度予以重视。2005 年的世界贸易报告把标准和 WTO 的关系作为主题，该报告一方面承认标准可以缩小交易双方的信息不对称，便利贸易；另一方面也坦率承认，标准化对各国及全球产业贸易有着深刻和复杂的影响。在农产品贸易领域，通过积极利用与农产品质量安全紧密相关的技术标准，使其发挥贸易壁垒的作用，发达国家

左右了世界农产品贸易的游戏规则。

近年来，中国逐渐加大了中国农产品技术标准体系的建设工作，也取得了一些成效，但仍存在明显不足。

10.1.3.1 标准覆盖面有限

中国农业标准已建成基于国际主流形式的国家标准、地方标准和企业标准构成的复杂体系。虽然这些标准涉及农产品产地环境、农业投入品及农产品加工、流通、销售等农业全过程，但标准较分散、系统性较差，有近50%的上市产品没有标准或标准不全。

以对中国农产品出口造成重要阻碍的农药残留限量标准来看，联合国粮农组织及世界卫生组已公布了2500多项、德国8000多项、澳大利亚3000多项、日本肯定列表制度“暂定标准”达到50 000多项，而中国仅公布了国家强制性标准205项，国家推荐性标准354项。

和发达国家相比，中国的标准较为笼统、针对性不够强。仍以农药残留限量标准为例，在中国将农产品简单分为谷类、蔬菜、水果等大类，并按大类制定农药残留标准是普遍现象。而发达国家的农药残留标准往往针对性强、分类细：如日本是按每种蔬菜上使用的农药定出每种蔬菜的农药残留限量标准，其蔬菜残留标准共分瓜科、菊科、十字科、百合科等17科，几乎每种蔬菜都有一套指标，其中大白菜农药残留77项、洋葱32项、黄瓜46项、胡萝卜68项、大葱71项；美国也是按品种设置蔬菜水果的农药残留限量标准，其蔬菜共分列16个品种，其中黄瓜15项，其水果按苹果、梨等品种共分14个品种，涉及农药残留限量127项，其中仅苹果就有92项；欧盟在蔬菜农药残留限量方面有完备的指标，其中，西兰花103项、西红柿100项、洋葱127项、大葱125项、荷兰豆达到219项。

随着社会的发展，技术的进步，生物技术、克隆技术、转基因技术等新技术不断应用于农业生产，发达国家纷纷投入巨资抢占这些新技术领域标准的控制权，而中国对这些新技术领域的标准化建设工作才刚刚起步，其差距是可想而知的。

10.1.3.2 标准水平较低

英、法、德等发达国家在20世纪80年代初的国际标准采用率已经达到80%，日本新的国家标准的国际标准采用率则达到90%以上。目前中国颁布的2万多项国家标准中，国际和国外先进标准的采用率仅为43.7%，远远低于发达国家的采用率。而农产品标准的国际采用率则更低，仅为4%；即使采用国际标准，也是单项采用多、系统采用少。在与日本能够对应的标准中，中国有25%以上的标准低于日本；肯定列表“一律标准”所涵盖的农药中，中国仅对74种有限量要求，其中，如马拉硫磷在蔬菜中的残留量中国规定为8毫克/千克，克菌丹在水果中残留量为15毫克/千克，都远远超出“一律标准”（0.01毫克/千克）数百倍；日本《食品卫生法》规定：土霉素、四环素族抗生素物质必须为零检出，而中国对四环素类包括金霉素、土霉素、四环素的检出限量，为不得超过10毫克/千克。

早在2002年，中国就开始执行无公害农产品的行业标准，其中对农产品中的农兽药残留和重金属标准都有规定，但与发达国家标准相比，仍有不小差距。此外，中国在标准制定过程中对风险评估不够重视，只有一部分农产品的卫生标准是在低水平风险评估的基础上制定的，还有很大一部分标准没有进行风险评估。

10.1.3.3 标准建设投入不足

由于经费限制，制定标准前期缺乏研究和必要的实验，降低了对标准制修订指导的有效性，同时也造成了标准化人员流失、队伍不稳定等问题。

技术的进步、经济的发展，使得社会对标准的需求量不断增加，特别是在农业、服务业、高新技术领域表现得更为迫切。目前，中国每年申请制定新国家标准的项目都在2500项以上，但实际只能安排1000项左右，很难满足经济发展的需要；同时，因经费限制而简化程序，造成标准质量下降，影响了其权威性和严肃性。

此外，中国国家标准“超期服役”现象比较重，据测，中国现有2万余项国家标准的平均标龄为10.2年，其中标龄长达12年的有9500余项，最长的达41年，而发达国家和国际标准的标龄一般为3～5年。从标准修订的情况来看，中国标准进行修订的平均年限为4.5年，远高于发达国家标准两年以内进行修订的速度，日本在2000～2005年围绕《食品卫生法》，针对农食产品安全技术法规和标准进行了6次修订，对进口农食产品进行了越来越严格的规定。

10.1.3.4 标准制定主体单一

受传统体制影响，中国政府部门直接承担了太多标准和合格评定方面的工作，行业协会等社会组织往往小而散，发挥的作用极其有限。而国外技术标准的形成往往是由某些大企业或是行业协会倡导发起的，某些情况就是将一些行规和通行做法通过立法机关上升为国家规定；很多国家通过立法，赋予了行业协会在技术法规、标准及合格评定程序活动中的重要地位。日、美、欧等的许多行业协会在制定本行业技术标准及认证方面具有较大权利和影响力，如德国60%的技术标准是由行业协会完成的；美国技术标准的制定主要就是由各行业协会、专业学会和私营标准机构自行制定和推广的，其数量达到4万多个。

欧盟对于“自下而上”的私营和商业标准也持比较认同和支持的态度。欧盟在欧洲零售商协会的倡导下，吸收了良好农业操作规范的精华，同时整合了环境保护、工人健康、动物福利、安全和福利等标准的“EUREPGAP”标准首次对外公开发布。目前，“EUREPGAP”的影响力已从最初的种植业、养殖业等初级农产品领域扩大到农业生产的其他领域，并由于欧洲零售商组织在全球对其进行推广，其国际影响力也越来越大。

10.1.4 农产品质量检测体系存在缺陷

与发达国家相比，中国的农产品质量检测方法和监控体系还存有相当大的差距。目前，发达国家农业环境质检机构在水、土壤、大气方面的可检测项目达680个左右，而中国同类机构能检项目仅约140个；德国科学基金会提供的方法可检测325种农药，美国FDA多残留方法可检测360多种农药，而中国能检测出的农药只有60多种，不到中国目前使用的200多种农药品种的1/3。由于检测方法和监控力度不足，中国只能对少数重点产品进行抽样检测，这就造成中国农产品该出口的出不去，而又无法通过实施有效检测和监控合理限制国外产品进入的状况出现。中国现有的农产品质量检测机构数量和水平与社会需求的增长不相匹配。现有质检机构分布地较为分散，多集中于经济发达的中心城市，县乡基层综合性农产品检测机构少且规模偏小，综合检测能力较弱，检测手段、检测能力、技术装备的升级更新远远落后于经济社会发展的需要。

许多发达国家都拥有享有国际声誉的权威性的检验机构，如德国的技术监督协会（TUV）、英国的英之杰国际检验服务机构及天详公正检验行、美国的保险商实验室（MA）、瑞士的通用公正检验行（SGS）等，这些检验机构出具的检验结果在国际上具有权威性，其中瑞士通用公正检验行在全球140多个国家建立了170多家分公司和230余个实验室，而中国目前尚缺乏拥有国际信誉度的权威的检验机构。

10.1.5 农产品质量安全认证体系建设滞后

中国对农产品质量实施认证的工作起步较晚，近年来虽取得长足进步，但仍存在诸多问题，主要表现在以下两个方面。

10.1.5.1 质量认证尚未形成统一的认证体系

中国目前的农产品安全认证主要为质量体系认证和产品质量认证，前者主要包括 ISO 9000 质量管理体系认证、ISO 14000 环境管理体系认证和 HACCP 危害分析和关键控制点管理体系认证等；后者主要包括由农业部绿色食品发展中心开展的绿色食品认证，由各省自行开展的无公害农产品认证以及由环保部有机食品发展中心及一些国外机构开展的有机食品认证；此外，各部门还推出了诸如食用农产品安全认证、安全饮品认证、健康食品认证等多种认证形式。由此可见中国农产品质量认证形式多样，认证机构数量繁多，但各认证形式缺乏系统关联，各认证机构往往自行其是，不同认证形式间存在交叉重复，给企业造成负担，让消费者无所适从。

10.1.5.2 认证范围有限，和国际权威机构互认差

由于起步较晚，中国农产品质量认证多集中于产品认证，和国外重体系认识形成反差，像国际通行的良好农业规范（good agricultural practice，GAP）认证、全球食品安全倡议（global food safety initiative，GFSI）的食品零售商采购审核标准认证、ISO 22000 食品安全管理体系认证等在中国还处于研究和准备阶段；即便是产品认证，也主要限于种植业产品、畜产品、水产品等，对肥料等投入品的认证还处于空白地带。由于国内开展的不少质量认证是结合中国国情而独立发展起来的，国际上并没有与之对应的标准体系，再加上技术手段受限、信息沟通不畅等原因，中国国内认证机构的认证结果常常得不到国际认证机构的认可，不少已取得国内认证的农产品，却在国际市场上受到限制。

10.1.6 行业协会的作用发挥极其有限

在成熟的市场经济体系中，作为政府与企业间联系纽带的、以非营利为宗旨且具有社团法人性质、成员自愿参与的行业协会等非政府组织的存在是不可或缺的，其发挥着组织制定行业标准，建立产业保护机制、产业预警机制，以及协调与沟通政府企业间关系的中介作用。

世贸组织较早就注意到了技术性贸易壁垒中所存在的非政府行为的普遍性和重要性，因此在 TBT 协议、SPS 协议等协议中不仅对各成员的中央和地方政府部门进行规制，也对非政府部门进行了规范和约束；但相对于政府部门所受到的严格直接的约束而言，非政府部门行为所受到的约束是间接的，国家因为

非政府行为而承担的国家责任往往较难判定，因而受到的国际义务的约束也就较弱。正因为如此，欧美等发达国家在技术性贸易壁垒的设置和实施过程中，非常注意发挥行业协会、商会、专业学会等非政府组织的作用，这样，即能减轻政府的压力，又能充分发挥行业协会贴近市场，快速反应的优势，还能有效规避国际相关法规、协议的约束。

在中国由于受传统观念、传统体制的约束，各种行业协会尤其是关涉农产品生产经营的行业协会发育还很不成熟，其在技术性贸易壁垒实施及应对过程中所起作用还极为有限。

10.1.6.1 行业协会性质不明确

与发达市场经济国家行业协会自发形成的路径不同，由于脱胎于严格的计划经济体制，中国的行业协会往往带有浓厚的官办色彩。协会通常会挂靠于行政主管单位，主要依靠政府行政力量推动工作，并常常成为政府官员分流渠道之一。

因此中国的行业协会往往缺乏自主性和独立性，被有些学者冠以“准政府”“二政府”等称谓。这种情况下，很多行业协会只是徒有其形（农产品生产经营的分散性使这一特性表现得更为充分），基本上由政府和少数大型国有企业操纵，民主管理匮乏，会员单位的权利得不到切实保障，行业协会的根本作用得不到发挥。

值得注意的是，随着中国经济转型过程的不断深入，各级行业协会也开始逐渐与政府脱钩，其曾经扮演的公权管理者的角色也逐渐让位于市场规制角色。在这一过程中如果内部治理与外部监管跟不上，就可能出现“行业协会的功能异化”现象。具体表现为协会可能偏离非营利宗旨，在职能定位上出现企业化倾向，成为所谓“发证协会”“搜钱协会”，甚至由于其自律机制的不完善，兼之他律机制的缺乏，在质量评定、资质和市场准入方面不能坚持公正原则，导致不客观、不公正现象的出现，因而严重干扰市场秩序。功能异化后的行业协会会被个别部门或群体操控，它会破坏市场竞争，甚至严重危害公权的公信力，其对市场的危害，远大于失能或无效的行业协会。

10.1.6.2 行业协会基础薄弱

中国的农产品行业协会是在加入世贸组织以后才有所发展的，其发展历史短、规模较小、基础薄弱。目前，中国农村超过 12 万个农户专业技术协会中，平均成员数不到 38 个，全国一级的农产品行业协会有半数以上会员拥有量不足 200 个，行业覆盖面在 10% 以下，缺少行业代表性。而美国农产品加工销售合作社平均成员高达800，全日本农协联盟拥有800万会员，成员数量超过任何日本利益集团。

通过对著名的、已有100年历史的美国新奇士橘农协会的发展历史的梳理，可以窥见发达国家农产品行业协会发展历程之一斑：美国新奇士橘农协会是全美10个最大非营利性购销合作社之一，主要经营柑橘。1893年以前，美国加利福尼亚州的柑橘是由代理商收购和销售的，橘农处于被动地位，承担了所有风险，为此，南加利福尼亚州的部分橘农联合起来，成立了几个小的柑橘销售协会，以抵御市场风险。1893年8月29日，由100多位橘农代表发起，在洛杉矶成立了南加利福尼亚水果销售协会，协会制定多级标准，控制产品质量，为生产者提供运销服务，第一个收获季，就以每箱高出销售代理商75美分的价格，卖出600万箱柑橘；以后协会规模不断扩大，1905年协会更名为加利福尼亚果农销协会，成员发展到5000余户，每年运销柑橘1400万箱，约占加利福尼亚州柑橘产量的45%；1908年，协会确定商标为"Sunkist"；1914年协会进入加工领域，生产橘子汁、橘子罐头等产品；1952年协会更名为新奇士橘农协会（Sunkist Growor）。目前新奇士橘农协会拥有会员6500余户，涵盖加利福尼亚州和亚利桑那州所有柑橘生产者。新奇士橘农协会是非营利性的合作社组织，财产由成员共同拥有；其组织结构由社员大会、董事会、总经理、员工4个层次组成，采取公司管理模式进行市场运作，聘用专职总经理实行职业化和专业化经营管理；协会使用统一种植标准、统一商标、全球统一价格，协会运作资金主要来自会员的会费以及政府对果农的退税和农业预算补贴。从新奇士橘农协会的发展历程和运行现状中，可以比较出中国农产品行业协会存在的巨大差距。

10.1.6.3 运行经费不足、专业人才匮乏

近年来，中国地方性特别是山东、浙江、江苏、福建等中东部沿海农产品生产和出口大省的农产品行业协会发展迅速，但由于农产品行业协会的会员一般为涉农企业和农户，弱小而分散，从而使得农产品行业协会与其他领域的行业协会相比也具有弱质性特征。具体表现为：第一，运行经费紧张。以上海市蔬菜加工与出口行业协会为例，按收取标准，每年会费应为25万元，而实际收取只有一半，协会每年工作人员的工资、社会保险费用约12万元，房屋租赁费3.6万元，通信水电等费用约5.4万元，其经费紧张可见一斑。第二，专业人才匮乏。经过几百年来的发展，国际贸易领域形成了大量规则和理论，贸易实践也涉及大量的专业性很强的法律、经济、技术问题，因此农产品特别是涉外农产品行业协会需要大量外语好且熟悉国际法规和惯例的专业性人才，而

现阶段，这样的要求对大多数农产品行业协会显然太高，在目前的运行机制下，农业协会要吸引这样的人才也极为不易。

10.1.6.4 信息交流与服务提供功能较弱

不管是在技术性贸易壁垒的信息获取，还是在遭遇技术性贸易壁垒寻求解决方法时，中国农产品行业协会对企业的帮助都是有限的。在应对国外技术性贸易壁垒过程中，行业协会具有信息交流与服务提供的作用，但中国农产品行业协会在这方面发挥的作用还有待大幅度提升。

10.1.7 出口企业应对技术性贸易壁垒能力不足

如果农业生产条件不断恶化、农业技术水平不高是导致中国农产品出口受阻于技术性贸易壁垒的主要原因，那么中国农产品出口企业在应对技术性贸易壁垒时的不力则是导致出口受阻于技术性贸易壁垒的后天缺陷，主要表现在以下两个方面。

10.1.7.1 较高的产品和市场集中度增大了企业遭遇技术性贸易壁垒的风险

虽然自2010年以后，日本、欧盟和美国占中国农产品出口市场份额下跌至50%以下，但是2013年这三大市场仍占中国农产品出口市场份额的45.64%，若考虑东盟市场，则比例上升至63.17%。若排除国家集团，就单个国家而言，日本和美国仍然是中国农产品出口的最大市场，2013年农产品出口额分别为112.4亿美元和72.9亿美元，比例分别为16.56%和10.74%。这说明以劳动密集型农产品为主的农产品出口商品结构的变化与中国农产品的比较优势是相符的，但市场集中度偏高，易受制于发达国家及地区的技术性贸易措施，出口多元化潜力巨大（表10-1）。

表10-1 分国家（地区）中国农产品出口额及占出口总额比例 单位：亿美元

年份	日本		欧盟		美国		韩国		小计	东盟		合计
	金额	比例%	金额	比例%	金额	比例%	金额	比例%	比例%	金额	比例%	比例%
2013	112.4	16.56	80.5	11.87	72.9	10.74	43.9	6.47	45.64	118.9	17.53	63.17
2012	119.8	18.93	75.5	11.93	71.8	11.34	41.6	6.57	48.77	101.0	15.96	64.73
2011	109.9	18.29	81	13.48	67.0	11.15	41.7	6.95	49.87	98.6	16.41	66.28
2010	91.5	18.72	68.6	14.03	57.8	11.83	35.3	7.22	51.8	74.6	15.26	67.06
2009	76.9	19.61	57.6	14.69	47.0	11.99	28.3	7.22	53.51	53.4	13.64	67.15

续表

年份	日本		欧盟		美国		韩国		小计	东盟		合计
	金额	比例%	金额	比例%	金额	比例%	金额	比例%	比例%	金额	比例%	比例%
2008	77.0	19.16	64.4	16.02	51.2	12.73	31.7	7.89	55.8	45.7	11.37	67.17
2007	83.5	22.82	54.8	14.97	43.8	11.98	36	9.84	59.61	39.3	10.75	70.36

注：欧盟指欧盟27国，2007年1月，罗马尼亚和保加利亚加入后，欧盟成员扩大为27个。小计指日本、韩国、美国、欧盟27四个国家或地区之和的比重。总计指日本、韩国、美国、欧盟27及东盟五个国家或地区之和的比例

资料来源：WTO网站与中国商务部网站

从中国农产品出口结构来看，主要以水产品、园艺产品及畜禽产品为主，这三大类主力出口产品的市场集中度偏高。2013年中国水产品出口克服了世界经济尚未完全摆脱低迷局面、贸易壁垒增多、国内生产成本增加以及人民币升值等不利因素影响，实现较快增长，水产品出口额首次突破200亿美元，再创历史新高，连续12年位居全球首位。据海关数据统计，2013年中国水产品进出口总量812.9万吨，进出口总额289亿美元，同比分别增长2.58%和7.12%。其中，出口量395.9万吨，出口额202.6亿美元，同比分别增长4.15%和6.74%；进口量417.03万吨，进口额86.38亿美元，同比分别增长1.13%和8.00%。贸易顺差116.3亿美元，同比增长5.8%。虽然受日本内需疲弱、日元贬值等因素影响，我国对日出口量额双降，但日本依然位列中国水产品出口市场首位。美国和欧盟市场呈现恢复性增长，出口额同比分别增长8.43%和3.13%，占出口总额的15.8%和11.2%。对中国香港、东盟和中国台湾出口额同比分别增长15.72%、11.83%和16.75%，三个市场出口额之和占出口总额的29.7%（表10-2）。

表10-2　2013年中国内地水产品出口市场分布　单位：万吨，亿美元

2013年水产品出口市场	数量	数量同比%	金额	金额同比%
日本	63.71	-6.21	39.09	-7.26
美国	57.04	5.95	31.95	8.43
中国香港	23.62	17.25	23.82	15.72
东盟	48.86	-0.87	23.78	11.83
欧盟	55.94	9.15	22.79	3.13
韩国	41.6	-6.29	14.08	-5.08
中国台湾	12.58	3.91	12.54	16.75

资料来源：海关统计数据

由此可见，中国水产品出口目的国主要为日本、美国、德国、韩国等技术性要求较高的国家。而且，中国优势出口农产品的市场集中度仍比较高，这些市场主要集中在发达国家和地区，它们正是大多数技术性贸易壁垒的发源地，而且这些农产品一旦在某个主要出口市场遭遇技术性贸易壁垒，往往会引起连锁反应，给出口企业带来损失及市场风险。例如，2012 年，因氯霉素含量严重超标，中国蜂蜜招致以德国为首的几个欧盟国家的禁运长达一年之久；这一事件不仅严重打击了国外消费者对中国蜂蜜的消费信心，还导致日本、美国等国相继提高了蜂蜜产品进口的氯霉素残留限量的标准，对中国蜂蜜产品出口造成严重影响。

10.1.7.2 企业对国际标准规则变化反应滞缓

在开放的市场经济条件下，出口企业不密切关注复杂的世界市场而盲目生产和出口，必然遭受技术性贸易壁垒。WTO 框架下 TBT/SPS 协议要求一国应确保立即公布并使有关成员方获得和了解已通过的技术法规，并要求法规公布和生效之间要有一段合理时间以便出口成员方的生产者有机会调整其产品和生产方法，但中国企业常对此反应迟缓，造成不必要的损失。例如，2012 年美国 FDA 提起食品注册通报制度，从当年 12 月 12 日起，要求进入美国的食品，需要按规定将商品相关信息在通关前 8 小时至 5 天内向 FDA 进行通报，而中国一些企业对这项只是程序性要求的制度并不了解，仅上海市就有 7 个批次的对美出口的豆制品和果汁饮料仅仅因为企业没有注册通报而遭到 FDA 拒绝。

中国农产品出口企业在遭遇国外技术性贸易壁垒时，对技术壁垒的具体要求及最新动向等相关信息的需求是非常迫切的。国家质检总局 2013 年对农产品出口企业调查结果也表明，面对越来越多的技术性贸易壁垒的限制，虽然各地贸易救济信息及技术性贸易壁垒信息网站及期刊都有警示，但对中国中小型农产品出口企业仍反映出“信息不灵”和“信息渠道不畅”以及得不到有针对性的咨询服务等问题。实际上，这样的“信息不对称”问题是发展中国家普遍存在的问题，也反映了中国企业技术能力和管理水平偏低的客观现实。

10.2 国际环境原因分析

10.2.1 农产品国际贸易自由化进程缓慢

进入 21 世纪以来，随着国际政治经济形势的发展变化，区域化与自由化贸易政策逐渐占据国际贸易理论和实践的主导地位。然而农产品贸易一直以来都是一个特殊领域，由于农业的弱质性及其在国家政治经济生活中的特殊地位，发达国家对农产品贸易都提供了很高的支持和保护，以致其自由化进程非常缓慢。虽然历经8年艰苦谈判，WTO在乌拉圭回合终于就农产品贸易达成《农业协议》，虽然承诺对市场准入、出口竞争和国内支持的保护措施进行削减，但各成员仍采用种种手段对农业进行保护。而且近来WTO农业谈判陷入僵局，美国致力于发展由其占主导地位的“跨太平洋伙伴关系协议”和“跨大西洋贸易与投资伙伴协议”，导致WTO框架下农产品贸易问题已被搁置，至今也无法达成预定目标，前途未卜。

农产品贸易自由化进程缓慢，贸易保护长期顽固存在是有着深刻的政治经济原因的。

10.2.1.1 农业的弱质性和基础地位决定了各国政府必然对农业进行保护

首先，农业部门是一个脆弱的经济部门，主要表现在：其一，因为作为基本生产要素的土地供给有限，新增农业生产机会也极为有限；因为农业生产活动相对辛苦，新增农业劳动力有限。其二，大多数农民因为习惯了乡村生活和农业生产，同时也缺乏城市生活的基本技能，所以，农业的产业转移也较为不易。其三，一旦农田因为种种原因荒芜，要恢复其生产能力将是一个费力耗时的漫长过程。其四，农产品的生产供给具有低弹性，在一定时期内，受制于自然再生产和经济再生产以及较长生产周期多重约束的农产品，即使在价格上涨的条件下，也难以大幅增加产量；另外，作为最基本生活品、消费品的农产品的消费需求价格弹性非常低，而且经济越是发展，其价格弹性越小，这样特殊的供求关系，很容易造成农产品市场的波动，并进而影响到国民经济的整体运行。

其次，农产品作为重要的战略物资是国家安全的重要基础，农业是一个国家经济安全和政治安全的重要内容。农业的发展不仅能为国民的生存提供口粮，为农业生产者提供就业机会，为食品加工业和其他工业提供原料，它还关系到国民生存环境的优劣，与国家的经济和政治安全紧密联系在一起。总之，农产品贸易问题是一个政治主导的经济问题，具有复杂、深刻的政治经济意义，对农业生产及贸易进行某种程度的保护是一个负责任政府的必然选择。

10.2.1.2 发达国家的农产品贸易政策加剧了农产品贸易保护的程度

目前农产品贸易保护程度最高的是欧盟、日本、美国等发达国家和地区。这些国家在实现工业化之后，均开始利用工业化带来的财政能力，实施反哺农业政策，对农业生产和贸易进行大量补贴，致使其农业生产能力不断扩张，农产品供给严重过剩，这又引致其不得不一方面通过出口补贴，向国际市场倾销其产品，另一方又不断通过在边境上设置贸易障碍以限制其他国家农产品的进口，造成了农产品国际贸易的严重扭曲，损害了其他农产品出口国的利益。2013年，由于欧盟长期预算调低，导致农户享受的补贴将会削减4%。而且，2014~2020年农业补贴将较前七年下调13%，但是农业仍将是欧盟预算支付的最大部分，每年在500亿欧元左右。

其实，长期巨额补贴与贸易保护既加重了各国政府的财政负担，也使政府承受着内部非农部门的政治压力，因此，政府也试图调整农业保护政策。但在发达国家，农业利益集团力量强大，对政府农业贸易政策的选择发挥着极大作用。农产品贸易自由化必然会损害到那些缺乏竞争力的农业部门的利益，这导致了他们强烈的抵抗；同时，农产品贸易自由化会导致欧美农业的重大调整或萎缩，而农业生产要素能否顺利转移，具有较大的不确定性，政府要承担经济和政治上的风险。所有这些可能，使得发达国家政府在农业政策调整改革问题前顾虑重重，一旦遇到较大的市场波动，还可能转而加强保护程度。例如，2009年当经济危机对欧盟乳制品行业造成严重影响时，欧盟委员会立刻采取了价格干预、出口退税、出资安排私人部门收购过剩产品等措施，以帮助乳制品业渡过难关。1996年，克林顿总统签署过一个美国农业法，其主要内容和基本思想体现了贸易自由化的原则，即自由种植和政府逐步减少对农业的补贴。但2002年5月，布什总统又正式签署了农产品补贴法案（即新农业法案）。按这一法案，美国政府将在此后的10年内，增加农业拨款1815亿美元，其中对农业的补贴将比2002年提高70%，且增加了对花生、牛奶、蜂蜜等生产者的补贴，并且还改变了之前畜牧产品及水果和蔬菜生产者基本得不到政府拨款支持的状况。这一法案显然是美国政府从1985年始的“自由市场农业”改革的大倒退，导致了欧盟、澳大利亚、加拿大、巴西等的强烈不满。

美国新农业法案的出台有着深刻的国内经济和政治背景：1998年以后，美国农产品生产过剩，而农产品国际市场价格下降，为保护不到美国农业人口总数8%的大农场主利益，政府加大了农业补贴和农业价格扶持的力度；同时，2002年是美国的中期选举年，这不但对两党争夺国会议席，也对下一次总统选举具有重要意义，而民主党和共和党竞争最为激烈的地区正是几个重要的农业洲，因此，通过给农民更多的补贴以赢得更多农业人口的选票是政治领袖的必然选择。从这一案例，可以看出农业政策的政治化趋向，而国内政治问题的外溢性反映到外贸政策上，必然表现为贸易保护。

发达国家对农产品生产和贸易的高度保护，必然会使发达国家农产品在国际市场上的竞争愈加激烈，也会对中国等发展中国家农产品向国际市场的出口造成重要影响。

10.2.1.3 WTO国际贸易制度特性决定了其对农产品贸易保护约束的软弱性

WTO贸易制度的建立与变迁的动力，来自于各成员国的国家利益博弈，从某种意义上说，WTO贸易制度是为民族国家利益服务的，其政治逻辑是国家利益至上。WTO贸易制度是各成员国利益冲突性与一致性斗争的结果，国际贸易协议的达成是各成员方相互斗争与妥协的结果。

WTO是一个成员国组织，WTO贸易制度决策采取的是协商一致和投票表决原则，并以协商一致为主，投票表决为辅。目前WTO成员已发展到150多个，各成员方的经济社会发展水平、经济结构及贸易结构差异甚大，利益诉求不同，难以对某项制度协商一致。一国一票的决策原则是WTO公原则的制度保障，在部长会议和总理事会上，每个WTO成员方均只有一票投票权，且任一成员都没有否决权。这虽然在制度设计上杜绝了大国意志对WTO决策的左右，但也降低了决策效率。在实际的制度决策过程中，坚持贸易保护成员要么等待其贸易保护主张被采纳，要么投票反对别国的自由化主张，这都将导致无法达成协议，而其原有的保护性措施仍可继续实行，这对其他成员来说是不公平的。所以，如果谈判各方能够相互妥协达成某项协议的话，这一协议也必然是一个具有贸易保护主义色彩的协议。

10.2.2 技术性贸易壁垒成为农产品贸易保护的重要手段

10.2.2.1 技术性贸易壁垒的兴起有着深刻的社会与技术背景

首先，社会发展与技术进步大幅提高了人类的生活水平，极大提升了消费者的安全健康意。为保护消费者权益，保证产品质量和安全，各国不断地推出日渐严格的技术法规、标准及合格评定等技术性措施，这使得在国际贸易中以健康、安全和卫生为内容的技术性贸易壁垒的采用也日益增多。

其次，日益严峻的环境问题使人们对贸易和环境的关系有了新的认识。人们在享受自由贸易带来的巨大利益与便利的同时，也承受着越来越沉重的环境与生存压力，这促使现代社会开发和使用更环保的产品；而发端于发达国家的绿色消费潮流为发达国家制定较高的环保标准提供了市场基础，也对发展中国家的技术和标准提出了更高要求。

再次，技术进步也为技术性贸易壁垒的发展深化提供了客观条件。技术密集型产品在国际贸易中的比重不断提高，其涉及的技术问题复杂，容易形成技术壁垒；而高灵敏度、高精准性检测仪器的发展，又使检测精度大为提高，给一些国家尤其是发达国家设置新的技术壁垒提供了技术与物质基础。另外，在WTO持续推动下，国家间的关税壁垒已大幅消减，进口配额、许可证等传统非关税措施受到约束和限制，而以技术法规、标准、合格评定程序以及卫生检疫措施为主要内容的技术性贸易壁垒由于其形式上的合法性和内涵上的合理性，受到诸多国家特别是发达国家的青睐，被广泛利用，成为各国推行战略性贸易管理的工具。正如国际标准化组织所指出的：技术性贸易壁垒是国际贸易保护主义的最好庇护所，是调节当今国际贸易的杠杆。因此技术性贸易措施在某种程度上也被打上了贸易保护主义的烙印。

最后，WTO规则也为技术性贸易壁垒的不断发展提供了空间。WTO框架下TBT/SPS协议允许各成员方在具有“合理的科学依据”的条件下，制定和维持比现有国际标准、指南更高水平的技术性措施，这些弹性条款实际上为进口国在技术进步的基础上建立贸易壁垒提供了重要依据，给壁垒的设置、滥用提供了借口。发达国家往往以保护人类健康和安全、保护环境等为借口，制定种类繁多、要求苛刻的技术法规和标准，以达到限制外国产品进口的目的。

10.2.2.2 技术性贸易壁垒对国际贸易产生着越来越大的影响

据统计，20世纪70年代，技术性贸易壁垒占非关税壁垒的比例约为10%～30%。而进入20世纪90年代后，技术性贸易壁垒的比例有了大幅度提高，已经达到了80%。近些年来，WTO成员实施技术性贸易壁垒的总量呈不断上升的趋势，并已涉及所有产业，但机电仪器、农食产品等领域问题更为突出。2013年，世界贸易组织各成员国共发布技术性贸易措施3431份，2012年为3401份，同比增长了0.87%。其中，技术性贸易壁垒（TBT）通报为2141份，2012年为2185份，同比降低了2.06%。而主要与农食产品相关的实施卫生和植物卫生（SPS）通报为1290份，2012年为1216份，同比增长了5.73%。

从国际农产品贸易发展的历史看，虽然各个时期农产品贸易争端的特点和重点有所不同，但一个显著的趋势是以确保食品安全，保护人类和动植物健康及环境资源等为名义而设置的技术性贸易壁垒对农产品国际贸易的影响越来越大，由此而引发的贸易纠纷也成为世界贸易与经济发展中的一个新的焦点。表10-3结果显示，在2013年WTO成员发布的2141份技术性贸易壁垒中，涉及各个行业，其中影响最大的为食品技术行业，家庭用品制造业，环保、保健与安全，电气工程，农业五个行业。这五个行业中有两个都与农食产品有关，说明技术性贸易壁垒在农产品国际贸易中得到较为广泛的使用。

表 10-3　2013 年 WTO 成员制定技术性措施涉及行业的情况

行业	数量	比例%
食品技术	537	25.08
家庭用品制造业	248	11.58
环保、保健与安全	241	11.26
电气工程	143	6.68
农业	127	5.93
合计	1 296	60.53

资料来源：WTO 技术性贸易措施统计数据库

10.2.3　制衡能力缺乏导致进口国频繁调限

应对技术性贸易壁垒的制衡能力主要取决于外国出口对中国市场的依赖程度和中国主动或报复性设置技术性贸易壁垒的能力。在与发达国家的贸易博弈中，中国缺乏制衡能力的原因在于：

首先，日本、欧盟、美国等发达国家的农产品出口对中国市场的依赖程度不大，或者说，日本、美国、欧盟农产品对中国市场的依赖程度远远小于中国农产品出口对其市场的依赖程度。虽然从 2004 年起，中国农产品贸易已进入逆差状态，且近年来逆差程度不断增长，农产品进口数量和金额也有较大幅度增长，但中国的农产品进口市场较为分散，主要来自美国、巴西、阿根廷、澳大利亚、加拿大和东南亚国家。美国虽然是中国农产品进口的最大来源国，而且中国进口的农产品在美国出口农产品中所占比例不断提高，2013 年，美国农产品出口总额为 1409 亿美元，其中对中国出口约 266 亿美元，占比约 19%。但是，美国向中国出口农产品多为土地密集型农产品，在中国与美国农产品贸易互补的基础上，中国出口的劳动密集型农产品对美国市场仍表现出更强的依赖性。欧盟的农产品贸易的四分之三以上是在欧盟内部进行的。日本、美国、欧盟市场长期以来都是中国农产品出口的重要市场，中国农产品对三个市场出口的比例一直较高。2013 年中国农产品对日本、美国、欧盟出口的比例分别为 16.56%、11.87%、10.74%，三者合计约 40%。

其次，由于发达国家以安全、健康、环保为由提起的农产品技术性贸易壁垒大多具有形式上的合法性和内容上的合理性，中国往往难以向 WTO 提出合理、正当的抗辩理由。同时由于中国农产品的技术标准、卫生检疫、商品包装和标签要求大多低于国际水平，更远远低于欧盟、美国、日本等发达国家标准，还由于不管是企业、行业协会还是政府相关部门都对 WTO 框架下 TBT/

SPS 协议及其争端解决机制缺乏系统深入的了解，因此基本不具备主动或报复性地设置技术性贸易壁垒的能力，所以发达国家会频繁设置技术性贸易壁垒限制中国农产品的进口。

10.2.4 国际经济动荡导致贸易保护主义抬头

2008 年，美国由次贷问题引发的金融危机向全球迅速扩散并逐渐波及实体经济，引发全球经济大衰退；2011 年在全球经济尚未从“美国危机”的阴影中挣脱出来之际，欧洲主权债务危机又由欧洲而起席卷全球，对全球经济造成更大打击，世界性的经济衰退导致贸易萎缩和失业人口大幅增长。在严峻的经济贸易形势下，贸易保护主义有所抬头。据世界银行统计，2008 年以来，20 国集团中有 17 国一共推出了约 78 项贸易保护主义措施，仅 2009 年，中国就遭遇了 19 个国家和地区发起的 88 项贸易救济调查，涉案金额超过 100 亿美元。而且，美国致力于发展由其占主导地位的“跨太平洋伙伴关系协议”和“跨大西洋贸易与投资伙伴协议”，当前区域主义盛行，巨型自由贸易区开始显现，对传统全球自由贸易体制形成巨大挑战。而且，在当前世界性经济缓慢复苏的大背景下，美国、欧盟、日本等发达成员为保证其宏观的政治和经济目标，主要通过技术性贸易壁垒等手法，提高对农产品生产和贸易的支持和保护力度。

2008 年以来，中国与主要贸易伙伴日本、美国、欧盟之间的农产品贸易摩擦增多，农产品出口额显著下降，2009 年下降至 76.9 亿美元，创下自 2005 年来的新低，2013 年，中国农产品对日本出口额约 112.4 亿美元，同比下降 6.2%。2013 年，中国农产品出口美国约 72.9 亿美元，同比下降 1.6%。同年，中国对欧盟 27 国的出口也同比下降 6.7%。许多研究者均认为在世界经济复苏乏力的背景下，国外技术性贸易壁垒的加强是中国农产品出口陷入困境的一个主要因素。

第 11 章 中国农产品出口应对技术性贸易壁垒的策略

随着经济全球化浪潮的兴起和贸易自由化趋势的发展，以及中国入世后开放程度的不断加深，应对技术性贸易壁垒已不再是停留在口头上的热门话题。中国根据自身实际情况，从政府、协会、企业等三个层面积极采取了一系列应对措施，政府主要从建立健全农产品质量及安全方面的法律法规、建立农产品质量安全预警机制、实施农业标准化战略、促进技术支撑能力建设、建立双边磋商机制、有效利用 WTO 规则等措施，为农产品的出口提供良好的政策和法律环境，以及各方面的优惠条件；各类协会主要从促进产业联盟、搭建沟通平台、协作解决争端等方面从行业发展的角度提供协调、沟通等方面的工作；企业在应对农产品技术性贸易措施方面，根据本企业所遭受的情况，采取各种积极的应对措施，主要有信息收集、提高技术水平、改变经营策略、进行国际认证等方面的措施，对于有效应对国外技术性贸易壁垒起到了积极效果。

突破技术性贸易壁垒是一个系统性工程，需要政府、行业协会和企业三方努力。本章从政府、行业协会和企业三个层面探讨中国突破国外农产品技术性贸易壁垒的合理路径。从政府层面来讲，加强与贸易伙伴国的谈判、以政府为主导建立技术性贸易措施信息提供机制，以及加大质量安全监管力度和提高服务水平是突破国外技术性贸易壁垒的有利政策保证；从行业协会的角度来看，完善与国外相关组织的谈判机制、建立应对技术性贸易措施的行业预警机制和强化会员企业的团队合作意识是跨越国外技术性贸易壁垒的有效力量支持；加大符合成本投入、推行“基地+企业+标准化”模式、把握出口市场多元化战略的有利时机和打造绿色品牌是企业应对国外技术性贸易壁垒的可行性路径。

11.1 政府层面的对策

农产品领域的技术性贸易壁垒是进出口双方政府间的博弈。为了应对激烈的农产品国际竞争，进口国政府采取“守略”；而出口国政府则需要通过一系列的措施，如提供公共服务，特别是通过建立面向出口企业的服务平台，形成农产品出口企业技术进步和质量提升的长效机制来应对国外技术性贸易壁垒。对于中国政府来说，要立足于出口导向型农业经济的发展，为农产品出口企业提供良好的国际贸易环境，就必须在应对技术性贸易壁垒中采取“攻略”。

11.1.1 加强与贸易伙伴国的谈判

中国政府应当依据 WTO 有关规则加大对外谈判磋商力度，加强与有关国家的合作，同歧视性的或违规的 TBT 进行针锋相对的斗争，营造有利的贸易环境，为农产品出口企业铺平进军海外市场的道路。

11.1.1.1 充分利用 WTO 赋予的权利

评议 WTO 成员方的技术法规是入世后中国所拥有的权利，应充分利用这个权利，时刻关注 WTO 成员方 TBT 的新动向，在风险评估的基础上，积极参与评议，以避免和减少损失。另外，还要充分利用 WTO 框架下的/TBT 协议和 SPS 协议中的特殊条款。深入研究和掌握协议中的多边贸易体系谈判机制、争端解决机制、合理对抗机制、报复措施、贸易救济措施中对发展中国家实行例外条款和差别待遇，以维护中国农产品出口的合法权益。

11.1.1.2 抓住有利时机提出意见和建议

各国和地区在制定决策时都有一定的程序和过程，需要花费一定的时间。关于农产品贸易的法规和政策涉及众多的生产者、厂商和消费者，因此法规政策的制定一般十分慎重，整个决策过程至少要一两年，而且信息都对外公开。政府应该充分利用这段时间及时提出意见，维护自身的利益。每一项技术性贸易壁垒通报按照规定都需要通报国向 WTO 秘书处提出书面申请，给各成员国 6 个月到一年的时间讨论评议，通过后才正式实施。因此，政府应该利用这个讨论评议期，充分论证其合理性，对不利于双边贸易发展的条款应该及时提出异议递交论证报告，并提请大会讨论，如果论据确凿，论证充分，WTO 将驳回通报国的提议。

11.1.1.3 给国外政府施加影响

一旦发生贸易摩擦，政府应该积极与对方斡旋磋商。一方面在 WTO 贸易争端解决机制下和相关的贸易组织代表进行协商，另一方面要给政府施压，展开国与国之间的对话。在中韩泡菜风波中，中国政府态度强硬，在谈判中争取了主动，但在中欧氯霉素事件中，处处受制于人，整个谈判过程中，几乎丧失话语权。两种不同的谈判方法，造成截然不同的谈判结果：前者风波很快平息，双边贸易恢复正常；后者却对中国动物源性产品出口欧盟产生长期深远的影响。由此可见，中国政府在贸易谈判中积极的和对方政府、官方组织进行对话，就不至于处于被动妥协地位，就能在谈判中争取合理的贸易利益，加大战胜国外技术性贸易壁垒的砝码。

11.1.2 建立以政府部门为核心的信息提供机制

从规模来看，中国大多数农产品出口企业都属于中小型企业，应对国外技术性贸易壁垒仅凭个人力量显得势单力薄。不能像农业龙头企业或是垄断、寡头企业一样，实时掌握国外技术性贸易壁垒的最新动态，并迅速作出调整并采取有效的措施实施突破。而中小型企业搜寻相关信息的渠道不畅，加之获取信息要投入大量的沉没成本，导致企业主动了解国外新技术标准的积极性不高，等到官方信息发布后再做出应对，就已经延误了调整的最佳时机。除了以上自身规模和成本制约信息的及时获取外，外部性因素也存在一定的消极影响。因为关于国外技术性贸易壁垒的信息收集成果很快在企业间、行业内进行扩散，具有显著的外部性特征。有些企业抱有搭便车的侥幸心理，缺乏主动获取与自身出口相关的市场准入信息的强烈意愿。如果由某一家中小型的出口企业来收集技术性贸易壁垒信息需要支付较大的固定成本，这一项占该企业应对 TBT 符合成本的较大部分，挤占了在提升质量水平和标准、符合资质认证等方面的成本投入，而信息收集以后很容易信息外溢，本身收益仅仅局限在当前规模，成本和收益不匹配。信息搜寻的成本和收益的匹配，只能发挥成本和收益的规模效应，前者规模递减，后者规模递增。由政府出面搜寻就可以发挥这种反向的规模效应，因此是信息搜寻的占优策略。

与企业相比，政府在贸易信息的搜寻方面的资源优势明显，获取渠道通畅，综合分析各类信息的能力强，也能将有价值的信息通过开放的信息纰漏平台低成本扩散。因此，作为应对技术性贸易壁垒的主体之一，在前期的预警信息的收集、整合、扩散等方面和其他主体相比，具有成本比较优势。因此，从政府的角度来说，在应对技术性贸易壁垒的过程中，如何服务出口企业是急需解决的问题。一方面，要展开国外技术性贸易壁垒体系的研究。设立专门的机构，配备专业人才，结合中国农产品出口实际情况，洞悉主要进口伙伴的技术性贸易壁垒的惯用手法和作用机制，通过系统的研究，提出适合企业运作的可行性方案以应对形式各异的技术壁垒。在信息收集方面，政府发挥其资源优势，及时跟踪、收集、分析、整理出口对象国的技术标准、法规和合格评定程序及它们的变动情况，并按照分类统计的原则，把数据按照国别、行业和单个产品进行分类。经过筛选分类和优化整合的信息数据，建立各种专门的TBT数据库。另一方面，还要借助专门的TBT服务机构，为出口企业提供信息咨询和政策引导等服务工作。并且，为了使TBT信息能够及时有效地传播和扩散，政府还应积极推进网络设施建设，建立预警信息的软件平台。只有企业和政府职能部门相关信息的上传下达实现无缝对接，才能缩短“反应时滞”，占据应对国外技术性贸易壁垒的先机。

除了提供及时的信息咨询服务外，还应该定期开展学习培训活动。针对国外技术性贸易壁垒的新动态，第一时间召集相关部门，如质量监督部门、进出口检验检疫部门、出口商等展开学习讨论，条件允许的话，聘请进口方检疫部门的专家进行现场指导，讲解政策规定的内涵和注意事项，这样有的放矢，在应对中才能事半功倍。值得一提的是，在应对诸如日本“肯定列表制度”、欧盟REACH法规等影响较大的技术壁垒举动时，这项工作已经在有关部门的努力下偶尔开展，但还未将学习培训服务提上规范化、日常化的日程。因此，由政府职能部门牵头，相关主体积极参与，掌握国外技术性贸易壁垒新动态，共商应对良策，对于成功跨越技术性贸易壁垒是至关重要的。

11.1.3 加大质量安全监管力度和提高服务水平

11.1.3.1 不断完善技术标准体系

在农产品国际贸易方面，由于中国农产品许多技术标准难以企及发达国家的标准要求，从而受到越来越多的限制，成为出口的严重障碍。近年来，一些发达国家在实施动植物卫生检疫措施时，检测项目、标准越来越高，甚至达到苛刻的程度，导致中国农产品出口受阻。发达国家为了占据贸易中的优势，纷纷竭尽所能地抢占标准制高点，而中国处于出口方，标准滞后，处处受制于人。为了扭转当前处处碰壁的不利局面，急需打造“中国标准”。如何打造“中国标准”，还需要在以下方面进行努力：

首先，加快与国际标准接轨的步伐。现行的国家标准与行业标准、地方标准和企业标准交叉使用，各级标准互相冲突，给标准的执行带来一定的困难。因此，理顺各级标准之间的关系，树立国家标准的权威性，建立统一、规范、有序的标准市场刻不容缓。统一规范后的国家标准，还要积极与国际标准接轨。发达国家现行标准大多采用国际标准甚至高于国际标准，而中国采用国际标准的覆盖率比较低，大多低于国际标准水平。而恰恰是因为标准水平的差异，造成中国农产品出口受阻。直接采用国际标准，逐步消除技术标准上的差异，是有效跨越中外标准鸿沟的快捷方式，也是有效应对国外标准壁垒的治本之法。

其次，积极参与国际标准的制定和加强与标准化组织的交流。中国作为发展中国家的典型代表，在应对国外技术性贸易壁垒中处于被动服从地位，处处受制于国外标准。如何打造自己的标准，保护自主技术研发成果，维护自身贸易中的合法权益，争取标准制定的主动权，对于防范国外技术性贸易壁垒和对国内产业实施合理保护至关重要。从长远看，中国政府应学习和借鉴发达国家参与国际标准制定方面的经验，积极与之进行交流，培养一批标准制定的专业人才，并提供较好的交流学习平台，支持并鼓励以上人才专家参与到国际标准化组织相关的技术标准的制定和修订工作中去。通过学习借鉴，不仅能缩短中国和其他发达国家的标准差距，并能加速与国际标准的接轨，使中国在国际标准的制定中变被动接受为主动出击。另外，政府在参与国际标准的制定和对技术性贸易壁垒实施国新标准的评议工作的过程中，能够着眼于中国农产品出口企业的利益，尽可能化解企业和新标准之间的矛盾；通过对国际标准和伙伴国新标准的事前知晓，可以第一时间给企业提供预警信息，使企业赢得有效应对的先机。

11.1.3.2 进一步规范质量安全认证市场

针对目前国内认证市场鱼龙混杂、资质良莠不齐的现状，政府应该进一步规范质量安全认证市场秩序，提高认证的社会认可度。认证机构和企业作为认证市场的供需双方，其核心地位不可动摇，政府在其中履行监督职责，用以约束供需双方行为。因此，政府在规范质量认证市场秩序，引导其健康有序发展方面，产生了不可替代的关键作用。

(1) 杜绝认证市场的金钱交易和虚假概念炒作

各个认证机构之间为了争夺市场，恶性竞争，降低审核标准，基本是“给了钱就给证”，严重降低了认证的可靠性。据了解，认证的不通过率不到1%。另外，如今“绿色”“无公害”“有机”等概念已经是深入人心，但相应的认证条件却知之不详，所以有些企业借机炒作，打擦边球，通过非正常渠道获得一些虚假认证。在这种情况下，政府相关职能部门应该对认证机构的营业资格进行严格把关，对其认证程序实施过程监管，对认证结果进行再审核，并对认证过程中出现的违规违法现象严格查处，造成严重后果的，还应追究其民事或刑事责任。

（2）提高认证机构的认证能力，加快国际间的互认和认可

有些国家对于进口农产品的资质认证管理严格，不承认中方的认证，而是要求出口企业到指定的国际认证机构进行认证或者在海关进行现场认证，此项规定不仅增加了企业的出口成本，还加大了出口风险。中国政府应该在提升认证机构的资质水平的前提下，发挥行政干预的能力，促成认证结果国际中的相互认可，压缩出口企业的认证成本，成功跨越国外的合格评定程序障碍。

（3）普及认证知识，使老百姓明明白白消费

中国公众对认证概念很模糊，面对名目繁多的认证，消费者无所适从，尚未对认证产品建立起足够信心，难以通过认证情况来把握选择产品的标准。消费者为认证产品支付额外费用的意愿不强，企业的认证积极性也不高，直接阻碍中国农产品安全水平的整体提升。因此，通过各种渠道宣扬认证知识，让老百姓心知肚明，放心消费；另外，企业通过认证提高了产品附加值，获得了额外利润，双方实现了利益的均衡。

（4）适当调控认证市场价格，减轻出口企业的质量认证负担

目前，农产品出口企业想要顺利出口，就需要进行诸如 ISO 9001、ISO 14000、ISO 22000、GAP 和 HACCP 等之类的一系列质量、环境体系认证，甚至还要根据进口方的要求获得其他特定认证。对于大多数中小企业来说，一项产品认证需要承担的费用包括申请、评议中花费大量的时间成本和数目不小的认证费用。有些企业无力承担，哪怕是有可能面临失去海外市场的危险，也只能放弃认证。另外，认证成本列入生产成本直接引致出口价格的提升，对中国出口农产品在进口国市场与同类产品的竞争产生负面影响。另外，国内认证机构竞争不完全，特别是外资认证机构依仗自身的权威性处于价格垄断地位，导致产品认证价格昂贵，进一步加剧出口企业的认证负担。据业内人士透漏，同类认证在中国认证市场的价格远远高于欧美认证市场价格。拿一般农产品的质量认证的平均支出来说，在中国大约需要 1.5 万元，而在欧美国家则平均只需要 600 美元，两者相差接近四倍。因此，政府应该对国内认证市场进一步规范，积极引导社会更多资源参与第三方认证，通过有序的自由竞争，调控产品认证价格。另外，政府适当提供优惠政策，在政策上给予相应的优惠，让认证机构在盈利的同时，以降低认证费用换来企业的更大程度的参与，使整个认证市场更富活力。

11.1.3.3 规范和壮大第三方检测市场

规范和壮大第三方检测市场，为企业提供廉价高效的优质服务是解决质量

安全监管技术力量薄弱的有效手段。现阶段，企业的质量安全控制再不是先前的流于形式，而是在专业实验室里实实在在地做一些检测工作。然而，对于大多数中小企业来说，投入大量人力、财力建设标准化实验室是不现实的，大多只能进行常规检测，非常规项目的检测工作由第三方实验室代理。由于收费标准高，加上送检样本量大，巨额的检测费用，大大超出了企业的可承受能力，企业“送检贵”；另外一方面，市场上的第三方实验室数量比较少，加上检测资质参差不齐，规模小、知名度不高的检测机构缺乏社会公信度，只有被迫到国际认可的权威检测机构排长龙，这无疑也增加了时间成本。因此，政府要积极鼓励更多的社会优质资源参与第三方实验室运作，规范第三方实验室市场秩序，它一方面解决了中小企业自检力量薄弱的问题，另一方面，通过第三方检测力量的壮大，有利于吸引更多企业送检。基于此，不管从技术供给角度，还是企业需求角度来讲，都有利于第三方检测市场趋于竞争状态，这无疑会降低企业检测费用，压缩企业的时间成本。

11.1.4 中国政府应对区域贸易协定内技术性贸易壁垒的策略

在全球区域经济一体化网络错综复杂、多边贸易体制的自由化推行步履维艰的形势下，一国如何通过参与 RTA 的构建为本国谋取最大的利益，是每一个政策制定者必须考虑的重要问题。而作为 RTA 中的重要部分之一，TBT 在谈判中有着重要的地位。根据中国及贸易伙伴国的特点，正确选择消除 TBT 的方式，是实现区域内贸易自由化的重要政策工具。同时，面对 RTA 的不断出现，区域性的 TBT 出现，从面对一个国家到一个区域，TBT 呈现出扩大效应。如何应对区域内 TBT，是当前中国重点要解决的问题。

中国目前积极构建以自身为中心的 RTA 网络，努力成为 RTA 的轴心国。在竞争中取得先动优势。考虑到自身的经济利益和政治利益，中国应尽快在亚太区域内正在形成的“轴心-辐条”格局中确立轴心国家的地位，凭借这一优势地位，增强自身的谈判实力，在 TBT 应对的博弈中获取更多的利益。而对于 TBT 的区域化特征，政府和企业也需要相关的应对策略。

11.1.4.1 积极参与区域经济合作

RTA 对 TBT 的消除从本质上来说对区域外第三方就带有歧视性，协调标准的区域偏好和排他性的双边互认对区域外国家形成新的贸易壁垒。因此，中国应积极参与 RTA 的谈判，努力成为轴心国，在竞争中取得竞争优势。通过签署 RTA，一方面可以突破区域内成员设置的 TBT，另一方面也可以增加在

TBT过程中讨价还价的能力。在谈判过程中，应该注意以下问题。

首先，谈判对象的选择。对于谈判对象来说，对发达国家和发展中国家应区别对待，针对不同的签约目标（是出于政治考虑，还是为获得原料；是为本国产品获得更多市场准入，还是为了推广自己的标准?）应采取不同的措施。在与发达国家签署RTA时应尽可能地通过合作减少对中国不利的条款，如有关高的环保要求和检验检疫要求等。在与发展中国家签署RTA时应尽可能利用中国已有优势，通过投资等形式带动贸易的发展。中国已签署的RTA对象大多是周边国家和一些发展中国家，涉及的发达国家较少，当前应适度、适时考虑与发达国家签署RTA。在中国已经签署的贸易协定中，除了与新西兰的协定外，其他都是南南型的。中国与这些国家在产业结构上存在一定的竞争性，从达成协定后的效果看并不理想。通过与发达国家签署RTA，可以获取技术方面的合作和援助，将会更好地推动中国技术水平的提高、标准法规的制定和突破发达国家的TBT。

其次，逐步形成中国特色条款模式。中国认真研究其他RTA中的TBT内容，总结其先进经验和不足，逐步形成TBT条款的模式，这样可以节约谈判成本和管理成本，便于今后协定的谈判。例如，中国和东盟签署的贸易协定中涉及TBT的内容很少，但2005年的中智贸易协定就有了很大的改进，越来越与发达国家的RTA相靠近，有专门的章节阐述TBT内容。

最后，协定后的条款执行问题。协定签署后，应时刻关注成员国对于协议中的TBT条款的履行情况，如果存在背离协议私自设立和增加TBT的情况，应及时进行协商工作，或者根据协议的规定进行仲裁和争端解决。同时还应该检查我方的实施情况，严格按照协议内容进行管理和消除，使中国企业充分利用协定中的TBT进行自我保护。在加强与成员国互认的基础上，努力提高中国产品和服务的质量和技术水平。关注世界上其他区域组织的协定签署情况，积极吸取新进的经验，对协定进行逐步地完善。还须进一步强化所签署的区域贸易协议中的TBT条款，并对其实施过程进行评估。

TBT是把双刃剑，相关条款签署得好，可以促进贸易便利化，扩大对外贸易的发展，如果签署得不好则可能对贸易产生不利影响。因此中国在签署RTA时，应认真对待TBT和SPS条款的签署，争取在标准、技术法规以及合格评定方面有更多互认，以促进贸易的发展。应重视保护人类和动植物健康安全、保护环境、促进可持续发展。积极利用TBT条款来保护中国的合法权利。此外，应积极利用RTA推广中国优势标准。近年来，随着中国经济和科技的发展，中国已发展了一些有国际竞争力的技术和标准，如在电信领域、绿色食品方面等，中国应积极利用区域性贸易协定来推广中国标准，争取其他国家的认可，形成区域性标准，进而在多边领域争取更多主动权。

在多哈困局及新区域主义盛行的背景下，与农产品相关的双边检验检疫协定也迅速发展起来。例如，根据联合国粮农组织（FAO）的不完全数据显示，目前全球已有十几个国家达成六个柑橘产品的双边检验检疫协定，在这样的协定下，指定的柑橘出口商可享受免检待遇。由此可见，解决园艺产品出口遭遇技术性贸易壁垒的一个重要办法就是由政府出面，与进口方签署双边及多边的检验检疫协定。中国目前已存在的一些双边检验检疫协定多针对园艺产品生产国，对于推动本国园艺产业发展的意义不大。因此，中国应加大与主要园艺产品进口国的谈判力度。

11.1.4.2 建立与国际接轨的技术标准体系

消除 TBT 的方式之一就是协调。而在上一章已经得出参考国家标准要优于区域标准。所以中国应考虑采用国际标准来构建技术标准体系。采用国际标准有多种方式：

首先，可以直接采用国家标准化组织制定的 ISO 等国际标准。这些是世界各国承认的通用标准，而且也能反映出最新技术动态。中国直接采用这些标准，既能有效地突破 TBT，又意味着一种低成本的技术引进。另外，采用"事实上的国际标准"。在无合适的国际准的情况下，积极采用被国际市场广泛认可的某些国家标准，其中要特别重视采用工业发达国家的先进标准，这类标准在技术上具有一定的先进性，是众多西方企业赖以生存和贸易竞争的技术精髓。也可以针对出口流向，直接采用进口国标准。加强对出口产品的国外标准的研究，根据贸易需求，分析产品销售国的技术法规。

其次，主动参与国际标准的制定、修订和协调工作。中国应积极参与和承担 ISO 秘书处的工作，组织更多的标准化专家参与国际标准的制定工作，力争把中国的标准化意图和标准充分反映到国际标准中去。特别是争取把具有中国国情特点的文化、传统工艺品、名品等纳入国际标准；将中国在国际上处于领先地位的科研成果及重大的技术变化及时转为技术标准，并推荐为国际标准，在国际贸易中采用，使其得到更大的发展，为中国产品顺利进入市场创造条件。同时充分利用标准的协调功能，针对由于标准差异引起的 TBT，开展双边的标准协调工作。积极参与国际环境公约和国际多边协议中环境条款的谈判。发达国家由于经济实力、技术水平等方面远远高于发展中国家，其所制定的环保标准往往超越发展中国家所能承受的水平，应利用多边贸易谈判，充分发挥大国作用，加强与其他发展中国家的合作与协调，争取更多有利于发展中国家的国际环保标准，或是在一些国际标准中附加对发展中国家以优惠的保障条款。

最后，应积极推进标准化体制改革。要使中国标准化工作尽快适应各类国际标准体系要求，必须加快标准化体制改革。例如，与 SPS 措施相关的国际标准化组织主要有三个：食品法典委员会（Codex Alimentarius Commission，CAC），主要负责与食品安全措施相关的国际标准；世界动物卫生组织（Office International des Epizooties，OIE），主要负责与动物卫生措施相关的国际标准；国际植物保护公约（International Plant Protection Convention，IPPC），主要负责与植物卫生措施相关的国际标准。虽然 SPS 协定并不强迫各成员方采用这些国际标准，但这些国际标准已成为解决与 SPS 措施相关的贸易争端的重要依据。技术经济的发展和标准化的发展联系日益紧密，中国必须重视技术经济发展对未来标准化发展的影响，以变应变，及时调整标准化的制定方向。标准化工作的指导思想要由过去侧重制定工业产品标准转向为出口贸易服务、为冲破 TBT 服务。在标准的内容上，要由生产型向贸易型转化。要按国际通行做法，主要抓卫生、环保、安全等方面的技术要求，尽量减少具体技术要求标准，以增加产品的广泛性和灵活性。应该允许企业制定以质量性能指标和使用性能指标为主的产品标准，对一些技术和工艺指标可不纳入标准体系。

11.1.4.3 积极促进国际间互认

互认机制是指通过与发达国家间签订多边或双边协议，相互承认对方政府机构或其授权的民间机构的测试结果、检验报告、合格证书和制定的标准。目前的互认协议仅限于合格评定程序而不涉及技术法规，技术标准与卫生检疫标准本身。一国的产品如在出口前已按与贸易伙伴国签订的互认协议的规定在国内指定的测试、检验或认证机构通过检验，就不需要在进口国重新检验，可以直接投放市场。互认机制与标准协调相比，其优势在于它在促进贸易便利与自由化的同时符合了标准内生决定这一基本的经济学原理，承认并尊重了各国根据自己的经济条件和资源基础自行制定标准的权利。同时，避免重复测试、检验与认证并不意味着放松管制，互认并不是不受限制的自由化，而是通过对不同被试和检验实验室及其操作程序的认可保证了政策目标的有效实现，有效降低了不必要的成本，节省了发展中国家出口产品在重复认证中的巨额花费，并抢得宝贵商机。因此通过产业共性技术研发形成本国产业自主技术标准的基础上，与发达国家建立互认机制，既有利于发展中国家产业技术水平的提高，又有利于贸易的顺利进行，应该成为发展中国家突破 TBT 的途径选择。

从国际上看相互承认彼此的认证是消除贸易的技术性壁垒的重要途径。以欧盟为例，实现内部互认后，欧盟以外的认证机构可通过政府或认证机构间签署互认合格评定协议获得欧盟认可的“指定认证机构”资格，从而使出口产品在国内获得指定机构认证后即可直接进入欧盟统一市场，无需再次认证。又如，美国于1997年与当时的欧共体率先就相互承认产品检测程序和合格保证达成协议，实现了检测数据的互认，产品进入互认地区的市场无须复检，仅此一项协议就可以使美国制造商每年节省费用约10亿美元。

各国建立互认制度的重要前提条件：一是要以国际标准化机构颁布的有关规则或建议作为其制定合格评定程序的基础；二是要求国家要具备完善的测试、检验与认证的制度和体系，而且该制度和体系能够实现有效的控制与管理，测试结果与检验报告具有足够的可信度，这是互认有效实现必需的制度保证。如果一国的合格评定程序体系无法取得其他国家的信任，相互承认就不可能实现。这一条件要求国家具有有效处理技术复杂问题所必需的科学知识、财务资源或基础设施，如果缺少这一系列必备的资源，互认谈判是不可能达成的。为此中国政府或认证机构应不断健全和完善中国的测试、检验与认证制度和体系以及相关的法规建设。通过加强与国外权威认证机构、互认协议国家内认证机构的合作与交流，争取签署互认协议，建立产品认证、体系认证和实验室认证的互认机制，以帮助出口企业实现TBT的突破。如果中国与国外签署了互认协议，则中国出口企业可以依据国内标准和合格评定结果出口国外市场，这样可以大大节约市场准入的成本。

11.2 行业协会层面的对策

行业协会在西方发达国家的技术性贸易壁垒体系中，无论是主动实施壁垒还是被动应对壁垒，都发挥着重要作用。行业协会较之国家更能熟悉某一行业的相关国际标准，能集中优势资源对其重点跟踪和了解。对进口国的动态掌握后，还可以在本行业展开有针对性的讨论。行业协会了解会员企业的基本情况，无论是信息通报的信息筛选还是企业面临贸易争端时的援助，行业协会都能最大限度地从企业现实出发，为企业代言。因此，在中国农产品出口频繁遭遇技术性贸易壁垒时，也应该充分发挥其桥梁作用，实施“政府-行业协会-企业”三位一体的应对策略。

11.2.1 完善与国外相关组织的谈判机制

一旦发生贸易摩擦，就需要对该措施的危害程度进行评估，以此作为贸易谈判的砝码。但是由于行业不同，出口产品差异性极大，进行危害分析的原则和侧重点各不相同。由政府出面的谈判很难体现差异性，因此对在谈判中可以承诺的和可以要求的尺度难以把握。这就需要行业协会配合政府积极参与谈判。另外，对于企业受应诉成本的制约而导致的应诉积极性不高的情况，行业协会应该从企业利益和行业利益出发，通过采取“风险分摊，利益共享”的应对模式进行有效组织，调动企业的参与积极性和能动性。除了在贸易摩擦中，行业协会是一支重要的谈判力量外，在新标准的评议程序中，行业协会也应该发挥重要作用。国外新标准的实施都需要经过 WTO 成员对其评议，合格之后方能实施颁布。中国作为 WTO 成员方有权对其评议，可以发表肯定或者否定的意见和看法。因此，在这个多边和双边的谈判过程中，行业协会应充分反映企业的利益诉求，让国际组织和进口国的相关组织能够了解中国农产品的出口现状，让国外新标准的制定最大限度地秉承公平贸易的原则，朝着不损害或者较少损害中国出口企业利益的方向发展。此外，通过行业协会参与标准的制定和评议活动，能够把国外发达国家的技术标准制定的思路和方法引入国内，对国内的标准体系建设大有裨益。

11.2.2 建立应对技术性贸易壁垒的行业预警机制

行业协会构建行业应对国外技术性贸易壁垒的平台，其主要工作和政府提供信息服务是一致的。行业协会可以通过国家层面的信息通报获取行业内的最新动态，然后从行业视角出发，从出口的主要对象着手，有针对性地在行业内发布预警通告，为会员企业提供信息咨询和其他服务。行业协会对会员的生产和出口基本情况比较熟悉，也能够把握应对国外技术性贸易壁垒的薄弱环节，因此，行业协会可以根据所获信息，在会员企业中展开特色服务，把行业预警工作做到基层，实实在在地推进企业内部。由于行业协会是政府和企业的联络员，在搜集信息方面具有得天独厚的资源优势。所以，行业协会对上可以与政府职能部门建立密切的联系，还可以分享其庞大的社会资源优势，获取最新的行业标准动态；对下还可以与企业保持顺畅沟通，根据企业的各自需求，对信息进行甄别和筛选，提炼有价值的信息在第一时间向会员企业进行发布和通报。只有这样，行业预警才能体现出快捷、经济、适用的特点。

除了对会员企业提供技术性贸易壁垒预警信息之外，行业协会还担当培训服务的职责。行业协会熟悉该行业产品生产和出口的现状，有什么优势，又有哪些劣势都很清楚。因此对于国外新标准的出台，该如何去应对和合理规避，行业协会能够提供有价值的意见。行业协会经过长期发展也积累了丰富的应对经验，对于国外技术性贸易壁垒的发生发展规律，以及进一步的演变趋势能有一个准确地把握。因此，行业协会要通过信息咨询和培训服务，把这些无形的资产转化成切实可行的方法、路径和策略，引导会员企业积极面对壁垒，把应对工作贯彻到日常的经营管理工作中去。

11.2.3 强化企业的团队合作意识

由于技术性贸易壁垒的扩散效应强，针对的不是一家出口企业，常常会因为某家企业某个批次的产品出问题，而迅速波及全行业。因此，在与国外技术性贸易壁垒的较量中，讲究团队合作。行业协会的作用就是协调会员企业内部的关系，把全行业的力量整合到一起，群策群力，共同应对技术性贸易壁垒。

技术性贸易壁垒波及范围广、扩散效应大，一项新标准的出口不会只对个别企业产生影响，而是迅速传播至整个行业和相关行业，因此，在应对的过程中也存在规模效应。参与应对的企业越多，力量越强，花费的平均成本越低，成效越显著。但是由于行业内各个会员企业的经济实力、技术水平、生产和出口规模差异较大，参与团体应对的积极性和能力都有很大的悬殊。以上条件弱一点的中小企业，希望以较小的投入获得较大的收益，而对于那些大型的龙头企业来说，投入和收益不匹配，因此企业自发的联盟不容易结成。在这种情况下，就需要行业协会出面调解各方利益，实现各方利益的均衡。例如，可以根据投入和收益成正比的原则，在合理厘定各个会员企业的缴费标准的情况下，组织建立行业技术性贸易壁垒风险基金，实现行业内风险分摊，利益共享。

从长远的眼光来看，应对技术性贸易壁垒最根本的方式还是提高企业的技术水平。无论是采用自主创新的方式还是利用技术引进的途径，只要缩小中国农业生产技术和国外先进技术的差距，技术性贸易壁垒将变成为无源之水，无本之木，突破它也就不费吹灰之力了。因此，行业协会应该在鼓励和保护企业自主创新的基础上，组织全行业内的技术力量进行联合攻关，技术成果在全行业推广和应用，提高行业整体技术水平，增强突破国外技术性贸易壁垒的能力。

11.3 企业层面的对策

不可否认，国家、行业协会在应对国外技术性贸易壁垒中能够发挥积极作用，但是，企业作为最直接的应对主体，在其中起着最关键的决定性作用。前者的作用是创造好的外部环境，只有企业自身的突破才能真正实现技术性贸易壁垒的跨越。对于企业来说，首先要对国外技术性贸易壁垒给予高度重视，其次才是实施有效的应对措施。企业是否采取措施积极应对，以及如何予以应对不仅关系到企业的发展，而且关系到企业的生死存亡。因此，企业应该从质量安全控制、技术创新和引进、获取国际认证等方面加大符合成本投入；走“基地+企业+标准化”的发展道路，实现农产品的产业化生产，实现标准化和规模化；调整经营策略，实现出口市场多元化；打造绿色品牌，增加产品附加值。只有通过以上途径，才能进一步提升中国农产品的国际竞争力，才能有效化解国外技术性贸易壁垒对中国农产品出口造成的危机。

11.3.1 加大符合成本投入

由于国外设置的种种技术性贸易壁垒，让中国农产品出口受阻，究其原因就是出口产品不符合对方要求，因此，要想顺利出口就得进行一系列符合性改进，不可避免地将产生不菲的符合成本。提高质量安全水平需要成本，进行技术创新或是技术引进同样需要成本，获得对方要求的相关认证同样需要投入，总而言之，加大符合成本投入是突破壁垒的先决条件。

11.3.1.1 追加质量安全控制的成本投入

在质量安全水平方面，中国农产品与发达国家相比，相差甚远，甚至与某些发展中国家之间也存在一定的差距，因此，中国农产品不具备质量竞争优势。质量安全水平差成为屡遭国外技术性贸易壁垒限制的根本原因。在农产品生产和加工过程中，应采用国际技术标准和国外先进技术，重视产品的质量管理，提高产品的技术含量，控制农产品的农药残留、兽药残留、微生物污染、重金属超标等问题，全面提升农产品的质量和安全性。首先，企业应该在检验检疫上加大人力、物力及资金投入，通过自有实验室或者第三方实验室严把质量关，防止问题产品流入市场。其次，企业应在整个生产过程中严格按照HACCP、ISO 90001、ISO 14000等管理体系规范生产方法和工艺流程，改进旧工艺，采用新流程。最后，在产品的仓储和运输过程中，做好保鲜防腐处理，实现冷链运输。

11.3.1.2 加大自主创新和技术引进的成本投入

众所周知，技术性贸易壁垒本质上是国家间技术差距的具体体现。要想缩小技术差距，无外乎两种途径：自主创新和技术引进。因此在鼓励和支持出口企业通过自主研发实现创新之外，还应该引导出口企业采用直接的技术引进方式赶超国外先进技术。无论采取哪种方式，都需要大量的成本投入。前者通过自主创新，形成拥有自主知识产权的创新型产品和技术，可以作为跨越国外技术性贸易壁垒的核心动力，并且握有主动权；后者通过技术引进，获取技术的溢出效应，通过“干中学”“看中学”进行技术模仿，最终实现技术性贸易壁垒的突破。就中国目前的现状来说，技术水平相对滞后，企业自主创新的能力有限，故有必要加大国外先进技术的引进力度，以此带动出口企业技术水平的整体提升。企业一方面引进国外先进技术，另一方面结合产品特色进行技术创新，增加产品的附加值，优化产品结构，增加高档次产品的比重，这也有助于农产品出口朝以质取胜的方向发展，对突破国外技术壁垒也是大有裨益的。

11.3.1.3 加大认证和注册成本投入

国际认证是企业产品走向世界，走向国际市场的通行证和准入证，也是企业的一种身份的象征，一种产品的质量标志。很多国家都明确规定向其出口的产品必须获得相关的认证，否则就禁止进入市场。由于各个国家的要求不一，所以出口之前应该了解相关情况，按照进口国的要求取得有关认证。一般来说，企业要通过如下五项国际认证才能取得外国消费者的充分信任：GAP 认证、ISO 9000 认证、HACCP 认证、ISO 14000 认证和 ISO 22000 认证。对于所谓的绿色认证和有机认证进口国都赋予了不同的含义，包括对一些进口国的本土认证，都有具体的要求。因此，不论认证项目多么繁多，认证费用多么昂贵，出口企业都要过进口国的认证关。另外，由于一般国家对农产品与食品贸易都采取登记注册的管理制度，禁止未经注册和登记的企业进入本国市场。因此，出口企业还要积极向目标市场申请注册，接受其官方的检查与验收。

11.3.2 推行标准化生产模式

中国无论是内向型还是外向型农产品生产企业，都采用小农经济的生产模式，很难形成规模化、标准化。从受访的大型农业现代化龙头企业来看，大多也还是采用合同养殖的生产模式，自由基地数目较少，标准化程度不高。而分散的农户作业形式，质量安全控制的成本高、效果差，直接影响中国农产品顺利出口。因此，建立标准化、规模化的农产品种养殖基地，走“种养殖、生产、加工、仓储、运输”的发展模式是跨越国外技术性贸易壁垒的有效途径。

小规模的农户种植和养殖模式，由于得不到统一的管理和技术指导，生产过程中的农药、兽药的滥用，化学投入品的违规使用，以及防虫、防病、防疫措施不得力等问题普遍存在，给质量安全控制带来极大的隐患。因此，企业通过自有基地建设，在农产品的生长阶段实现标准化管理，实现源头控制，可以有效控制问题原料流入生产环节，为企业的质量安全控制把严第一道关。同时，农业标准化保证农产品质量，必然提高农产品的国际市场竞争力，有利于农产品走出国外技术性贸易壁垒的阴霾。在已有的认证体系的指导下，严格按照操作规范，实现基地的标准化管理，再由标准化基地的建设与蔓延，由点及面，逐步推进，最终实现生产的基地化和基地的标准化。只有这样，才能与国际标准接轨，才能促进出口水平的提高。

11.3.3 把握出口市场多元化战略的有利时机

毋庸置疑，日本、欧盟、美国等频繁实施技术性贸易壁垒的国家恰恰是中国农产品出口的主要目标市场，出口高度集中于以上地区加大了中国农产品的出口风险。因此，大部分学者认为实现市场的多元化，绕过技术壁垒是可行的。但是由前面章节的分析可知，从实施技术性贸易壁垒的动机来看，发达国家明显高于发展中国家；但从实施的影响来看，发展中国家的影响程度稍高于发达国家。此处的研究结论并不是否定多元化出口战略的可行性，只是强调时效问题。技术性贸易壁垒的实施动机受一些经济和技术因素的影响，发展中国家的经济技术水平一旦达到某一水平，必定激发其实施技术性贸易壁垒的强烈意愿，于是技术壁垒措施频频出台，那时出口多元化战略就难以奏效。因此，中国农产品出口企业应该把握当前的有利时机，进一步开拓东盟、南美和非洲市场，分散出口风险，提高应对市场变化的能力。

11.3.4 打造绿色品牌

应对技术性贸易壁垒，农产品出口企业要倡导绿色理念、践行绿色生产、实行绿色营销并最终打造绿色品牌。在生产、加工、储运、消费、回收等各个环节，从环境保护和资源的循环利用出发，把消费者生命健康和动植物福利放在优先考虑的位置，提升企业社会责任感，实现保护人类和生态环境的目标，与此同时收获绿色产品高附加值带来的高回报。因此，通过搜集市场信息，开发出符合绿色标准的产品，选用绿色环保材料的包装，开拓绿色营销渠道，不仅能够很好地规避技术性贸易壁垒，为企业带来理想的经营收益，还能使企业成为有社会责任感的经济体，有助于企业树立和维护良好的品牌形象，从而提高产品在国际市场的竞争力。

11.3.5 中国企业应对区域贸易协定内技术性贸易壁垒的策略

目前来看，众多贸易壁垒中，TBT 对中国企业的影响最大，它直接关系到企业的出口前景、出口利润。因此应积极寻找跨越区域内 TBT 的方式，最大限度地减少因 TBT 而造成的损失。根据前面的分析，相对区域内成员来说，区域外国家的出口企业面临着由于标准的差异所带来的符合成本的提高，规模经济所带来的收益以及由于区域内技术性政策的选择性偏好所带来的贸易障碍，因此，应对区域内 TBT 的对策也可以从这几方面进行考虑。

11.3.5.1 积极开展技术创新，努力减少同区域内标准的差异度

区域内国家通过采取标准协调的方法来消除 TBT，而其参考的标准大多是区域内发达国家的先进标准或者是国际标准，由此，带来了区域外国家出口商符合成本的提高，从而形成了贸易障碍，发展中国家由于经济发展水平的原因，更是处于不利的地位。因此，要想突破区域内 TBT，中国企业应该积极提高技术水平，减少自身标准同区域标准的差异度。首先，应该加强自身的科技水平。技术创新能力和自主知识产权是一个国家竞争能力的组成部分。重视技术创新和知识产权的获取，对增强企业整体实力有着十分重要的意义。专利、商标、品牌等都是企业的知识产权，企业要获得自主知识产权就必须积极进行技术创新，加大科技投入。企业最好能建立自身的技术中心，这些技术中心要有较完善的体系和运行机制，保证充足的研发经费。其次，积极引进国外先进的技术，通过技术创新尽快提高中国企业的技术水平和自身开发的能力。最后，要及时采用先进的国家标准，积极申请国际标准的认证，为中国产品进入区域内市场取得通行证。

11.3.5.2 团结企业联合应对区域内 TBT 的挑战

区域内 TBT 虽然在一定程度上可以使区域外国家的企业获得市场一体化的效应，但是更多的是导致了符合成本的提高。对于发展中国家来说，后者有可能超过前者从而导致负的贸易效应。从实际来看，中国大量的出口商因出口产品单一，销量少，不具有规模经济，要达到区域内标准的要求，其成本非常高，各自为政的出口企业不得不退出国外市场，其实发达国家也正是利用这一点，用 TBT 保护本国产业。从长期来看，出口企业不能跨越 TBT，其根源主要是技术水平的限制，所以出口企业要跨越 TBT，必须从根本上提高自身的技术水平。而在短期来看，出口企业受到 TBT 的阻碍主要是因其规模限制，不能通过规模经济和提高多种产品规格，提高与国外产品的替代性。因此，出口企业应改变出口批量小、产品单一、技术落后的劣势。为此，企业可以采取联合同类产品的企业共同进行技术开发、共同聘请专家指导产品质量管理、联合出口或组成类似于托拉斯之类的企业组织等方式来增强企业间的合力，扭转其根

本劣势，从而在应对 TBT 的博弈中取得话语权。

11.3.5.3 通过直接投资绕过技术性贸易措施

近些年来，TBT 区域性特征的不断加强，在一些区域经济集团，如欧盟、北美自由贸易区等内部，包括 TBT 在内的各种贸易障碍较小，以便保护自己的产业发展，但对区域外国家产品的 TBT 却越来越严。中国出口企业要想绕开这些复杂的 TBT，使出口产品在国际市场上保持比较稳定的份额，就必须努力转变其经营方式，调整企业战略。由传统的出口贸易为主转向贸易与投资两手并重转变，力争在主要的 RTA 内部直接投资设厂，实施对外直接投资，开展企业国际化经营。对于一个国际化的企业来说，对外直接投资的主要功能之一在于可以避开或绕过国际贸易中的关税或非关税壁垒。这是对付当前新兴国际贸易保护主义最有效的方法之一。因此，中国应鼓励国内企业开展对外直接投资，在主要的 RTA 内通过独资、合资、兼并、收购合作等形式，进行企业的跨国经营，带动相关产业跨越 TBT。

11.3.5.4 对区域内 TBT 有关信息的及时掌握和有效利用

发展中国家的出口商品受阻，很多是由于情报系统不健全，通信手段不发达，对目标市场的各种技术限制了解不多，难以收集贸易中有关的标准法规或者缺乏对最新动态的关注，贻误了成交机会。“知己知彼，百战不殆”，出口企业只有十分熟悉目标市场的产品标准和法规情况，才能有针对性地改进和提高产品标准，才能有利于产品的顺利出口；也只有掌握目标市场的基本情况和出口产品特点，才能寻求到突破区域内 TBT 措施的对策。国外的产品标准并不是固定不变的，而是随着该国的技术水平的提高和产品发展的状况而不断调整变化的。因此，企业必须时刻保持警惕，设立专门的企业信息收集机构来研究目标市场的标准变化情况，以便能在标准制定提案公布前，提早做好准备，以防止被新变化打得措手不及。一般来说，应 WTO 要求，RTA 都有信息发布平台，随时更新区域内的技术标准和法规的最新变动，企业对该信息平台进行关注。此外，企业还可以充分利用国家有关的信息中心和数据库，及时获取国际上 TBT 的最新动态的信息。还可以加强与行业协会、商会的联系，加强与驻外经商机构、经贸研究机构和信息交流机构的联系，从那里获取各种相关信息。通过上述途径，企业一方面可以对新要求、新标准早做准备；另一方面，也可以对这些新的变动，向制定国家进行咨询和提出对自己有利的建议。

主要参考文献

鲍晓华，朱钟棣 . 2006. 技术性贸易壁垒的测量及其对中国进口贸易的影响 . 世界经济，（7）：3-14.

鲍晓华 . 2010. 技术性贸易壁垒的量度工具及其应用研究：文献述评 . 财贸经济，（6）：89-97.

曹光乔，等 . 2010. 农业机械购置补贴对农户购机行为的影响：基于江苏省水稻种植业的实证分析 . 中国农村经济，（6）：38-48.

陈慧萍，武拉平，王玉斌 . 2010. 补贴政策对我国粮食生产的影响：基于 2004 ~ 2007 年分省数据的实证分析 . 农业技术经济，（4）：100-106.

陈利强，屠新泉 . 2010. 美国对华实施“双轨制反补贴措施”问题研究 . 国际贸易问题，（2）：122-128.

陈庆根，杨万江 . 2010. 中国稻农生产经济效益比较及影响因素分析：基于湖南、浙江两省 565 户稻农的生产调查 . 中国农村经济，（6）：16-25.

陈玉祥，王京 . 2009. 湖北水产品出口遭遇美欧技术性贸易壁垒的原因与对策分析 . 对外经贸实务，（8）：41-43.

程国强，胡冰川，徐雪高 . 2008. 新一轮农产品价格上涨的影响分析 . 管理世界，（1）：57-62，81，187，188.

程国强，徐雪高 . 2009. 改革开放以来我国农产品价格波动的回顾 . 重庆工学院学报（社会科学版），（4）：1-3.

程国强 . 2005. 中国农业面对的国际环境及其趋势 . 中国农村经济，（1）：4-10.

程国强 . 2006. 中国农产品出口竞争优势与关键问题 . 北京农业，（11）：1，2.

程国强 . 2007. 农业对外开放影响农资行业 . 中国农资，（10）：30，31.

程国强 . 2009. 稳住农业是应对金融危机的根本举措 . 农村工作通讯，（3）：1.

程国强 . 2009. 中国农业之困 . 中国报道，（1）：40.

程国强 . 2010. 粮价异常波动亟须综合调控 . 发展，（8）：5-8.

程国强 . 2011. 粮价波动与调控政策取向 . 农村工作通讯，（8）：14-16.

杜凯，蔡银寅，周勤 . 2009. 技术壁垒与技术创新激励：贸易壁垒制度安排的国别差异 . 世界经济研究，（11）：57-63.

胡求光 . 2007. 农产品进出口贸易对浙江农业经济增长的影响：基于出口扩展型生产函数的实证分析 . 国际贸易问题，（9）：45-51.

胡宗义，刘亦文 . 2010. 金融危机背景下贸易壁垒对中国影响的动态 cge 分析 . 国际贸易问题，（8）：93-101.

黄祖辉，王鑫鑫，宋海英 . 2010. 浙江省农产品国际竞争力的影响因素：基于双钻石模型的对比分析 . 浙江社会科学，（9）：19-30.

李丽 . 2009. 区域性贸易协定发展与技术性贸易壁垒条款 . 国际贸易，(4)：60-64.
李树明，张俊飚，徐卫涛 . 2011. 基于随机前沿分析的出口型农产品生产技术效率研究 . 农业技术经济，(3)：52-60.
李树明，等 . 2010. 我国出口型农产品的生产效率研究 . 生态经济，(9)：95-100.
刘建芳，祁春节 . 2009. 园艺产品输美面临的“合规性”贸易壁垒分析 . 商业研究，(12)：55-61.
陆菁 . 2006. 贸易与环境经济分析的实证研究述评 . 浙江社会科学，(2)：203-209.
陆菁 . 2007. 国际环境规制与倒逼型产业技术升级 . 国际贸易问题，(7)：71-76.
陆旸 . 2009. 环境规制影响了污染密集型商品的贸易比较优势吗？经济研究，(4)：28-40.
马述忠，陈敏 . 2009. 农产品公平贸易救济体系及其运作绩效实证分析：基于浙江省调查问卷 . 中国农村经济，(1)：11-24.
马述忠，方琛超 . 2010. 我国农产品反倾销联动机制及其运作模式研究：基于浙江的实证分析 . 农业技术经济，(1)：88-98.
潘士远 . 2008. 内生无效制度：对进入壁垒和贸易保护的思考 . 经济研究，(9)：96-106.
祁春节，余光英 . 2009. 中国果蔬产品出口与技术壁垒的博弈对策研究 . 湖北社会科学，(7)：50-56.
钱金保，才国伟 . 2010. 多边重力方程的理论基础和经验证据 . 世界经济，(5)：65-81.
强永昌 . 2001. 环境规制与比较竞争优势 . 世界经济文汇，(1)：25-28.
秦臻，祁春节 . 2008. 技术性贸易壁垒对中国出口影响的实证分析：以技术性贸易壁垒对中国园艺产品出口影响为例 . 国际贸易问题，(10)：70-79.
秦臻 . 2009. 我国园艺产品出口技术性贸易壁垒的原因及对策 . 重庆工学院学报（社会科学版），(12)：40-46.
宋明顺，等 . 2009. 基于知识产权与标准化的贸易技术壁垒：国际贸易技术壁垒与标准化问题研讨会综述 . 经济研究，(3)：155-159.
苏振东，严敏 . 2011. 美国对华反倾销反补贴并用影响因素研究 . 世界经济研究，(8)：39-46.
涂涛涛 . 2011. 农产品技术贸易壁垒对中国经济影响的实证分析：基于 GTAP 与 China-CGE 模型 . 国际贸易问题，(5)：88-100.
万金，祁春节 . 2009. 欧盟园艺产品技术贸易壁垒的经济分析 . 特区经济，(2)：78-86.
王菁 . 2009. 欧美食品领域技术性贸易壁垒体系的特点与发展趋势 . 中国食物与营养，(10)：34-36.
王莉，苏祯 . 2010. 农户粮食种植面积与粮价的相关性研究：基于全国农村固定观察点的农户调查数据 . 农业技术经济，(9)：90-97.
王晰，宗毅君 . 2009. 欧盟反倾销、反补贴运作维护产业国际竞争力的效果实证研究 . 世界经济研究，(1)：54-71.
王咏梅 . 2011. 绿色贸易壁垒对水产品出口的影响效应分析：以浙江省为例 . 国际贸易问题，(4)：70-80.

王追林，严业杰 . 2009. 湖北“三蜂公司”破欧盟蜂蜜壁垒的五大招数 . 对外经贸实务，（6）：58-62.
吴昭雄 . 2011. 基于农户视角的农业机械购置补贴政策关联度分析：来自湖北省农户问卷调查的分析 . 农业技术经济，（8）：105-113.
肖卫，朱有志 . 2010. 合约基础上的农村公共物品供给博弈分析：以湖南山区农村为例 . 中国农村经济，（12）：26-37.
徐战菊 . 2009. 技术性贸易壁垒的现实与潜在威胁及其应对 . 国际贸易，（8）：40-44.
许德友，梁琦 . 2010. 金融危机、技术性贸易壁垒与出口国企业技术创新 . 世界经济研究，（9）：28-35.
杨长湧 . 2009. 金融危机以来环境壁垒的现状及深层问题分析 . 国际贸易，（11）：46-62.
于洪霞，龚六堂，陈玉宇 . 2011. 出口固定成本融资约束与企业出口行为 . 经济研究，（4）：55-68.
张冬平，郭震，边英涛 . 2011. 农户对良种补贴政策满意度影响因素分析：基于河南省 439 个农户调查 . 农业技术经济，（3）：104-112.
张红凤，等 . 2009. 环境保护与经济发展双赢的规制绩效实证分析 . 经济研究，（3）：14-26.
张俊飚，李波，王宏杰 . 2010. 湖北农产品市场竞争力的现状分析及提升对策 . 湖北社会科学．（12）：46-52.
张沁，李继峰．张亚雄 . 2010. “十二五”时期我国面临的国际环境壁垒及应对策略：征收碳出口税的可行性分析 . 国际贸易，（11）：21-26.
张庆圆，郭国辉 . 2009. 绿色贸易壁垒对我国农产品出口的影响与对策分析 . 农村经济与科技，（7）：45-50.
张旭青，李源生，朱启荣 . 2005. 美国农产品出口支持措施及其对我国的启示 . 国际贸易问题，（30）：42-47.
赵晓飞 . 2009. 金融危机背景下扩大我国农产品出口的对策研究 . 经济界，（6）：45-50.
赵永亮，徐勇，苏桂富 . 2008. 区际壁垒与贸易的边界效应 . 世界经济，（2）：17-30.
赵玉焕 . 2010. 环境规制对产业国际竞争力影响的研究综述 . 商业时代，（2）：130-131.
周力，朱莉莉，应瑞瑶 . 2010. 环境规制与贸易竞争优势：基于中国工业行业数据的 SEM 模拟 . 中国科技论坛，（3）：89-95.
朱满德，程国强 . 2011. 多哈回合农业谈判：进展与关键问题 . 国际贸易，（6）：42-47.
朱启荣 . 2007. 我国出口贸易与工业污染、环境规制关系的实证分析 . 世界经济研究，（8）：47-51.
Ackrill R，Kay A. 2011. EU biofuels sustainability standards and certification systems：how to seek WTO-compatibility. Journal of Agricultural Economics，62（3）：551-564.
Anderson J E，van Wincoop E. 2003. Gravity with gravitas：a solution to the border puzzle. American Economic Review，93（1）：170-192.
Anderson J E. 1976. A theoretical foundation for the gravity equation. American Economic Review，

69 (1): 106-116.

Arghyrou M G, Tsoukalas J D. 2011. The greek debt crisis: likely causes, mechanics and outcomes. World Economy, 34 (2): 173-191.

Baier S L, Bergstrand J H. 2009. Bonus vetus OLS: a simple method for approximating international trade-cost effects using the gravity equation. Journal of International Economics, 77 (1): 77-85.

Balistreri E J, et al. 2011. Structural estimation and solution of international trade models with heterogeneous firms. Journal of International Economics, 83 (2): 95-108.

Bao X H, Qiu L D. 2010. Do Technical Barriers to Trade Promote or Restrict Trade? Evidence from China. Asia-Pacific Journal of Accounting & Economics, 17 (3): 253-278.

Behrens K. 2007. Dual gravity: using spatial econometrics to control for multilateral resistance. Open Economic Review, 48 (12): 45-78.

Burger M J, et al. 2009. On the specification of the gravity model of trade: zeros, excess zeros and zero-inflated estimation. Spatial Economic Analysis, 4 (2): 167-190.

Calvin L, et al. 2008. Measuring the costs and trade effects of phytosanitary protocols: a US-Japanese apple example. Review of Agricultural Economics, 30 (1): 120-135.

Chen Y H, et al. 2011. Default correlation at the sovereign level: evidence from some Latin American markets. Applied Economics, 43 (11): 1399-1411.

Cipollina M, Salvatici L. 2008. Measuring protection: Mission impossible? Journal of Economic Surveys, 22 (3): 577-616.

Cobb S P. 2011. The spread of pathogens through trade in poultry meat: overview and recent developments. Revue Scientifique Et Technique-Office International Des Epizooties, 30 (1): 149-164.

de Janvry A. 2010. Agriculture for development: new paradigm and options for success. Agricultural Economics, 41: 17-36.

de Souza R R, et al. 2011. Can new legislation in importing countries represent new barriers to the development of an international ethanol market? Energy Policy, 39 (6): 3154-3162.

Disdier A C, et al. 2008. The impact of regulations on agricultural trade: evidence from the SPS and TBT agreements. American Journal of Agricultural Economics, 90 (2): 336-350.

Disdier A C, Marette S. 2010. The combination of gravity and welfare approaches for evaluating nontariff measures. American Journal of Agricultural Economics, 92 (3): 713-726.

Du M M. 2010. Reducing product standards heterogeneity through international standards in the WTO: how far across the river? Journal of World Trade, 44 (2): 295-318.

Eichler S. 2011. What can currency crisis models tell us about the risk of withdrawal from the EMU? Evidence from ADR data. Jcms-Journal of Common Market Studies, 49 (4): 719-739.

Felbermayr G J, Jung B. 2011. Sorting it out: technical barriers to trade and industry productivity. Open Economies Review, 22 (1): 93-117.

Fontagne L, Mayor T. 2009. Trade in the triad: how easy is the access to large markets? Canadian Journal of Economics, 49 (4): 1401-1430.

Helpman E, et al. 2008. Estimating trade flows: Trading partners and trading volumes. Quarterly Journal of Economics, 123 (2): 441-487.

Helpman E. 1987. Imperfect competition and international trade: evidence from fourteen industrial countries. Journal of the Japanese and International Economics, 14 (1): 62-81.

Herzfeld T, et al. 2011. Cross-national adoption of private food quality standards. Food Policy, 36 (3): 401-411.

Hoekman B, Trachtman J. 2010. Continued suspense: EC-Hormones and WTO disciplines on discrimination and domestic regulation Appellate Body Reports: Canada/United States-Continued Suspension of Obligations in the EC-Hormones Dispute, WT/DS320/AB/R, WT/DS321/AB/R, adopted 14 November 2008. World Trade Review, 9 (1): 151-180.

Huchet-Bourdon M, Cheptea A. 2011. Informal barriers and agricultural trade: does monetary integration matter? Agricultural Economics, 42 (4): 519-530.

Hummels D, Klenow P J. 2005. The variety and quality of a nation's exports. American Economic Review, 95 (3): 704-723.

Jayasinghe S, et al. 2010. Determinants of world demand for us corn seeds: the role of trade costs. American Journal of Agricultural Economics, 92 (4): 999-1010.

Junginger M, et al. 2011. Opportunities and barriers for international bioenergy trade. Energy Policy, 39 (4): 2028-2042.

Kelton S. 2011. Limitations of the government budget constraint: users vs. issuers of the currency. Panoeconomicus, 58 (1): 57-66.

Kireeva I, Black R. 2010. International trade and plant protection issues: example of plant quarantine law of the russian federation. Journal of World Trade, 44 (3): 591-610.

Lawless M. 2010. Deconstructing gravity: trade costs and extensive and intensive margins. Canadian Journal of Economics-Revue Canadienne D Economique, 43 (4): 1149-1172.

LeSage J P, Pace K R. 2008. Spatial econometric modeling of origin-destination flows. Journal of Regional Science, 48 (5): 941-967.

Levy-Yeyati E, et al. 2010. Depositor behavior under macroeconomic risk: evidence from bank runs in emerging economies. Journal of Money Credit and Banking, 42 (4): 585-614.

Li Y, Beghin J C. 2012. A meta-analysis of estimates of the impact of technical barriers to trade. Journal of Policy Modeling, 34 (3): 497-511.

Liu L, Yue C. 2009. Non-tariff barriers to trade caused by SPS measures and customs procedures with product quality changes. Journal of Agricultural and Resource Economics, 34 (1): 196-212.

Mamun A, et al. 2011. Cross-border impact of the Financial Services Modernization Act: evidence from large foreign banks. Applied Economics Letters, 18 (4): 337-341.

Mangelsdorf A. 2011. The role of technical standards for trade between China and the European Union. Technology Analysis & Strategic Management, 23 (7): 725-743.

Marette S, Beghin J. 2010. Are Standards Always Protectionist? 2010, Review of International Economics, 18 (1): 179-192.

Maslov V P. 2011. Fischer correspondence principle of equilibrium thermodynamics and economics. Debt crisis. Mathematical Notes, 90 (1-2): 291-294.

McKillop A. 2011. Climate, energy transition and oil resources. Energy & Environment, 22 (3): 189-206.

Meyer D. 2011. The costs of the european financial stability facility (efsf)-the german point of view. Jahrbucher Fur Nationalokonomie Und Statistik, 231 (2): 288-303.

Neeliah S A, Goburdhun D. 2010. Complying with the clauses of the SPS agreement: case of a developing country. Food Control, 21 (6): 902-911.

Nhuong T, et al. 2012. Standard harmonization as chasing zero (tolerance limits): the impact of veterinary drug residue standards on crustacean imports in the EU, Japan, and North America. American Journal of Agricultural Economics, 94 (2): 496-502.

Olper A, Raimondi V. 2008. Explaining national border effects in the QUAD food trade. Journal of Agricultural Economics, 59 (3): 436-462.

Olson L J, Roy S. 2010. Dynamic sanitary and phytosanitary trade policy. Journal of Environmental Economics and Management, 60 (1): 21-30.

Otieno D J, et al. 2011. Cattle farmers' preferences for disease-free zones in Kenya: an application of the choice experiment method. Journal of Agricultural Economics, 62 (1): 207-224.

Panico C. 2010. The causes of the debt crisis in Europe and the role of regional integration. Investigacion Economica, 69 (274): 43.

Piermartini R, Budetta M. 2009. A mapping of regional rules on technical barriers to trade // Estevadeordal A, Teh R, Suominen K. Regional Rules in the Global Trading System. Cambridge: Cambridge University Press: 250-315.

Rhodes M. 2011. Introduction: EU and US responses to the financial crisis. European Political Science, 10 (3): 359-365.

Rickard B J, Lei L. 2011. How important are tariffs and nontariff barriers in international markets for fresh fruit? Agricultural Economics, 42: 19-31.

Roosen J, Marette S. 2011. Making the 'right' choice based on experiments: regulatory decisions for food and health. European Review of Agricultural Economics, 38 (3): 361-381.

Stein J L. 2010. Greenspan's retrospective of financial crisis and stochastic optimal control. European Financial Management, 16 (5): 858-871.

Tamini L D, et al. 2010. Trade liberalisation effects on agricultural goods at different processing stages. European Review of Agricultural Economics, 37 (4): 453-477.

Vadera S. 2011. Europe's debt crisis: expect more trouble across the pond. Fortune, 164 (4): 51.

Wei G X, et al. 2012. Honey safety standards and its impacts on China's honey export. Journal of Integrative Agriculture, 11 (4): 684-693.

Yue C, Beghin J C. 2009. Tariff equivalent and forgone trade effects of prohibitive technical barriers to trade. American Journal of Agricultural Economics, 91 (4): 930-941.

Yue C, et al. 2006. Tariff equivalent of technical barriers to trade with imperfect substitution and trade costs. American Journal of Agricultural Economics, 88 (4): 947-960.

Yue V Z. 2010. Sovereign default and debt renegotiation. Journal of International Economics, 80 (2): 176-187.

Zahrnt V. 2011. Transparency of complex regulation: how should WTO trade policy reviews deal with sanitary and phytosanitary policies? World Trade Review, 10 (2): 217-247.